"发现创新 感受振兴"系列

"现代农业创新与乡村振兴战略"教学案例选编

罗明忠 林家宝 贺梅英 等 著

暨南大学出版社
JINAN UNIVERSITY PRESS

中国·广州

图书在版编目（CIP）数据

"现代农业创新与乡村振兴战略"教学案例选编/罗明忠，林家宝，贺梅英，等著．—广州：暨南大学出版社，2021.12
（"发现创新　感受振兴"系列）
ISBN 978 - 7 - 5668 - 3341 - 9

Ⅰ.①现…　Ⅱ.①罗…②林…③贺…　Ⅲ.①农业现代化—中国—教案（教育）—高等学校②农村—社会主义建设—中国—教案（教育）—高等学校
Ⅳ.①F320.1②F320.3

中国版本图书馆 CIP 数据核字（2021）第 277117 号

"现代农业创新与乡村振兴战略"教学案例选编
"XIANDAI NONGYE CHUANGXIN YU XIANGCUN ZHENXING ZHANLÜE" JIAOXUE ANLI XUANBIAN
著　者：罗明忠　林家宝　贺梅英　等

出 版 人：张晋升
策　　划：黄圣英
责任编辑：郑晓玲
责任校对：苏　洁　王燕丽
责任印制：周一丹　郑玉婷

出版发行：暨南大学出版社（510630）
电　　话：总编室（8620）85221601
　　　　　营销部（8620）85225284　85228291　85228292　85226712
传　　真：（8620）85221583（办公室）　85223774（营销部）
网　　址：http://www.jnupress.com
排　　版：广州尚文数码科技有限公司
印　　刷：佛山市浩文彩色印刷有限公司
开　　本：787mm×1092mm　1/16
印　　张：13.5
字　　数：255 千
版　　次：2021 年 12 月第 1 版
印　　次：2021 年 12 月第 1 次
定　　价：58.00 元

前 言

"三农"问题是关系国计民生的根本性问题。2017 年，党的十九大报告提出乡村振兴战略，并明确了"产业兴旺、生态宜居、乡风文明、治理有效、生活富裕"的总要求，这是新时代"三农"工作的总抓手。

为贯彻落实乡村振兴战略，全国农业专业学位研究生教育指导委员会发布《关于开展"农业专业学位研究生实践教学优秀成果奖"评选活动的通知》（农业教指委秘〔2017〕26 号），把"现代农业创新与乡村振兴战略"作为农业硕士专业学位公共学位课。该课程旨在向学生介绍习近平新时代中国特色社会主义"三农"思想，讲解现代农业发展的基本态势，阐述乡村振兴战略的理论与实践，以及农林实践领域的创新发展及其基本动态，为实施乡村振兴战略培养应用型、复合型的高质量农业硕士人才。

根据教指委制定的教学大纲，结合广东地方特色和学校学科实际情况，华南农业大学从 2018 年开始开设"现代农业创新与乡村振兴战略"课程。该课程的教学团队由经济管理学院、人文与法学学院、农学院、食品学院、工程学院等多个学院的老师组成，学科交叉、优势互补。他们通过多次课程教学设计研讨与交流会，细化教学专题，集体备课，将专题讲授与案例研讨相结合。经过多年实践探索，教学团队逐步完善教学方式方法，基本确定了教学内容。2020 年 10 月，"现代农业创新与乡村振兴战略"课程教学实现了在智慧树平台上线，并向全社会免费开放。该课程上线一年来，已经有 6 所学校近 2 000 人选修，线上累计互动近 2 000 人次。课程采用混合教学的方式授课，以慕课形式线上学习为主，线上教学包括专题视频学习和作业测试，同时提供了案例资源库、视频资源库、文献资源库等丰富的资料供学生查阅学习，并在课程末期安排线下讨论课，进行师生研讨和互动交流。这种教学模式得到了各方的肯定和好评，由此，该课程在 2020 年获得广东省研究生示范课程立项，其课程思政教学和案例库建设获得华南农业大学研究生创新强校项目资助，其教学实践探索和经验总结获得华南农业大学研究生教学成果一等奖。

　　该课程以"发现创新　感受振兴"为主线,包括5个必修专题和3个选修专题。5个必修专题包括:第一章"乡村振兴战略的内涵、目标及其战略思路"、第二章"农业创新:内涵、表现与态势"、第三章"农业转型与创新发展"、第四章"数字技术与乡村振兴"、第五章"农业发展与农耕文明"。目前可供选择的选修专题有6个:第六章"乡村治理与乡村振兴"、第七章"农村金融与乡村振兴"、第八章"农药科学与农村发展"、第九章"循环农业与乡村振兴"、第十章"智慧农业:生产运用与发展态势"、第十一章"生物技术与现代种业"。学生可以根据自己的专业领域任选其中3个专题课程进行学习。

　　为了更好地规范和完善课程的案例教学,切实做到理论联系实践,我们特将多年来在教学过程中使用的教学案例,以及在课堂交流中部分学生提供的优秀案例,结集成《"现代农业创新与乡村振兴战略"教学案例选编》,以方便师生学习和探讨。本书分为三个部分:"绪论"主要说明案例教学法的内涵和特征,案例教学的设计与组织及其应注意的问题;"实践篇"包含10个和现代农业创新与乡村振兴战略密切相关的现实案例和理论总结;"教学篇"包含5个代表性较强的教学案例,从不同侧面体现了乡村振兴战略取得的丰硕成果。

　　乡村振兴战略的实施,推动了农业的创新发展,正在助力农业从封闭走向开放、农村从破败走向秀丽、农民从身份走向职业。本书的编写还只是一种初步尝试,受多种因素制约,尚有改进空间。但我们坚信,只要坚持和坚守,一定会做得更好。让我们一起努力,"发现创新　感受振兴"!

罗明忠

2021 年 9 月

目 录

CONTENTS

教学篇

绪 论

一、案例教学法的内涵和特征

传统教学方法中,教师处于主导角色,通过教师讲授、学生听记,来达成知识的传播与学习。传统教学模式无法充分体现学生的主体地位,案例教学法则能够充分激发学生的兴趣,调动学生学习主动性,提高学生学习质量,值得探索并付诸实践。

(一)案例教学法的内涵

案例教学法是 20 世纪 20 年代哈佛商学院倡导的教学形式。该学院出版的案例库被奉为经典,案例均来自商业管理的真实情境或事件。案例教学法在社会科学领域得到广泛的应用,其核心在于案例的实际应用。案例一般是对实际情境的描述,通过对案例本身的分析,剖析案例存在的问题并提出解决办法,启发学生思考,鼓励学生主动参与课堂讨论,帮助学生强化教学重点内容。总之,案例教学法是在学生掌握了相关知识的基础上,在教师的精心策划和指导下,根据教学目的和教学内容的要求,将学生带入特定事件的"现场"进行分析,通过学生的独立思考或集体协作,进一步提高其识别、分析和解决某具体问题的能力,同时培养其正确的学习理念、沟通能力和协作精神的教学方式。

案例教学法的应用有助于激发学生的学习兴趣,摆脱原有传统教学的枯燥乏味;同时,融入案例开展教学,能够帮助学生通过对案例的学习、讨论、分析,运用所学专业知识去解决在学习过程中遇到的问题,从而培养学生的创新思维和能力,形成积极向上的学习和研讨氛围。在研究生教学中运用案例教学法,能更好地将启发教学、问题教学和互动教学等融为一体,极大地拓宽学生的学术视野。

(二)案例教学法的特征

1. 重视师生的双向交流

案例教学过程是动态的,存在着教师个体与学生个体、教师个体与学生群体、学生个体与学生个体、学生群体与学生群体的交往,即师生互动、生生互动,克服了传统教学方法中由教师个体到学生群体的单向交流。传统教学方法是教师讲、学生听，听没听、听懂多少，要到最后考试时才知道，而且学到的都是死知识。在案例教学中，学生拿到案例后，要先进行消化，然后主动查阅各种必要的理论知识，无形中加深了对知识的理解。捕捉这些理论知识后，还要经过缜密的思考，提出解决问题的方案，达到能力上的升华。学生作答时随时需要教师给予引导，这也促使教师加深思考，根据不同学生的理解补充新的教学内容。因此，双向交流的教学形式对教师提出了更高的要求。

2. 突出学生的主体地位

案例教学能够调动学生的学习主动性，让学生变被动为主动，在教师的指导下，深入参与案例、体验案例角色，潜力得到充分挖掘。由于不断变换教学形式，学生大脑兴奋不断转移，注意力能够得到及时调节，有利于学生精神始终维持最佳状态。教师在课堂上不是"独唱"，而是和大家一起讨论思考，学生在课堂上也不是忙于记笔记，而是共同探讨问题，集思广益，开阔思路，构筑高效课堂。教师是整个教学的主导者，掌握着教学进程，引导学生思考、组织讨论研究，进行归纳总结；同时，在教学中通过共同研讨，教师可以发现自己的弱点，从学生那里了解到大量感性材料，实现教学相长。

3. 培养学生的实践能力

知识不等于能力，知识应该转化为能力。一味地通过学习书本的死知识而忽视实际能力的培养，会阻碍学生的发展。传统的教学只告诉学生怎么去做，部分内容在实践中可能不实用，且乏味无趣，在一定程度上影响了学生的积极性和学习效果。案例教学不是告诉学生应该怎么办，而是鼓励学生去独立思考、去创造。案例教学将深奥的理论知识融合在生动具体的真实案例中，加之采用形象、直观、生动的形式，使得原本枯燥乏味的课堂变得生动活泼，给人以身临其境之感，易于学习和理解。情境教学可启发学生思考，提高其解决实际问题的能力。在案例教学的讨论阶段，每位学生都可以就自己和他人的方案发表见解。通过这种经验交流，一是可以取长补短，促进学生人际交流能力的提高，二是起到一种激励作用，促使学生产生奋发向上、超越他人的内动力，从而积极进取、刻苦学习。

4. 突出案例的问题导向性

案例教学法倡导以问题为导向的学习，能够唤起学生的注意力，激发学生的好奇心和学习兴趣，使学生在解决问题的过程中培养创新精神，提高实践能力。案例分析的目的是使学生加深对所学理论知识的理解，提高运用理论知识解决实际问题的能力。因此，所选案例要紧密结合教学内容，所描述的事件应该是客观真实的，以缩短教学情境与实际生活情境的差距。案例教学法通过一个或几个独特而又具有代表性的典型事件，突出事件的"问题性"——矛盾冲突和两难困境，让学生在阅读、思考、分析、讨论中，建立一套适合自己的、完整而又严密的思维方式，进而提高分析问题、解决问题的能力。案例教学具有开放性，不存在绝对正确的答案，结果也呈现多元化，目的在于启发学生独立自主地去探索，培养学生独立思考的能力，引导学生建立一套系统的分析问题和解决问题的思维方式。

二、案例教学的设计与组织

案例教学不同于传统教学的主要表现之一就是它基于一定的教学目的，围绕案例展开研讨，通过师生互动，激发智慧，营造良好的教学相长的氛围。为此，应按照以下步骤提前精心准备，才能确保案例教学达到预期效果。

（一）明确教学目的

案例教学并不是脱离教学要求或离开教学大纲随意进行的漫谈式教学。案例教学法作为一种以案例为基础，通过一个具体情境的描述，引导学生对这个特殊情境进行讨论的教学方法，其教学目的是明确的。因此，案例教学设计的第一步就是明确教学目的，只有目的明确了，案例选择才有方向，才能确保所选案例切合教学需求。

以"现代农业创新与乡村振兴战略"课程教学为例，其教学目的是要让学生学习和领会习近平新时代中国特色社会主义"三农"思想，尤其是乡村振兴理论，熟悉乡村振兴的现实发展状况，把握现代农业创新的基本态势和方向，了解该领域发展的基本动向。由此，案例教学也需围绕这门课的教学要求进行，在案例选取及研讨的所有环节都坚持"农业创新"和"乡村振兴"两大主题，并服务于这两大主题，尽可能地从中国现实发展中选取与"农业创新"和"乡村振兴"相关的案例用于教学，以讲好中国故事、传播中国经验、寻求中国答案。

（二）选择合适案例

科学取材是案例教学成功的关键。案例教学中选用的案例，可以是自己直接经历的事件，也可以是经过他人总结后的事件。无论是采用哪种案例作为教学案例，最为根本的是要"合适"，即与教学目的契合，能够通过案例研讨，让学生掌握课程要求的知识，并能通过案例分析和研讨拓宽视野，开启智慧，培养科学思维，建立正确的价值判断标准。

因为是用于教学，还必须注意选择的案例要能够满足教学要求。比如，案例的延展幅度应该是在教学中能够把控的，不能过于庞杂，也不能过于简单；如果是用文字陈述的案例，则篇幅要适宜，避免过长或过短；同时，要注意文字表述的精准，避免词不达意或产生歧义。

另外，鉴于教学中主要面对的是中国学生，除非是涉及国际化的教学内容，一般应该尽量选择中国本土案例作为教学案例，也就是说，要尽可能实现案例教学本土化，以增强亲切感。基于对中国人情风俗及国情的熟悉，在案例教学中使用中国本土案例也更有利于师生互动和融入，激发师生参与的热情，并做到言之有物、言之确凿，再利用案例研讨达成的共识指导实践，启迪思维。

（三）提前熟悉案例

无论是教师还是学生，千万不要以为案例教学只是就案例开展研讨，即兴发挥就可以了。有的教师甚至认为案例教学是由学生围绕案例展开研讨，跟教师关系不大，可以乘机放松休息，听之任之。

常言道：不打无准备之仗。要使案例教学做到"教学目的明确""教学效果良好"，就必须充分做好课前准备工作，提前熟悉案例，对案例进行充分了解和研究，然后再进入案例教学中的研讨阶段，才能确保围绕案例展开的教学是有的放矢。具体做法是：第一，最好是师生根据教学目的和要求共同商讨后再确定教学案例，因为案例选择不仅是一个促进师生了解和教学相长的过程，也是一个对教学内容强化理解的过程。第二，案例确定后，要提前一段时间提供给所有的学生，并且明确案例教学的目的、要求及其可能涉及的知识，案例研讨的重点及其可能的方向。第三，师生必须根据教学要求去熟悉和研究案例。

（四）准备研讨汇报

在熟悉和研究案例后，就要为案例教学准备课堂研讨发言。对此，可以将全班分成若干小组，先小组分散讨论，再全班集中研讨；也可以直接让全班进行集中研讨。研讨发言人的选择可以采取多种方式，包括：教师从全班同学提前准备的发言提纲或报告中择优确定集中研讨的发言代表；各小组推荐本小组的发言代表；学生自荐为研讨发言人并得到教师确认；等等。不管采取哪种方式，关键是要围绕案例做好研讨发言准备，确保案例教学中的研讨是言之有物、有备而来、共同参与。

（五）选好研讨主持人

案例教学往往与小组讨论结合。小组讨论法和案例教学法结合是一种行之有效的课堂教学方法。在小组讨论的过程中，教师要明确自己是教学的组织者、引导者，学生是教学的主体，在小组讨论结束前教师不发表任何总结性言论，要让学生自行设计思维框架，提出自己的看法。案例教学中的研讨主持人可以是教师自己，也可以请学生担任。实践中，往往是请学生担任研讨主持人，教师担任点评人，效果会更好。一方面，由学生主持更容易激发全班同学的研讨积极性，同时，学生主持案例研讨的过程本身就是一次难得的学习机会；另一方面，教师可以更加专注于宏观把控，并对参与汇报同学的研讨发言进行专业点评，以此引导和掌握研讨的方向和节奏，确保案例研讨按照预定计划推进。

（六）做好案例总结

案例教学必须做到有始有终，切忌虎头蛇尾。也就是说，案例教学全过程所有环节都要不折不扣地完成，避免课堂研讨在学生发言结束后就草草收场。教师必须在学生围绕案例展开充分研讨后，对案例教学的所有环节以及案例教学是否达到预定教学目的进行总结评价，最好针对案例研讨中存在的分歧或不够清晰的观点、内容给予正确的引导，以帮助学生达成正确的共识。

三、案例教学中应注意的问题

根据案例教学的要求和特点，在做好案例教学设计的同时，还必须基于案例教学中可能存在的问题，重点注意以下事项：

（一）案例的选取、展示与研讨分析

案例教学法以案例为教学工具，要求教师在熟知教材内容、明确教学目标的基础上，选择适用的教学案例，以引导学生对案例进行探析。好的案例是多种知识和信息的综合体，可以最大限度地激发学生的思维活动并形成多层次碰撞，从而锻炼学生的分析技巧，强化学习效果。案例是案例教学的核心，从案例的选取，到对案例的展示，再到对案例的研讨分析，都需要遵循一定的原则。

关于案例的选取：首先，必须符合真实性和典型性原则。案例并不等同于文学作品，案例教学的目的是从现实世界的典型事件中获得启示性发现，因此案例中的人物和情节必须取材于真实生活，或是从生活中筛选、提炼出来的，而不是胡编乱造的；同时，要紧密围绕所要教授的核心内容和基本理论选取具有代表性的案例，以达到通过案例讨论使学生加深理解基本理论的目的。其次，教师选择案例的目的是使学生能够获得某方面知识或提高某种技能，因此所选案例必须符合教学目标，使学生加深对所学理论知识的理解，锻炼运用理论知识解决实际问题的能力。此外，案例需要凸显矛盾，案例的编写必须遵循这一原则。学生要针对案例中的矛盾冲突思考问题解决对策，所以在案例编写中对于矛盾要充分凸显，以引发学生的思考；而且在每一个案例之后均应设计研究问题，引导学生应用知识分析材料，提升对案例的了解，提出解决方案，进而讨论问题，教师则强调每

一个讨论阶段的重点，鼓励学生将讨论内容与个人经验相结合。最后，案例必须具备关联性，不能只关注独立个案而不关注案例间的关联，这是非常重要的一点。如果在案例教学中只是致力于讲述一个独立的故事，而不引进与之动因相似而结果不同或动因不同但结果相似的系列案例进行对比考察，就容易忽视具有相似特征、要素关系或解释原理的案例之间存在的关联性，导致思维陷入某一个案例的特定情境之中，难以找到事件发展中的关键条件、动力来源和因果联系，也难以形成可衍射同类问题的知识结构，使分析得出的结果缺少一般性和代表性的解释意义。

关于案例的展示，必须具备研究性。研究性是指以研究分析的一般逻辑来展示案例，明确案例展现的关键问题，从而引发学生对案例背后机制的思考。案例的呈现不能仅以叙事逻辑的思路，还要以研究逻辑的方式。在案例教学中，如果仅以叙事描述的方式来呈现案例，虽然可以尽可能地还原事件发展过程，但这样展现给学生的只是"是什么"，而关于"为什么"的解答，叙事描述的逻辑难以提供有效帮助。案例的呈现如果忽视了以"现象""特征""概念""类型""因素""机制"等研究逻辑的方式来展示案例内容，而热衷于对其细枝末节的情境作绘声绘色的描述，那么学生对案例的理解就很可能停留在直观经验信息的获得，难以习得如何以问题研究的思路和方法梳理与整合案例内容，进而影响了案例教学的最终效果。

关于案例的研讨分析，必须具有客观依据，不能仅沿着经验逻辑而不依靠证明逻辑。在案例研讨过程中，教师不仅需要关注学生是否参与了讨论、讨论后的观点是什么，还需要甄别学生是凭借生活经验还是通过问题证明得出观点。如果学生仅以经验逻辑对案例进行理解与分析，并得出个人观点，这样得到的解释多依据个人经验和主观意愿，表面看似在理，实际上多是学生们站在不同立场和不同视角对不同问题的理解，而缺乏对某一问题的聚焦、持续关注与确切的根据或是证明，实则并没有从案例中发掘出多少有价值的东西。

（二）案例教学法与其他教学法的结合

在案例教学过程中，仅有合适的案例是不够的，还必须有正确的教学实施方法，方能达到效果。案例教学的优势是明显的，但不是完美无缺的，比如不利于学生系统掌握理论知识、不能普遍适用于所有课程等。因此，要处理好案例教学法与其他教学法的关系。

首先是案例教学与理论教学。案例教学本身并不排斥理论知识的应用，它更需要足够的理论知识来支撑，只有理解透彻基本概念和基本原理，才能充分开展案例讨论，取得实效。因此，案例教学不能代替系统的理论学习和讲授，要使案例教学充分发挥其功能，取得良好的效果，不但教学案例本身质量要高，还需要在课时安排上兼顾理论教学与案例教学。教师在讲授理论部分时要注意激发学生学习的主动性、自觉性，使其能用系统掌握的知识来分析实际案例，提高解决问题的能力。其次是案例教学需要与实践融合。很多案例教学往往局限于课堂教学环节，如果能结合课程实习、社会调查和毕业设计等教学环节进行案例教学，让学生在参与社会实践的基础上进一步分析案例、论证方案，对于培养学生的创新能力极为有益。此外，案例教学需要学校与产业部门建立合作关系。一方面，可以把案例所涉及的实际部门的人员请到大学讲台上与师生共同探讨；另一方面，可以组织师生到案例所涉及的实际部门进行实地考察，增强感性认识。这种将多种教学手段相结合的案例教学法，可以更有效地提高教学质量。最后是案例教学与举例教学。二者都要通过一定的事例来说明一定的道理，都是为一定的教学目的服务的。但案例教学是组织学生进行自我学习、锻炼能力的一种手段，学生在整个教学活动中居于主要地位；而举例教学是辅助教师说明问题的一种手段，教师在整个教学活动中居于主要地位。二者各有侧重，不可简单地等同。

（三）以教师为主导和以学生为主体的定位

在案例教学的实施中，要注重准备和总结工作。在案例分析中，要激发学生的兴趣和创造性思维。案例教学需要师生发挥好各自的作用。教学活动是一个由教师和学生的教与学构成的行为系统，教师和学生扮演了不同的角色。不同的教学活动方式形成了不同的角色结构，无论是教师还是学生，其行为都要服从这种角色结构的整体要求，才能使这种教学活动方式达到最佳效果。案例教学是一种特殊的教学活动方式，它所形成的角色结构与传统的以课堂讲授为主的教学法不同。在进入案例教学情境时，无论是教师还是学生，都需要有一个角色转换和重新定位的过程。案例教学应以教师为主导、以学生为主体，教师与学生的关系是"师生互补，教学相辅"。只有注重学生参与的主体性和教师作用的主导性，才能实现教学的和谐性。

教师不再是单向的"传道、授业、解惑"，而是需要发挥更强的导向作用。案例教学不仅要求教师本人具备扎实的理论素养和针对案例强大的要点概括与逻辑分析能力，而且要求教师具备驾驭课堂、引导学生的能力。案例教学不是教师将理论知识简单、生硬地传授给学生，而是教师在谙熟案例的基础上引导学生对案例进行探析，启发学生思考问题、分析问题和解决问题，以此形成对理论知识的见解，从而推动学生培养主动探究问题的意识、形成自主分析问题的思维模式、构建独立解决问题的能力，逐步克服学习上的依赖心理。此外，当代学生思维活跃，教师在案例教学中还需要时刻关注形势、掌控局面，注意有效地组织和控制课堂，努力将学生的观点往正面、积极的方向引导，避免其出现过于偏激的想法。

学生也从"听讲者"转变为"参与者"，需要发挥积极的能动作用。案例教学不是要学生被动地接受理论知识，而是要学生主动地思考问题。学生要在拿到案例后积极准备，分组后不仅要有合理的团队分工，而且要在理论学习、熟悉案例和文献查阅的基础上进行认真讨论，形成小组观点；在案例讨论中，学生不仅要仔细倾听其他同学的发言，而且要积极思考，在交流看法的过程中不断接触新的信息，形成新的结论和新的预测，构建一个大家共同分享的"思想平台"；在案例讨论后，学生要通过撰写案例分析报告进行回顾和总结，以及时补充知识、提高认知水平。总之，在案例教学中，应注重学生参与的主体性，以学生为中心，走到学生中间，主动营造一种以学生为主体的环境氛围，强调全员参与性和主动性，使学生真正感受到自己是课堂的主体，是学习的主人。

（四）教师应注重提高综合素质，适应案例教学的新要求

现代案例教学模式所提倡的现实性、互动性和开放性要求教师具备相当高的综合素质。在实施案例教学的过程中，教师除了应当具备准备和组织案例教学的能力之外，还应当具备丰富的理论知识和较高的学术水准，以及对理论和实践的贯通、融合能力，能够始终站在相关学科研究的前沿并掌握其最新动向。教师平时还必须认真搜集和积累案例素材，及时更新案例，使案例教学跟上时代的要求和反映当前的实际。教师应当具备较强的应变和判断能力，既能及时分析和解决教学过程中学生提出的新问题，也能对学生的分析方法和结论加以客观、科学的评判和引导。因此，为保障案例教学的效果，应当注重提高案例教学任课教师的综合素质，使其具备案例教学所要求的基本素养和能力。

（五）丰富案例教学方法和教学形式，提高案例教学质量

案例教学本身是个复杂的过程，其中不仅涉及教师的讲授方法，还涉及学生的参与方式和课堂氛围。在案例教学中，应采取多种教学形式，如小组讨论、全班讨论、角色扮演、课堂辩论等，在对话、合作交流中达成多种知识理解视角的融合。此外，要对学生的课堂表现进行及时的评分和记录，并作为平时考核的组成部分，这有利于调动学生参与案例研讨的积极性，帮助学生适应从被动旁观者到主动参与者的角色转换。与此同时，为保障案例教学的效果，教师在授课过程中应尽量采取包括多媒体课件、音视频以及传统的板书在内的多种教学手段，以此促进案例教学效果和质量的不断提升。

（六）加强案例教学的课程管理

案例教学具有较强的动态性和开放性特点，因此不像一般教学那样具有相对固定的授课模式和结构。为了保障案例教学能够围绕教学目标开展，必须不断加强课程管理。案例教学的管理策略主要有：确立案例教学的发展性教育目标，明确案例教学课程管理的促进性目标取向，实现民主型教师角色转换，创设和保持建设性课堂环境等。与此同时，在案例教学中，要重视目标引导和规划。美国教育家、心理学家本杰明·布卢姆的教育目标分类理论认为，教育目标是一种预期的教学效果，应能反映出学生在认知、情感、思想、行为等方面出现的变化，对其可以观察、测量的行为进行描述，并对这些描述性论述进行分类。通过对教育目标的引导和规划，不仅可以进一步明晰案例教学的实际目标和任务，还可以使教学实践围绕既定目标有序开展。

（七）在案例教学中倡导批判性思维

案例问题的参考答案是有参考性、开放性和多解的，案例教学倡导批判性思维。案例架构起思维的通道，讨论前对先验的反思，讨论中对案例的看法，讨论后对结论的质疑，会伴随案例教学始终。师生多边讨论是质疑辩难，也是对案例的再认知，已超越了个体经验认知。因此，教师应持赞赏的态度，鼓励学生敢于发表不同见解，以锻炼和保护学生的创造性思维和批判质疑精神。

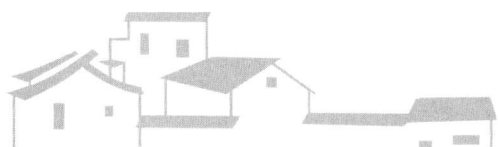

实践篇

村民变工人：
农村劳动力农业产业内转移及其推进
——广东省惠州市莆田村的经验研究①

一、问题的提出

农村劳动力转移，按其目标地域可分为就地转移和异地转移（尤其是由农村向城镇转移）两种；按其目标职业可分为农村劳动力从农业产业向非农产业转移和农村劳动力在农业产业内转移两种。以往人们较多关注农村劳动力从农业产业向非农产业转移以及从农村向城镇转移，对于农村劳动力在农业产业内的就近转移及其可能产生的促进效应研究并不多，一直到最近几年这个问题才开始引起我国学界的关注。张车伟认为，随着中国人口转变的快速完成，农村劳动力转移正成为城镇劳动力供给的主要来源，社会主义新农村建设应该抓住农村劳动力转移的大好时机，通过实施优先向人投资的战略，提高农村人口的素质和能力，加快农村劳动力转移的步伐，促进城乡的均衡发展。[1]宋士云、张宪昌认为，农业产业化作为一种新的生产和经营方式，能够通过专业化分工，优化生产要素配置，扩大就业门路，直接吸纳农村劳动力。同时，它还作为现代农业和市场化、工业化、城镇化的枢纽，通过产品加工促进工业化，间接拉动农村劳动力转移；通过产业集群促进城镇化，间接带动农村劳动力转移；通过交易机制促进市场化，间接驱动农村劳动力持续转移，从而保障了农村劳动力转移的质量和有效性。[2]刘红玉认为，在旅游市场趋热的当今，发展休闲农业成为农村劳动力就地转移的新途径。休闲农业具有多功能性。休闲农业的经济功能、教育娱憩文化功能、环保功能和社会功能是农村劳动力就地转移的动力、条件和保障。因此，充分发挥休闲农业的多功能性，促进农村劳动力就地转移，意义重大。[3]郭剑雄、李志俊的研究证明，劳动力的选择性转移对刘易斯、费景汉和拉尼斯农业发展理论的挑战仅在静态意义上存在。此时，为成功发展农业，必须将深化农业人力资本作为新的必要

① 本文原载于《华东经济管理》2011 年第 1 期，有改动。作者：罗明忠。

条件。在动态背景下，满足一定条件时，农业发展可能依存于劳动力的选择性转移过程。在引入人力资本的劳动力转移模型中，农业发展政策的主旨是在健全劳动力市场的基础上，强化人力资本动态提高机制。[4]

可见，随着我国社会主义新农村建设的推进，农业产业化、科技化和现代化发展步伐的加快，国家富农政策的落实，农业产业比较生产率的提升，农村劳动力在农业产业内的转移无论是在实践中还是在理论上，都已经成为一个需要并值得关注的问题，并可能为我们揭示未来我国农村建设发展和农村劳动力转移就业的新景象。本文通过对原本经济比较落后、农村劳动力就地转移无产业基础的广东省惠州市惠东县白花镇莆田村进行个案研究，探讨了该村在"公司＋基地＋产业化农民"模式下，农村劳动力在农业产业内的转移及其推进策略等相关问题。

二、莆田村及其劳动力转移的基本情况

（一）莆田村的基本情况

莆田村位于珠江三角洲地区的东南外缘，是广东省惠州市惠东县白花镇的一个行政村，下辖 14 个自然村，原本是一个比较穷的村庄。但是，莆田村多丘陵缓坡和小片平地，日照雨量充足，并且劳动力富余，适合发展农牧生产和农产品加工业。同时，惠东县是广州通往梅州、河源和潮汕地区的重要通道，而莆田村离惠东县平山镇的行车距离在 1 个小时左右，地理位置不算很偏僻，道路通畅。

1997 年，广东省惠东县到香港招商引资，香港恒兴食品有限公司积极响应，在香港从事多年食品贸易的何新良和弟弟一起回到了家乡莆田村，在莆田村建立了东进农牧（惠东）有限公司（以下简称"东进公司"），其主营业务是原香港恒兴食品有限公司的优势产业——养猪业。东进公司在莆田村建起了一个 1 000 头母猪规模的养猪场，并采用当时还很新鲜的"公司＋基地"模式开始了养猪大业。该公司承包了全村所有 2 729 亩土地，其中 1 500 多亩种香蕉、1 000 多亩种蔬菜，并承诺安排全村劳动力就业，于是便形成了"公司＋基地＋产业化农民"模式，即一个公司承包了一个村庄，村庄原有的一切资源变成了企业的生产要素，村庄经济活动按企业经营管理方式运作，村里所有劳动力除了在外打工者外，只要愿意，全部安排在公司就业，并招收了相当数量的外来工。村里的农民变成带着土地关系的企业工人，村民全靠工资、奖金和转让土地使用费生活，原来半自给的消费变成货币化的消费。[5]

发展到今天，东进公司已经是农业产业化国家重点龙头企业以及粤东地区最大生猪生产和肉制品加工企业。东进公司以瘦肉型生猪养殖为主导，形成生猪屠

宰、肉食制品深加工、饲料生产、果蔬种植、淡水养殖、生猪冰鲜出口、物流配送、连锁销售结合的产业化经营体系，下设"惠东联兴饲养有限公司""惠东县肉类联合加工厂""东进保鲜肉类有限公司""惠东县莆田恒荣农林畜牧有限公司""东进农牧贸易有限公司"五间子公司。该公司有员工900多人，各类生产线10条，总资产1.9亿元。公司年出栏优质生猪约18万头；公司生猪屠宰厂年屠宰生猪约30万头；鱼塘500亩，果场3 000多亩，供港蔬菜生产基地1 500亩，年产优质饲料3万吨，年总产值接近4亿元。公司还带动了莆田村周边30多个村万余户农民脱贫致富，户均年收入由原来的不足1 500元升至5 000元以上。2007—2009年东进公司对本地农户的带动情况具体见表1。

表1　东进公司带动本地农户情况

单位：户

时间	与农户直接签订合同带动农户数	与专业户、中介组织、乡村组织签订合同带动农户数	联合办合作社带动农户数	建立稳定产销合作关系带动农户数	直接入股农户数	合作社入股带动农户数	其他方式带动农户数
2007 年	946	1 100	168	1 206	120	153	936
2008 年	966	1 100	224	1 316	220	218	618
2009 年	968	1 100	236	1 418	226	226	714

结合村里的实际及农牧业发展的要求，东进公司采取了生态循环的种养技术，提出了"山腰养猪，山顶栽树，山脚种菜，沼气供居民生活，沼液肥田种蔬菜和水果"等有利于生态平衡的农牧业发展思路。通过公司和农户的共同努力，村容村貌和村民的素质也发生了巨大的变化。莆田村在经济发展的同时，仍然保持了农业产业发展的特色，既保留了农村风貌，又使传统农业走向了现代化的发展道路，并培育了以有机肥栽种的无公害蔬菜和水果品牌，形成了传统种养与现代科技结合的特色农产品体系。村里既实现了居住集中，又保持了农村应有的山清水秀的环境，在获得可观经济收益的同时，也取得了良好的生态效益和社会效益，此举赢得了村民的赞同。

（二）莆田村劳动力转移的基本情况

与东进公司的发展同步，公司总部所在地莆田村的全村富余劳动力被公司吸纳为员工，在东进公司就业的本地村民达到400余人，占公司总人数的45%。这些村民在本地就近实现了农业产业内劳动力转移，成功变工人。原来的农村劳动力成为产业化农民，村民成为养猪场的工人，公司蔬菜水果种植基地的工人，公司菜篮子连锁便利店的店主、售货员等。虽然从事的仍然是农业产业内的工作，干的还是养猪或者种菜、栽水果的活，但是他们已经成为拿工资为公司做工的工人，而且每个村民或者说"工人"每年的工资收入至少12 000元，如果一家有2人在公司工作，年收入至少可以达到24 000元。村民以入股形式将原有土地交由公司统一管理，不但可以获得每年每亩1 000斤稻谷折价后的租金，年终还可以根据经营情况再按照纯利5：5分红。加上做工的工资收入，早在2004年，莆田村人均年收入已近8 000元，接近惠东县城镇居民收入水平，是1997年收入的5倍多。同时，早在2001年，东进公司就拨出500万元，在总部兴建了16栋45套配套设施齐全、环境优美的小康楼，供附近的莆田村45户近300人集中居住，户均面积超过100平方米，每户村民根据其住房面积只需出资4万—8万元，而且采取月供方式，每年只需供10个月（9月学校开学及春节所在月份不供），小康示范村建设初显成效。

另外，结合笔者调研获得的相关情况可知，莆田村的劳动力就业特别是劳动力转移就业呈现出以下典型特点：

（1）就地就近在农业产业内转移就业的大多数是中年以上劳动力。一方面，东进公司出于各方面考虑，鼓励并倡导村里的青壮年劳动力出外转移就业或在本地以从事运输和经商等方式实现转移就业，而把那些年龄偏大、非农工作技能偏低甚至没有非农工作技能的劳动力吸收到公司就业，这样既保证了公司员工的稳定性，又保证了村里那些相对缺乏非农就业能力的劳动力就业。另一方面，对于那些中年以上的农村劳动力而言，受年龄、家庭、身体以及原有工作技能路径等因素的影响，他们也相对愿意并接受就地就近到东进公司工作，成为公司的一员，由村民变为带着土地关系的工人，在获得土地租金的同时，通过就业获得一份劳动收入，并享受公司提供的各种福利。比如，免费使用公司利用养猪场的猪粪生产的沼气，一年估计可以节省燃料费1 200元左右，这种福利也成为莆田村村民的一种隐性而又稳定的收入来源。

（2）青壮年劳动力以向非农产业转移为主。一方面，对于已经有一定家庭经济基础的青壮年劳动力来说，养猪场的工作是属于"脏""累"活，而且其收入并不是很高，在本村就地就近到公司就业并不符合他们的意愿。另一方面，青壮年劳动力由于年纪轻、文化程度较高，到外面拓宽视野的渴望更为强烈，也更有能力到外面去闯世界，因而向非农产业和城镇转移就业的动机更为强烈，条件更为可行。同时，东进公司及莆田村也鼓励并创造条件推动本村青壮年劳动力向非农产业和城镇转移就业。

（3）东进公司在推进莆田村劳动力转移过程中发挥了积极作用，其主要表现为：

首先，东进公司作为一个以莆田村为总部、依托莆田村的土地资源经营农牧业的农牧公司，承诺接受村里所有的富余劳动力到公司就业，给莆田村的富余劳动力在农业产业内转移提供了机会和选择。这种承诺虽然是公司的经营策略和为满足公司发展需要，事实上莆田村的富余劳动力并不是全部都到东进公司就业，公司也难以做到将莆田村所有的富余劳动力都安排到公司就业，但是，这种承诺客观上推进了莆田村劳动力的转移，一部分劳动力选择在公司就业，其余的劳动力则根据自己的偏好、能力和收益选择另外的转移就业途径。

其次，东进公司将莆田村的全部土地承租后，极大地提高了农业生产效率，也使相当部分劳动力自然地从农业中分离出来，除了部分劳动力继续留在公司就业，在农业产业内实现转移外，其余的劳动力必然要通过其他途径实现转移就业。

再次，公司利用其社会影响力，积极向政府提出促进农村劳动力转移的建议案。比如，公司董事长何新良通过调查发现，由于目前城市周边农村劳动力到城镇务工时普遍需要搭公交车往返，增加了农村劳动力到城镇就业的成本，成为阻碍农村劳动力到城镇就业的重要因素之一。鉴于此，他利用其惠州市政协委员的身份，向惠州市政协提交了《关于给予适当交通补贴来鼓励更多的农业人口进城务工的提案》。

最后，东进公司直接出资培训本地农村劳动力，提升其转移就业的能力。该举措作为公司关系治理、与村民建立良好关系的一部分，也是公司回报社会，参与社会主义新农村建设的方式。公司先后斥资兴建了图书馆、电化课堂、试验园区等设施，定期向农户开展养殖技术、种植技术和化肥农药施用技术等专业培训，定期发布市场信息，组派技术员到各饲养小区开展卫生防疫指导，有效地提高了农户的种养技术水平。仅2008年，东进公司就培训了农村劳动力600人次。

三、农村劳动力农业产业内转移的理论分析

关于劳动力转移比较有代表性的理论主要有：一是"刘易斯理论"。该理论认为发展中国家从二元经济到一元经济的过程就是农业劳动力转移的过程，只要工农业间存在收入水平显著的差异，农业劳动力就必然有一种向工业部门转移的趋势。这种理论也被称为"推力理论"。二是"拉尼斯—费景汉理论"。该理论认为农业劳动力向工业转移的先决条件是农业劳动生产率的提高和剩余产品总量的增长，农业剩余劳动力转移的速度取决于人口增长率、农业的技术进步率和工业部门资本存量的增长。这种理论又被称为"拉力理论"。三是"乔根森理论"。该理

论认为农业剩余的产生使得总人口中的一部分人可以从土地上分离出来，农业劳动力向工业部门的转移因而开始，并且劳动力从农业部门向工业部门转移的规模与农业剩余的规模相适宜。四是"托达罗理论"。该理论认为农业不存在剩余劳动力。农业劳动力迁入城市的动机主要取决于城乡预期收入差异。五是"贝克尔理论"。该理论认为劳动力迁移是一种人力资本投资方式，因为迁移过程中的成本劳动者是为了未来更多的预期收益而产生的。换言之，迁移应该是一个投资决策过程，潜在迁移者将通过理性计算选择是否迁移。六是以哥兰诺维特为代表的新经济社会学派的理论。在他们看来，经济生活深深地嵌入社会网络和社会关系，这一情况并不因为现代化的发展而有所变化。即使在市场经济高度发达的社会中，人们在求职过程中也仍然更多借助于社会网络途径，通过使用自己的社会资本来寻找新工作，同时，社会资本对于求职过程和结果的作用也相当明显。[6]

虽然这些理论基本上没有考虑农村劳动力在农业产业内的转移问题，研究的视角主要集中在农村劳动力向非农产业和城镇转移，但是，这些理论对于我们研究农村劳动力在农业产业内转移及其带来的由于农业劳动生产率提高推进农村劳动力向非农产业转移，或者向为农业产业服务的相关产业转移等相关问题，仍然具有非常重要的参考和借鉴价值，甚至是我们研究农村劳动力转移的基本理论出发点。基于莆田村采取的"公司＋基地＋产业化农民"模式下的农村劳动力在农业产业内转移及其推动下的农村劳动力向非农产业转移，我们可以进行以下理论探讨：

（一）产业化经营是农村劳动力农业产业内转移的产业基础

就业需求是产业发展的派生需求。农村劳动力要在农业产业内实现转移就业，由传统农民转变为产业化的工人，必要条件之一是农业的产业化经营。只有实现农业的产业化经营，才有农村劳动力农业产业内转移的产业基础，以提供就业岗位。而农业的产业化经营非常重要的环节是农业企业的建立。有了企业，农村劳动力才可能由村民变为工人，即由传统的农民转变为现代农业企业的工人，从而改变长期以来形成的"日出而作，日落而息"的自由安排工作时间的劳作习惯，开始参与有组织的生产劳动，劳动所得也变年终剩余为每月领取工资。在这个意义上，"公司＋基地＋产业化农民"是先有公司，才有产业化的农民，即农村劳动力经过在农业产业内的转移变为农业企业的工人。

莆田村的村民原本也是按照家庭联产承包责任制，每家每户自主经营，自我安排生产，生产效率低，收入也不高，奔小康的目标实现遥遥无期，发家致富基本无望。但是，由于东进公司的进入，土地的集中使用，养猪、种菜、栽水果、养鱼、肉猪的屠宰和销售、种猪的繁殖与防疫等联成一体，产业化的链条得以形成。规模化、产业化带来的是生产组织方式的根本改变和效益的极大提升，由此，在农业龙头企业的带动下，农村劳动力在农业产业内的转移既有需要也有可能，还有基础；而且，农村劳动力还可以从事原料和相关产品生产与服务，促进农村劳动力充分就业，比如，莆田村仅在本地专门从事运输的车辆就有 20 多台，直接解决了几十个劳动力的就业问题，并使这部分农户开始走向富裕道路。

（二）农村劳动力农业产业内转移需要推进非农产业转移

产业化经营使农业的生产效率得到了极大的提高，为农村劳动力农业产业内转移创造了条件。但是，与此同时，产业化经营带来的是单位产值对劳动力的需求大大减少，自然地会有相当一部分劳动力从农业中分离出来，必须转移到非农产业就业。特别是农业企业进入后，实行土地集中使用和规模经营，从农业中分离出来的农村劳动力也必须在农业产业外寻找就业出路，在某种程度上，这部分农村劳动力的非农产业转移的顺利实现直接关系到农业产业化经营的成功与否，两者互相促进、互相影响。

东进公司进入莆田村后，通过规模养猪，采用现代科技，一个饲养员一年养猪 1 500 头、产值 150 万元、利润 20 万元；一人种蔬菜 14 亩、产值 5 万元、利润 2.5 万元，或种香蕉 20 亩、产值 4.2 万元、利润 2.3 万元。工人收入（比家庭经营时）增加数以倍计，劳动生产率也相应提升，猪、果、菜生态农业得以稳定发展。但是，莆田村劳动力的安置和出路始终是公司决策者的心头大事。虽然东进公司在进入莆田村后一直坚持接受村里全部富余劳动力到公司就业的承诺，然而公司投资者和经营者其实非常清楚，公司不可能也不能无限制地接纳莆田村的全部富余劳动力到公司就业。一方面，对于逐渐走向富裕的本地青年劳动力而言，养猪、种菜不一定是他们的选择。另一方面，作为一家现代企业，必须引入现代管理，如果员工全部是本地村民，必然会使企业的经营管理变得更加错综复杂。正因如此，东进公司对于本地员工没有解雇制度，只有"休息"制度。对于在公司就业的本地村民，在没有违反法律法规的情况下，如果触犯了公司纪律，一般依据"休息"制度，通过谈心、做思想教育工作，让其写检讨以及在一段时间的"冷冻期"内反思予以解决。

正是出于上述原因，东进公司在维护本地村民应得利益的前提下，大力支持莆田村有条件的劳动力向非农产业和城镇转移，既为公司的发展腾出更大的空间，又为这些劳动力寻找到就业出路，实现了多赢格局，建设了和谐环境。

（三）相关服务的提供与改善为农村劳动力转移带来推动力

1. 照顾老人小孩，以解决农村劳动力转移的后顾之忧

作为回报社会特别是回报公司所在地莆田村村民的一项重要举措，东进公司为村里五保户和60岁以上老人发放每月200元生活费，设立"寿星饭堂"，为他们免费提供每月250元标准的餐食。同时，为解决村里劳动力外出务工过程中子女缺少监管的问题，东进公司专门聘请教师在课余时间辅导全村学生，解决了村民的后顾之忧，推进了本村劳动力向非农产业和城镇转移。实证研究表明，改善农村中小学教育及其相关服务条件对于推进现有农村劳动力转移具有积极意义。[7]

2. 设立大学奖励金，鼓励本村新成长劳动力通过求学向非农产业和城镇转移

为了鼓励更多新成长劳动力求学成才，到村外就业，东进公司专门设立了大学奖励金，对每位考上大学的本村学生奖励1万元；对考入中职院校的本村学生也给予一定金额的奖励。

3. 帮助本地村民开店，从事相关商业服务工作

为了维护公司的品牌，进一步建立和完善公司的营销网络，东进公司在惠州市各城区建立了东进菜篮子连锁便利店，对于公司总部所在地莆田村加盟便利店的村民，由公司给予支持和优惠：一种方式是由村民自己出资，按照公司的统一要求开设菜篮子连锁便利店，虽然公司要收取约1 000元/月的加盟费，但便利店可以享受作为连锁店的统一供货、营销服务和品牌声誉；另一种方式是完全由公司出资开设菜篮子连锁便利店，然后以承包方式租给村民经营，公司收取一定的租金和管理费。由此，公司业务得到拓展，本村部分有一定经营头脑的劳动力也在与农业产业化经营相关的行业内实现了较为体面的转移就业。

（四）良好的预期成为农村劳动力转移的现实吸引力

良好的预期是农村劳动力转移抉择的决定性因素。一般来说，只有预期收益大于传统种养业的可能收益，村民才可能将土地集中交由公司经营，村民自身才可能成为带着土地关系的工人或者成为凭土地收取租金并出外做工的新型农民，使农村劳动力自觉自愿地实现转移。东进公司与莆田村的合作正是抓住了预期收益这个关键点，让村民得到稳定的可预期的比较收益：对于从村民那里承租的土地，保证每年按1 000斤稻谷的价格付给村民租金，水涨船高，稻谷价格上涨，村民获得的租金也将随之上涨；同时，切实履行吸收本村富余劳动力进公司就业的承诺，使村民切身感受到在农业产业化经营推动下，其自身的利益非但没有受损，反而有明显提高。

面对这种现实的良好预期收益，无须特别号召，农民以这种特殊形式实现转

移就业的愿望自然会增强。在莆田村及东进公司的示范下，莆田村周边有2 000多户农户发展外向型种养业。另外，有8个村主动寻求与东进公司合作发展农牧业，东进公司也相继建立大岭鹤楼村养猪场、黄竹沥村养猪场、桥星养猪场、甘泉猪场和湖球养猪场等多个养猪基地。在与这些村合作实现土地集中规模经营的同时，部分农村劳动力也成为带着土地关系进入东进公司的工人，甚至是以土地入股带着股份关系进入东进公司的工人，在农业产业内部实现了转移就业，加快了本地农村劳动力转移就业的速度，进而推进了本地农民增收。

四、结论与思考

一方面，莆田村及其周围村庄的部分农村劳动力之所以能够在农业产业内实现转移就业，并推动本地农村劳动力向非农产业和城镇转移就业，关键是有农业企业的带动。通过农业企业的发展，在协调农民与公司利益的前提下，实现土地的集中规模经营，将现代科技引入农业发展，按照农业产业化经营的要求组合土地和劳动力等生产要素，通过改造传统农业①，引入现代农业生产要素[8]，极大地提高农业生产效率，使农民的收益得到明显提升，并在利益机制的引导下，激励农民根据自己的实际和偏好选择在农业产业内转移就业，或者在原有土地收益得到保障的前提下向非农产业或城镇转移就业。从莆田村的实践可以看到，通过农业企业的带动，以"公司+基地+产业化农民"模式，使村民变工人，既可以使部分农村劳动力在农业产业内实现转移就业，又可以推进农村劳动力向非农产业和城镇转移。因此，这种模式将成为我国农村劳动力转移就业的一种重要途径，甚至可能成为未来我国农村劳动力转移特别是农村发展的一种重要思路和方向，进而推进我国社会主义新农村建设。

另一方面，农业企业要在农村得到稳定发展，实现土地的集中规模经营，获得并维持企业发展所需的资源，也必须充分考虑当地农村劳动力的就业出路，通过合理的制度安排和关系治理，既吸收部分本地农村劳动力在企业内就业，又创造条件帮助本地农村劳动力向非农产业和城镇转移就业，让村民得到实惠。只有这样，企业才可能有持续发展的基础和空间。东进公司的经验证明，将全村富余劳动力吸收到企业就业，是企业稳定发展的重要基础；鼓励并帮助本村劳动力向非农产业和城镇转移就业，既是农户本身的需求，也是企业长远发展的需要，还

---

① 按照西奥多·W. 舒尔茨的解释，传统农业是一个经济概念。他认为，完全以农民世代使用的各种生产要素为基础的农业可称为传统农业。见西奥多·W. 舒尔茨. 改造传统农业［M］. 梁小民，译. 北京：商务印书馆，2006：3.

是企业稳定维持经营所需土地、水和其他自然资源的重要途径。这不仅对社会的和谐稳定具有重要意义，而且对企业、农户以及社会来说都是多赢策略。

参考文献

［1］张车伟. 农村劳动力转移与新农村建设［J］. 中国农村经济，2006（7）：4－10.

［2］宋士云，张宪昌. 农业产业化促进农村劳动力转移的机理分析［J］. 山东社会科学，2009（8）：118－121.

［3］刘红玉. 多功能视角下休闲农业与农村劳动力就地转移［J］. 台湾农业探索，2009（2）：22－24.

［4］郭剑雄，李志俊. 劳动力选择性转移条件下的农业发展机制［J］. 经济研究，2009，44（5）：31－41，65.

［5］张光辉，张日新，刘付启荣. "公司＋村庄"：解决"三农"问题的新探索——基于东进农牧（惠东）有限公司的案例分析［J］. 农业经济问题，2005（12）：21－24.

［6］张叶云. 转型期社会资本在青年农民工就业中的地位［J］. 中国青年研究，2005（6）：77－80.

［7］罗明忠. 就地转移还是异地转移：基于人力资本投资视角的分析［J］. 经济学动态，2009（11）：29－32.

［8］西奥多·W. 舒尔茨. 改造传统农业［M］. 梁小民，译. 北京：商务印书馆，2006.

村治能人推进农村集体产权改革：逻辑分析与案例解剖

——基于安徽省宿州市夏刘寨村的调查[①]

　　村集体产权制度改革既是深化农村改革的一项重点任务，也是实施乡村振兴战略值得注意的制度问题。[1]虽然农村集体产权制度改革试点总体效果较好，但某些地方的经验并不能代表全国更广泛的农村地区。如何有效推进仍然是农村集体产权改革的难点，需要基层实践经验的总结与创新。而且，任何一项改革都需要人才去推进，能人是集体经济有效实现的重要条件和农村发展的关键[2-3]，对于农村集体产权改革在村落领域的实施有直接影响。一方面，集体产权改革的目的之一是发展农村集体经济，跟能人治村的目标具有一致性；另一方面，集体产权改革的顺利实施需要发挥村治能人的作用。能人具有人数少、能力强、对村庄影响大的特征，属于村庄的精英群体。本文研究的村治能人具有政治精英和经济精英的综合特质，对于农村集体产权改革实践创新有重要作用。

　　从既往文献看，精英在制度变迁中的特殊作用已得到多数学者的认同[4-7]，精英是影响制度创新最直接的因素[8]。市场化对村庄经济和政治结构的冲击，使具有新时代特征的经济精英或能人占据了乡村权力的中心地位[9]，他们逐渐成为乡村制度变迁的推进者[10]。实践经验表明，农村集体产权改革作为一种制度变迁，其顺利推行的关键在于挖掘和产生"强带动—强道德"型能人[2]，但已有研究对此探讨不多，村治能人在农村集体产权改革中的作用还没有引起学界重视。因此，本文在理论分析的基础上，以"中国农村改革典型村"安徽省夏刘寨村为例，探讨村治能人推进农村集体产权改革的理论逻辑，透视其背后的乡村社会运行机制。

一、能人在制度变迁中的作用

　　制度变迁理论认为，要素相对价格变动是制度变迁的根本原因，因为要素相

---

　　① 本文原载于《华中农业大学学报（社会科学版）》2018年第6期，有改动。作者：罗琦、唐超、罗明忠。

对价格变动会产生潜在利润，而潜在利润是制度变迁的内在要求和动力。[11]精英理论认为，一个社会普遍流行的价值观能决定社会制度的基本特征和演进方向，而制度变迁中的领袖人物能使某种价值观广为传播，发挥推进或阻挠制度变迁的作用。基于上述理论，本文构建了"精英识别—要素相对价格变动—制度变迁"的理论框架，具体分析精英人物在制度变迁中的作用（见图1）。

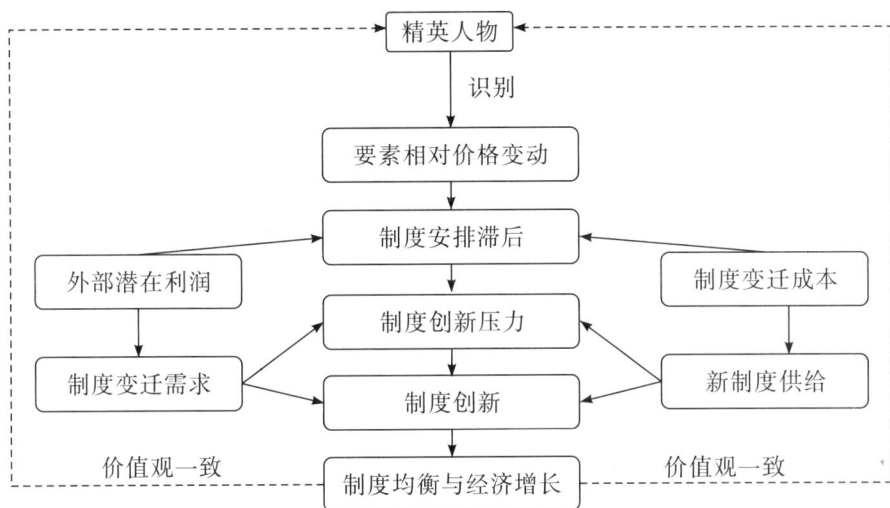

图1　精英人物推进制度变迁的分析框架

（一）精英识别与要素相对价格变动

如图1所示，要素（如劳动力、土地、资本等）相对价格变动直接影响制度变迁潜在收益，改变了制度变迁成本与收益比较。当制度变迁潜在收益超过成本时，新制度安排就会出现。从动态发展角度看，上述制度变迁呈螺旋上升特点。第一轮制度变迁完成后，经济发展导致资源竞争，在资源禀赋约束下，要素相对价格再次变动，新一轮制度变迁窗口再次开启，制度变迁进入良性路径依赖。[11]其间，得益于信息以及个人禀赋优势，精英人物最可能先识别新制度安排的潜在利润；另外，精英人物的行为直接受其价值观影响，当获得的制度变迁潜在收益与精英人物价值观一致时，精英人物就可能推进制度变迁。

对村治能人推进农村集体产权改革来说，劳动力、土地、资本等要素相对价格的变动改变了集体经济发展的成本和收益，原有制度安排越来越滞后于集体经济发展实际需求，迫切需要进行制度创新。村治能人作为村庄精英人物的代表，是最先识别集体产权改革潜在收益的群体，当其价值观与村庄制度变迁需求一致时，有了推进农村集体产权改革的意愿，就会综合考虑推进制度变迁的收益和成本，最终决定是否推进制度变迁。

（二）要素相对价格变动与制度变迁

要素相对价格变动改变了制度变迁潜在收益和成本，原有制度安排愈加滞后。一方面，因经济主体对潜在收益的获取，产生了新的制度需求；另一方面，经济主体会根据新制度的变迁成本来决定新的制度供给，二者共同决定制度变迁方向，最后形成新的制度均衡。

在上述过程中，制度变迁最终是否发生，取决于收益和成本的比较，只有预期收益大于预期成本，制度变迁才会发生。农村集体产权改革的预期收益和预期成本主要受三个因素影响：一是村治能人向村治精英转变。合格的村治精英需要具备思想理论、文化知识、综合能力、人格品质四个方面的能力与素质，村治能人转变为村治精英后，形成了自身独特的治村理念，能够进一步识别农村集体产权改革的潜在收益。二是政府支持。政府支持可以降低农村集体产权改革成本。村治能人转变为村治精英后，可以很好地扮演代理人角色，弥补政府的有限理性，使政府有支持村治能人推进农村集体产权改革的内在激励。三是村民支持。普通村民虽然不是农村集体产权改革的主导者，却是重要参与者。村民支持可以显著降低农村集体产权改革成本。

二、村治能人对农村集体产权改革的推进：夏刘寨村例证

（一）案例背景

夏刘寨村是安徽省宿州市北部的一个小山村，距市区较远，耕地面积344公顷，全村有650户，四面环山，交通不便，发展基础薄弱。1998年以前，该村人均收入不足千元，是典型的贫困村。为了实现脱贫致富，村民们自发推举经济精英W为村党委书记，在其带领下，通过"返租倒包"推进农村集体产权改革（见表1），不断调整产业结构，实现了集体经济的快速发展与村民收入的稳定增长（见表2）。夏刘寨村从贫困村变成了小康村，获得了"中国农村改革典型村"荣誉称号，其农村集体产权改革经验被称为安徽省继小岗村之后又一农村改革创新；村党委书记W也被授予"全国农村改革十大风云人物"荣誉称号。

表 1　夏刘寨村集体土地改革前后产权结构对比情况

	所有权主体	土地类型	两权关系	使用权主体	说明
改革前	农村集体经济组织或村民委员会（村民小组）	农地	家庭联产承包制	农户	国家对所有权土地征收实物农业税；以合同形式订购农产品；限制农地非农化征用
		农民宅基地	无偿无期限划拨	农户	
		"四荒"土地	社区内部公有共用	全体社区成员	
		自留地	社区内部公有共用	全体社区成员	
改革后	农村集体经济组织或村民委员会（村民小组）	农地	返租倒包	专业合作社/农业公司	以合同形式订购农产品；限制农地非农化征用
		农民宅基地	无偿无期限划拨	农户	
		"四荒"土地	返租倒包	专业合作社/农业公司	
		自留地	返租倒包	专业合作社/农业公司	

资料来源：访谈整理。

表 2　夏刘寨村集体产权改革后经济发展概况

年份	集体收入/万元	总产值/万元	人均纯收入/元
1998	0	0	602
2005	51	1 000	3 510
2007	67	8 100	5 003
2009	85	10 337	6 005
2011	101	13 692	7 600
2013	163	17 187	8 030
2014	216	19 032	9 130
2015	358	22 674	12 013

资料来源：访谈整理。

（二）村治能人对农村集体产权改革潜在收益的识别

集体产权改革（1998 年）之前，夏刘寨村的生产要素相对价格呈如下特点：一是土地迅速增值。经济发展和城镇化带动了发达地区的土地价格上涨，进而使夏刘寨村这种偏远农村的土地要素相对价格进入上涨通道。二是资本价格上涨。农村成为城市的资本蓄水池，资本奇缺，农民获取金融服务的成本较高；另外，当时税负较重，全村实际人均税负300元左右，而人均年收入才500元左右，资本剩余极少，加剧了资本要素相对价格的上涨。三是技术与知识进步。科技进步和知识普及使技术要素相对价格降低，村庄经济活动更加理性和规范。四是劳动力价格呈上涨趋势。虽然全国在1989年就出现了第一波民工潮，但真正波及夏刘寨村是在1999年前后，劳动力转移使劳动力要素相对价格上涨。五是农业生产基础薄弱，抵抗风险能力不强。三面环山的地理环境使夏刘寨村交通不便、旱涝不均，水利等农业基础设施建设成本较高，农业抵抗风险能力很弱。可见，农村集体产权改革之前，夏刘寨村的土地、资本、劳动力要素相对价格都呈现上涨趋势，多使用技术发展集体经济具有比较优势，可以有效降低生产成本，提高劳动生产率。因此，村庄集体产权改革应向有利于技术使用的方向进行，需要推行有利于土地规模经营的制度安排，即"返租倒包"。另外，由于土地、资本、劳动力要素的相对价格较高，必须降低这些要素的获得成本。因此，推进农村集体产权改革的潜在收益主要有以下两方面：一是有利于节约利用土地，间接增加了规模经营的土地供给，推升土地生产率，促进村庄资本积累；二是有利于村庄完成资本原始积累，股份制改革明晰了集体资产的产权权责，遏制了村干部对集体资产的侵蚀，直接促进了村庄集体经济发展。

另外，村党委书记W是由经济精英转变而来的村治精英，具有多年创业经验，有着敏锐的市场洞察力，对于农村集体产权改革的潜在收益有清晰的把握。W刚上任就提出要流转土地，搞连片种植、规模经营，正是清晰把握农村集体产权改革潜在收益的具体体现。

可见，村治能人由于具有较高群众威信和较强创新能力、领导才能以及市场适应力[12]，能够先识别出农村集体产权改革的潜在收益，进而成为推进农村集体产权改革的重要力量。在上述改革中，村治能人处于核心地位，村治能人转变为村治精英将更有利于对农村集体产权改革潜在收益的识别。当然，从村治能人到村治精英的转变不是一蹴而就的。夏刘寨村的案例显示，主要是以下因素促进了从村治能人到村治精英的转变：一是需求诱导。村治能人是村里的先富群体，已实现了生理、安全等低层次需求，有实现高层次需求的动机，他们在乡村社区中有更多经济和政治利益追求，激励他们由经济精英转向村治精英。二是有效学习。能人治村理念主要来源于两方面：借鉴他人的治村经验、移植自己的实践经验。[13]W在自身创业过程中积累了丰富实践经验，经常带领村民外出参观，学习其他地区的成功经验，这对于转变观念、提高能人素质有重要帮助。W还注重教育、培训，这是提高人力资本价值的重要途径。W 是高中学历，在当时的农村属于高学历人群。当选村党委书记之后，他又报名参加了成人教育，获得本科学历，进一步提高了自身文化素质。另外，他还参加省市政府组织的村干部培训班，提高政治素质。三是平稳过渡。W 在当选为村党委书记以前已担任过村党委副书记，熟悉村党委会的运作流程，积累了一定工作经验，这为他当选村党委书记后迅速适应工作提供了便利条件。四是外部支撑。包括民主选举制度、宽松政策环境、村民支持等。民主选举制度能够保证村民选出合格的村治能人；宽松政策环境既为村治能人发挥自身作用创造了良好条件，又增强了村治能人的工作积极性；村民支持是村治能人特质得以发挥的基础，也是能人能够有效治村的关键。

（三）农村集体产权改革内在需求与能人治村理念的一致性

W 被选为村党委书记后，充分发挥能人带动作用，践行投资增值、竞争有序、规范做事等现代化治村理念，然而在整个村落看到的仍是一家一户的小农经济。包产到户虽然让村民生产、生活条件暂时得到改善，却解决不了村民的致富问题。W 要带领村民致富，必须实行土地规模经营和农村工业化，需要对集体土地制度进行改革。原有农村集体产权制度与能人治村理念存在较大差异，而推进农村集体产权改革与能人治村理念存在一致性。

可见，一旦能人治村理念契合农村集体产权改革内在需求，即二者在目标上具有一致性，村治能人推进农村集体产权改革的意愿就会增强，他们会综合考虑推进农村集体产权改革的收益和成本，决定是否推进制度变迁。

（四）要素相对价格变动加快了农村集体产权改革

尽管夏刘寨村土地、资本、劳动力和技术等生产要素的相对价格发生了变化，但土地家庭经营模式使土地细碎化问题突出，制约了技术要素的使用，资本和劳动力要素相对价格的上升则使家庭经营生产成本越来越高，因此需要对现有土地家庭经营模式进行创新。农村集体产权改革的潜在收益更加符合 W 带领村民致富的需求。另外，W 可以降低集体产权改革的成本，有利于改革的顺利推进。首先，W 经商多年，社会资本丰富，有助于获得政府相关部门支持，如进行土地流转公证、借助退耕还林政策推进荒山改革等（见表3）。其次，W 在村里威望较高，能够制订出符合村民意愿的集体产权改革方案，并容易获得村民支持。比如，夏刘寨村集体产权改革方案明确规定了村委会与村民之间的利益划分，此方案体现了制度变迁的适应性效率。土地流转方案提出村里一人租一亩地给村办企业，而不是农户将所有承包地都转包给村办企业，此举得到了政府部门和村民的共同支持，为推进改革奠定了基础。

表3 夏刘寨村在集体产权改革中获得的政策支持概况

年份	项目名称	说明
2002	国家退耕还林	每亩每年补助210元，共计5年
2006	"百村十镇示范工程"试点村	资金补贴200多万元
2007	大乾山穿山公路	政府和村集体共同出资980多万元
2009	安徽省整村推进示范村	财政补贴3 500多万元
2011	国家土地整治	新增土地2 000多亩，财政补贴3 270万元
2013	安徽省美丽乡村建设示范村	专项资金支持400万元

资料来源：宿州市埇桥区人民政府网站。

可见，要素相对价格变动改变了农村集体经济发展的成本和收益，原有制度安排越来越难适应集体经济发展的需求，迫切要求制度创新，为村治能人推进改革提供了机会和条件。一方面，村治能人社会资本丰富，提出的农村集体产权改革方案容易获得政策支持[14]，能显著降低集体产权改革成本。另一方面，村治能人乡村实践经验丰富，有能力制订出符合村民意愿的集体产权改革方案。乡村熟人社会的特点使村治能人更容易向村民传递完备信息，获得村民理解和支持[15]，村民也更容易转变成农村集体产权改革的第二行动集团，与第一行动集团一起合力推进农村集体产权改革。

三、村治能人推进农村集体产权改革后的运行机制：夏刘寨村例证

（一）组织一体化助推农村集体产权改革目标的实现

为顺应农村集体产权改革要求，夏刘寨村实行一体化的组织结构（见图2）。村党委书记W通过选举成为村委会的领导者，牵头成立农业公司、合作社等经济组织，成为村庄经济、社会、文化组织的主导者。各类组织在村党委书记W协调下实现良性互动，共同推进农村集体产权改革的顺利进行。以土地流转为例，其最终得以进行，充分体现了组织一体化的关键作用。在土地流转推进之初，有些村民不理解，阻力挺大。后来通过村两委争取政策支持，农业公司与合作社落实具体方案，社会和文化组织动员村民，越来越多村民理解了村委会的意图，土地流转过程中来自村民的阻力才有所减少。

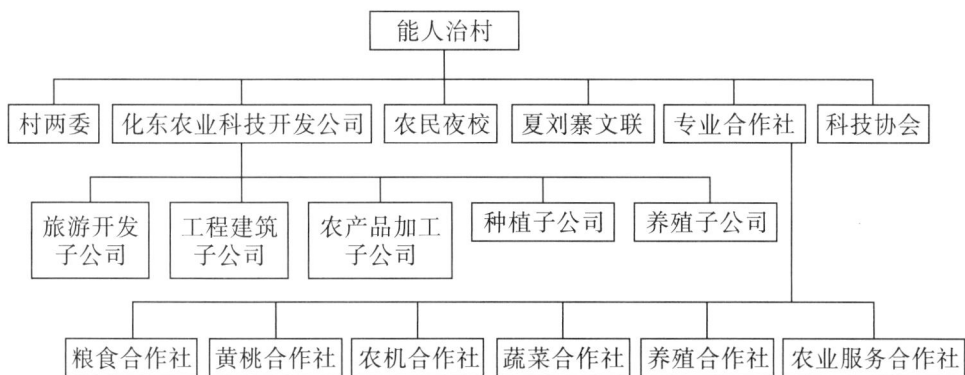

图2　夏刘寨村的组织结构

实践证实，组织一体化既助推了农村集体产权改革目标的实现，也保证了农村集体产权改革的顺利进行。村治能人推进农村集体产权改革有一个明显优势，就是可以化解委托代理目标不一致的难题。政府主导的农村集体产权改革的目标可能与村集体的目标不完全一致，或难以得到村民的理解和支持，导致在执行过程中发生异化；而通过村治能人推进，二者的目标更容易达成一致，也有利于发挥相关组织和精英人物的作用。再配置上级政府为村治能人推进农村集体产权改革提供的宽松政策，必然有利于促进农村集体产权改革顺利进行。

（二）成员资格认定和股权份额设置是农村集体产权改革的核心

在成员资格认定上，夏刘寨村主要采用了土地股份合作方式，即村民以生产资料入股形式取得成员资格，通过土地入股将全部资产量化到人。在集体产权改革之前，夏刘寨村集体资产为零，集体经济发展极为困难。以土地入股的方式进行成员资格认定，一方面可以快速完成集体经济的原始积累，另一方面可以激发村民的参与意愿。通过土地入股，夏刘寨村很快完成了全村土地流转，农村集体产权改革得以顺利推进。

可见，成员资格认定和股权份额设置是农村集体产权改革的核心问题。采用土地股份合作方式来进行成员资格认定，更有利于集体经济的资本积累和激发村民的参与意愿。

（三）有效的乡村治理体系是集体产权改革顺利推进的根本保障

在乡村治理方面，夏刘寨村有以下做法：一是改进内部治理。首先，通过新农村建设使乡村治理结构转变为社区治理结构，完善了乡村治理制度；其次，打破原有组织结构，发挥村党委核心作用，村党委根据功能和行业成立种植、养殖等六个支部，每个产业链都有专门的党员和村干部对接，采取"一统六分"的管理模式提供服务并监督集体经济运行。二是强化外部监督。首先，通过土地股份制合作与村民建立紧密利益联结机制，提高村民对能人监督的积极性；其次，由驻村干部及时监督能人治村情况；最后，随着夏刘寨村成为明星村，村庄更加开放，随之增长的媒体关注成为重要的外部约束。三是完善激励制度。在经济激励的基础上，加大精神激励和约束。夏刘寨村党委书记 W 被选为全国人大代表，并被评为"全国劳动模范"，这既是对他的激励和肯定，又是外部约束。四是加强沟通交流。首先，夏刘寨村创办了农民夜校和科技协会，加强对村民的教育和培训，提高了村民素质和政策识别能力；其次，夏刘寨村每年都会举行新春茶话会，与村民畅谈发展，组织党员及群众代表外出参观学习，帮助村民转变观念。通过与村民建立良好沟通交流机制，促进了乡村治理的有效性。

可见，对村治能人推进的农村集体产权改革来说，村治能人处于核心地位，既需要选出道德品质和管理能力相匹配的村治能人，也需要完善的监督和激励机制，归结起来就是需要完善的乡村治理。一方面，能人治村本身就是乡村治理的创新[16]，对改善乡村治理结构、完善乡村治理机制有重要作用；另一方面，有效的乡村治理要求有完善的制度，包括民主选举制度、村干部激励监督制度等。

四、结语

本文基于安徽省夏刘寨村的案例研究发现，要素相对价格变动是农村集体产权改革的诱导因素，当能人治村理念与农村集体产权改革需求一致时，村治能人有推进农村集体产权改革的动力。村治能人可以协调政府和村民之间的关系，有效降低农村集体产权改革成本，促进农村集体产权改革目标的实现。当然，村治能人推进农村集体产权改革需要有适宜的运行机制，包括组织架构、成员资格认定和完善的乡村治理。村治能人通过组织一体化推进农村集体产权改革；采用土地入股形式做好成员资格认定，在调动村民积极性的同时，快速完成了集体经济的原始积累，并通过"村企合一"模式进一步完善了股权结构。

当然，首先，从经济精英到村治精英的转变需要有完善的机制，包括需求诱导、有效学习、平稳过渡以及外部支撑四种机制。其次，村治能人的价值追求要与制度变迁的利益需求一致，在正确理念引导下，村治能人在实现由经济精英到村治精英的转变后，可以及时识别出制度变迁的潜在收益，协调政府、自身以及村民三方的共同利益，促进三者目标的一致。最后，要充分发挥村治能人的作用，需要完善乡村治理，包括正式的管理制度和非正式的约束两方面，以及适宜的制度实施机制。这样才能既充分发挥村治能人的积极效应，又有效抑制其可能引发的负面效应。

参考文献

[1] 陈锡文. 从农村改革40年看乡村振兴战略的提出 [J]. 中国党政干部论坛, 2018 (4): 12 - 18.

[2] 黄振华. 能人带动: 集体经济有效实现形式的重要条件 [J]. 华中师范大学学报 (人文社会科学版), 2015 (1): 15 - 20.

[3] 符钢战, 韦振煜, 黄荣贵. 农村能人与农村发展 [J]. 中国农村经济, 2007 (3): 38 - 47.

[4] RUTTAN V W, HAYAMI Y. Toward a theory of induced institutional innovation [J]. Journal of development studies, 1984, 20 (4): 203 - 223.

[5] ACEMOGLU D, JOHNSON S, ROBINSON J A. Los orígenes colonials del Desarrollo comparativo: una investigación empírica [J]. Revista de economía institucional, 2005, 7 (13): 17 - 67.

[6] 贺东航, 朱冬亮. 中国集体林权改革存在的问题及思考 [J]. 社会主义研究, 2006 (5): 79 - 81.

[7] 罗必良, 曹正汉, 张日新. 观念、教育观念与教育制度——基于新制度经济学的分析 [J]. 高等教育研究, 2006 (1): 58 - 63.

[8] 徐东涛, 郎友兴. 地方治理精英与制度创新的关联性分析: 以杭州为例 [J]. 浙江社会科学, 2012 (12): 40 - 45.

[9] 郎友兴. 改革、市场经济与村庄政治——基于一个浙江村庄政治的三十年变迁 [J]. 浙江社会科学, 2010 (11): 2 - 10, 125.

[10] 刘会苏, 李汉铃, 新望. 对苏南农村社区领袖的观察与研究 [J]. 中国农村观察, 2003 (2): 58 - 63, 81.

[11] 郭强. 要素相对价格变动与制度变迁——基于中国农地制度变迁的实证 [J]. 农村经济, 2014 (1): 87 - 90.

[12] 余兰. 农村能人主政: 基于领导理论的分析 [J]. 农业科技管理, 2006 (4): 28 - 30.

[13] 曾福生, 匡远配, 王玥. 精英在农村公共产品供给中的作用研究 [J]. 兰州学刊, 2007 (11): 63 - 68.

[14] 蔡立雄, 何炼成. 诱致性制度变迁与农村发展——兼论社会主义新农村建设 [J]. 经济评论, 2007 (6): 60 - 65.

[15] 袁方成. 治理集体产权: 农村社区建设中的政府与农民 [J]. 华中师范大

学学报（人文社会科学版），2013（2）：1 – 17.

[16] 卢福营. 经济能人治村：中国乡村政治的新模式 [J]. 学术月刊，2011
　　（10）：23 – 29.

农地流转背景下的
农村集体经济有效实现形式

——基于宿州市三个村实践的比较分析①

农地流转是"深化农村土地制度改革"和"发展多种形式适度规模经营"的前提和主抓手，振兴农村集体经济则是实施乡村振兴战略的基本路径和必然选择。一方面，产业兴才有乡村旺，乡村振兴需要发展农村集体经济，凡是农村集体经济发达的地方，农村发展就繁荣兴盛，村庄治理总体表现为心齐劲足，乡村振兴往往能取得实效；另一方面，农村集体经济发展壮大对农村土地制度的改革进程及其路径选择具有重要影响。在人民公社解体后，新时期农村集体经济新的有效实现形式亟待研究。[1]农村土地所有权、承包权、经营权三权分置新格局的形成，为农村集体经济发展提供了新契机，两者之间的关系在新时期农村土地制度变化形势下将更加紧密。[2]从已有实践经验看，农村集体经济的有效实现跟土地直接相关，如"南海模式""苏南模式""温州模式"等，但这些模式都是以土地非农化为基础，多集中在城中村、城郊村、经济发达村以及沿海发达地区，对大部分普通农村地区并不适用。在一般的以农业为主的地区，因为农地主要用于农业生产，保持集体所有制尤其是充分发挥村社集体层级在农业生产上的"统的功能"就十分重要。[3]如何进一步创新农村集体经济的有效实现形式，推进乡村振兴战略目标的实现，成为新时期政府和学界关注的焦点问题之一。

一、研究综述：农地流转与农村集体经济实现

农户依法享有对所承包集体土地的排他性占有、使用、收益以及处分处置的权利。农地流转本质上是农户对所拥有集体土地的承包经营权的交易。农业经济发达国家的实践证明，没有土地流转和适度集体经营，农业规模经营就发展不起来；没有农业的规模经营，农业产业化就发展不起来，集体经济也就难以发展壮大。[4]土地作为农村集体经济发展的关键要素，历来跟集体经济的有效实现密切相

---

① 本文原载于《贵州社会科学》2018 年第 4 期，有改动。作者：唐超、罗明忠、罗琦。

关，在人多地少的国情下，农地流转的意义并不仅仅在于促进农地规模经营，更在于发展农村集体经济。然而，现有文献对此的研究尚不充分。与本文主题相关的已有研究大体可分为以下两类：

（一）农村集体经济有效实现形式研究

当前，集体产权改革是集体经济实现的重要抓手。从带动主体看，主要有产业带动型、集体带头型以及政府主导型三种[5]；从土地经营方式看，具体实现形式主要包括集体自营式、社区股份合作式、发包式、业主负责式、外租式、参股式、拍卖式等多种[6-10]。农村集体经济的有效实现是一个系统性工程，既需要能人带动、产权改革、利益分配以及农民自愿等内部条件，也需要政府引导和支持等外部条件[11-13]，其面临着资源分配、权利归属、集体土地所有权被流转等方面的问题，应以村民小组为边界确定土地等资源的所有权主体。在市场发挥越来越大作用的背景下，集体如何与市场对接是其完成自我转型与创新实现形式的主体方向。[14]中国农村集体产权制度建设蕴含着保护农民利益的政治逻辑和发展农民利益的市场逻辑，以有限性、阶段性和调适性为主要特征的农村市场化发展策略，对稳定农村产权安排和有效保护农民利益具有调控作用，对保障农民利益具有推动作用。[15]中国农地集体所有权是本土性物权，它是农民集体对于农地所享有的所有权，其权能依照情势选择性地休眠或苏醒，在现阶段可以采用所有权、承包权、经营权三权分置模式。[16]可见，农村集体经济实现形式也要与时俱进，在当前农地流转的新形势下，更应该探索新的集体经济实现形式。

（二）农村集体组织与农地流转关系研究

一方面，已有研究肯定了村集体在农地流转中的关键作用。村集体决策对于农民流转意愿有决定性影响，村级流转管制可以抑制农地流转的发生，且管制的流转效应是"恒定"的。[17-18]当前农地流转中存在着强行政色彩、弱市场因素等共性问题，阻碍了农村土地的有效流转，应在农地确权后设立"农地流转服务中心"，以促进农村土地实现科学、规范、有序流转。[19]另一方面，有学者初步探讨了农地流转对农村集体经济发展的推动作用，主要体现在农地流转可实现土地的相对集中，有利于土地适度规模经营的形成，为农村集体经济发展提供了更多信用来源。[20]

总之，已有文献更多聚焦于农村集体经济的有效实现形式以及村集体对农地流转影响的研究，而关于农地流转对集体经济发展影响的研究相对不足。事实上，农地流转是壮大农村集体经济的重要途径，对于创新农村集体经济实现形式和发挥工商资本在乡村振兴中的作用均有重要意义。鉴于此，有必要对农地流转背景下农村集体经济发展经验进行全面总结，探讨农村集体经济的有效实现形式。

二、农地流转背景下农村集体经济有效实现形式：宿州市的实践

安徽省宿州市是全国著名的产粮大市，在农地流转和农村集体产权改革方面均走在全国前列。截至 2017 年底，全市流转土地 413.2 万亩，农地流转率为 46.6%。该市探索了现代农业产业联合体、农地流转信托等新型农业经营模式，带动了农村集体经济的快速发展。① 宿州市属于不发达的平原地区，其农地流转和农村集体产权改革对于不发达地区有更强的借鉴意义，而这些地区恰恰是当前农村集体经济改革的重点地区。鉴于此，笔者以宿州市夏刘寨、沈圩、付湖三个典型村庄为例，基于村集体参与农地流转程度的视角，探讨农地流转背景下农村集体经济有效实现形式的三种类型。②

（一）集体统一经营土地模式：夏刘寨村的实践

1. 村庄概况

夏刘寨村是宿州市北部的一个小山村，南临顺河乡，西接符离镇，距市区 30 公里，耕地面积 344 公顷。全村有 650 户，四面环山，农地细碎化严重，人均土地面积 2.2 亩左右，发展基础薄弱。1998 年以前，全村人均收入不足千元，是典型的贫困村。1999 年，夏刘寨村的村民在村党委书记 W 的带领下，通过"返租倒包"在全村范围内推进农地流转，实现了农村集体经济的快速发展与村民收入的稳定增长。

2. 主要做法

一是成立集体经济组织。村集体成立星源农业科技开发公司，村民按照自愿原则租地给村办企业，流转土地税费全部由村办企业承担，村委会与上级政府沟通后跟流转土地的村民签合同、摁手印、办公证，村民自留地的种子等生产资料由村办企业免费提供。对于"四荒"土地，村集体借助国家退耕还林政策，免费提供种苗供村民栽种，按照"谁栽谁有，谁管谁收"原则，每栽活一亩补助 210 元。村民用山林入股，山林全部由合作社统一管理。2000 年左右，全村土地就已经全部流转给村集体，并且带动了周围村庄的农地流转。

二是创新土地经营模式。村集体采用"公司 + 基地 + 产业化农民"模式经营全村土地，运用科学技术改造传统农业，通过与多家科研单位合作发展良种培育

---

① 资料来源：杨军市长在 2018 年宿州市第五届人民代表大会上所做的政府工作报告。
② 资料来源：杨军市长在 2018 年宿州市第五届人民代表大会上所做的政府工作报告。

业，由卖粮食向卖种子转变，提高了全村的种植效益。同时，开发荒山万余亩，采用"公司＋合作社＋产业化农民"模式，合作社负责山林的生产管理，公司负责销售，村民用山林入股，三者充分发挥各自的比较优势，为集体经济发展注入新活力。

三是加快非农产业发展。集体统一经营土地提高了生产效率，衍生出了对于发展农产品加工业的需求。为了适应农地流转的需要，提高经营效益，夏刘寨村集体创办了鲜玉米、面粉等各类加工厂，还引进华瑞有机食品深加工项目。同时，利用夏刘寨村客运站和化东商贸物流园，大力发展农产品物流运输、电子商务物流等服务业，以此推动全村产业融合发展。全村非农产业的发展又进一步刺激了农村集体经济的发展壮大，为解决分散运营企业的协调和管理问题，夏刘寨村对村集体企业进行了重组，成立宿州市化东农业科技开发有限责任总公司，实行集团化运营，集体经济发展速度进一步提升。

3. 主要启示

夏刘寨村模式的成功得益于村集体统一经营流转土地。通过这种方式，夏刘寨村迅速完成了集体经济的原始积累，为发展集体经济奠定了基础。在农村，虽然土地对个人而言非常重要，但小规模或者小块的土地经营并不利于其发展，这种不利除了表现在生产资料费用更高外，还表现在导致农村非农产业发展缓慢。农地流转可以促进集体经济向规模化和产业化转变，推动非农产业的发展。夏刘寨村非农产业的快速发展离不开农地流转形成的规模化效应，农地规模经营推动了农村产业融合发展，整体提高了集体经济的经营效益。

（二）集体辅助经营土地模式：沈圩村的实践

1. 村庄概况

沈圩村位于宿州城北 10 公里处，符离镇西南部。全村辖 15 个自然村、23 个村民组，农业总户数 1 700 户，人口 6 788 人，耕地 1.2 万亩。辖区内的旅游观光点十里桃花长廊是城北郊市民的休闲采摘娱乐中心。为了进一步发展村集体经济，沈圩村充分利用自身的资源条件，借助宿州市实施美丽乡村建设示范村项目的契机，大力推进农地流转，于 2010 年秋引进多家苗木花卉企业，在全村范围内推进农地流转，促进了集体经济的发展。2017 年，全村经济总收入约 7 000 万元，村集体经济总收入 120.9 万元，村民人均纯收入 9 700 元。

2. 主要做法

一是以招商引资推动农地流转。按照村民自愿原则，由村集体出面引进企业承包土地，重点发展苗木花卉产业。村集体发挥组织协调和中介作用，把多数农户的农地流转给苗木花卉企业，实行土地二次承包，合同期为20年，按照1 000元/亩的标准支付租金。村集体在苗木花卉产业产生效益后，收取100元/亩的服务管理费。沈圩村吸引了苗木花卉企业及合作组织32家，招商引资总额达1.2亿元，流转土地面积1 000多亩，有亿海农庄、民得利园林、隆丰科技、凤凰汇林等企业入驻，苗木花卉基地初具规模。

二是以园区建设做大主导产业。沈圩村紧紧围绕"上规模、创品牌、强产业"的总体思路，依托宿州职业技术学院，以科技为引领和支撑，把发展大棚蔬菜、水果当作主攻方向，做成产业，把自身打造成为现代生态农业园区：有规模种植户120余户，设施棚800个，现代农业面积达3 500亩，是城郊重要蔬菜生产基地；水果以鲜桃和梨为主，其中鲜桃生产面积约1 000亩，年产量180万公斤，产值700万元，占宿州市场的1/3。

3. 主要启示

与夏刘寨村不同的是，沈圩村集体并不统一经营土地，只是辅助经营土地。村集体通过帮助企业流转土地获得相应的中介费，以及通过土地整治、农业综合开发等途径，改善农田基础设施条件，收取基础设施维护费，并提升农地流转的租金收入。这是通过以农地流转为基础的招商引资来获得农村集体经济发展所需的资金和技术，以此壮大农村集体经济。另外，土地流转使部分农民从传统农业中解放出来，推动他们转向非农产业经营，寻求农村经济新的增长点，为集体经济发展提供新动力。

（三）集体联合经营土地模式：付湖村的实践

1. 村庄概况

付湖村位于宿州市埇桥区东北部，灰古镇南端，新汴河北岸，距206国道10公里，地理位置优越，处在国家现代农业核心示范区中心地带。全村有15个自然村，人口4 002人，耕地面积10 500亩。农地流转面积6 000亩，农民专业合作社4个，家庭农场13家，企业7家。付湖村的农地流转采用的是先整治后流转模式，即先以"人地挂钩"方式进行土地整治，再进行农地流转。该模式既促进了新农村建设，又增加了村集体土地，强化了村集体地位。

2. 主要做法

一是以"人地挂钩"方式加快土地整治。付湖村通过宿州市国土资源局与宿州中国现代制鞋产业城联系，将灰古镇的7个自然村集中搬迁安置，腾出来的建设用地指标供鞋城使用，并为其输出剩余劳动力；鞋城则为新村建设提供资金支持。从2013年开始根据协议分两期对7个自然村进行拆迁，按照美丽乡村建设要求，统一规划，集中安置。截至 2015 年底，被拆迁的所有农户全部乔迁新居，户均节约用地近 1.5 亩，为鞋城提供建设用地指标 806 亩，拆除并复垦 5 个自然村，整治面积 560 亩，新增集体耕地 420 亩。

二是以村集体入股联合经营土地。土地整治后，全村土地得以增加，尤其是村集体新增耕地 420 亩，为集体经济发展创造了条件。为了进一步壮大集体经济，村集体积极加快推进农地流转，促进土地适度规模经营。全村已流转土地 8 700 多亩，农地流转率达 80% 以上。村集体跟淮河粮食产业联合体进行合作，利用 420 亩村集体新增耕地、632 亩农民新增耕地入股淮河粮食产业联合体，村集体年增收 17.4 万元，入股农民人均年增收 346.68 元，有效破解了农民的增收难题，实现了"农民变股民"的目标。对于流转的土地，该村采用"公司＋合作社＋家庭农场"的农业联合体运作模式，通过规模种植，使统一品种、统一物资供应、统一技术标准、统一产品认证、统一技术服务、统一销售的"六统一"得以落实，又通过先进机具和技术的快速推广、批量采购和标准化生产的实施，实现了农业投入品价格下降和粮食收购价格提高，进而提高了全村的土地经营效率。

三是以招商引资发展集体经济。土地整治和农地流转为集体经济的发展提供了条件，付湖村已入驻工业企业 7 家，其中较大规模企业 3 家，年生产总值 0.98 亿元，300 名村民实现就近就业，年平均工资 3.6 万元。村集体经济通过入股淮海畜牧、协成金属两家公司，年分红 30 万元以上。付湖村紧抓"两区"建设契机，营造优良投资环境，与埇桥区农展馆、光伏发电厂、广东温氏集团、安徽农业大学皖北试验站等单位的合作项目陆续开展，村庄集体经济得到进一步发展。

3. 主要启示

付湖村模式的成功得益于土地整治以及村集体入股农业联合体。一方面，土地整治为集体经济发展提供了资金和土地；另一方面，村集体入股农业联合体进行联合经营，充分发挥了各自的比较优势，提高了土地的整体经营效率。对于大部分普通地区的村庄来说，集体经济发展面临的难题是集体积累不足，村庄的公共服务主要依靠政府的转移支付，在这种情况下，通过土地整治增加集体土地是集体积累的有效方式。集体积累了一定的土地，就可以以此为基础进行招商引资，促进集体经济的发展。

三、农地流转背景下集体经济有效实现形式比较分析

结合宿州市农地流转促进农村集体经济发展的经验，基于上述三个典型案例，下文将从特点、优势、约束方面比较分析农村集体经济的三种有效实现形式。

（一）集体统一经营土地模式

1. 模式简介

在该模式下，村集体成为农地流转的转入方，土地由村集体统一经营。具体来说，就是由村集体经济组织如村办企业、合作社等统一经营，集体经济组织可以通过农地流转实现土地规模经营，不断壮大自身实力，进而带动集体经济发展。该模式又可分为两种情况：一种是农民以土地入股集体经济组织，最后获得分红，跟集体共担经营风险；另一种是农民把土地转租给集体经济组织，获得租金，不承担经营风险。

2. 模式特点

一是从产权结构看，该模式一般所有权、承包权和经营权均归村集体，村民获得租金和分红，在实践中一般体现为村企合一、村社合一等经营形式。

二是从集体经济来源看，主要是从经营土地以及相关农产品加工业中获得收入。

三是从介入农地流转程度看，该模式的介入程度最高，土地流转、经营以及分配都由集体统一安排。

四是从农地流转经营主体看，主要为村办企业、合作社等村集体经济组织。

五是从适用条件看，该模式比较适用于集体经济组织健全的村庄，如村办企业、合作社发展较好的村庄。

3. 模式优势

一是由村集体统一经营土地可以快速完成集体经济的原始积累，推进农业适度规模经营，提高农业生产力和规模效益。集体统一经营土地使村集体获得了连片成规模土地的经营权，有利于降低土地经营成本，获得规模经济收益，为集体经济发展奠定基础。同时，农村集体经济通过农地流转获得比较收益，必会激励农村集体经济组织成为转入方，进而进入良性发展轨道，即农地流转规模越大，农村集体经济组织可能的获益就越多，发展也越快。

二是由村集体统一经营土地可以降低农地流转交易成本，有效应对市场、自然等风险。村集体本身在农地流转中就扮演着重要角色，也是土地的所有权主体。相比于其他流转主体，村集体在协调流转农户方面具有天然的优势。集体统一经营可以提高农业基础设施资金使用效率，方便获取市场信息，降低经营成本。

三是由村集体统一经营土地有利于土地价值的充分体现，确保农民的利益最大化，同时能有效地进行农村劳动力转移。农户可通过流转获取收益，实现土地增值、收入增加。同时，土地流转有利于改变部分农民"亦工亦农、亦商亦农"

的兼业状态，化解土地束缚，促进农村劳动力向非农产业转移，寻求农业和农村经济新的增长点，继而整体提升村集体经济实力。

四是农地流转为农村集体经济发展提供了更多信用支持。虽然土地对农民个人而言非常重要，但小规模或者小块的土地经营并不利于其发展，这种不利除了表现在生产资料费用更高外，还表现在导致农村经济发展中信用支持的缺乏。农地流转可以促进农村经营向规模化和产业化转变，推动规模经济的形成。而规模经济则可有效促进农村融资信用度的增加，使农村集体经济融资信用基础得以提高。

4. 模式约束

首先，集体统一经营风险较大。虽然相对于单个农户，集体统一经营增加了抵抗风险的能力，但农业本身具有的自然、市场、社会以及技术风险就此全部转嫁给了集体，增加了村集体的整体经营风险。其次，集体统一经营对村庄治理水平要求较高。村集体作为一个集政治、经济、文化、社会为一体的组织，本身面临的治理环境就比较复杂，经营土地更加需要较高的治理水平，否则很容易出现侵占农民利益、内部人控制等问题，导致集体统一经营无法推行下去。最后，该模式需要拥有比较健全的村集体经济组织，而对于大部分村庄来说，村集体经济组织发展缓慢，村委会等行政组织本身并不擅长市场化条件下的土地经营，也就无法保证农民租金收入的稳定性，最终也就无法实行集体统一经营土地。

（二）集体辅助经营土地模式

1. 模式简介

在该模式下，村集体只是担任农地流转的中介组织，并不直接参与土地经营，土地的流转主体主要是其他经济组织（如合作社、公司等）。在参与农地流转的过程中，村集体可以通过担任中介组织间接获利（如租金收入、分红收入、衍生农地流转收益、服务性收益等），促进自身的发展。村集体会通过土地整治、农业综合开发等途径，改善农田基础设施条件、水电路沟渠配套，收取基础设施维护费，并提升农地流转的租金收入。村集体还会积极创办服务性实体，发展农业生产性服务业，为农业企业、合作社、家庭农场、种养大户等提供产前、产中、产后服务，以此获得收益。

2. 模式特点

一是从产权结构看，该模式实行的是三权分置的产权结构，即土地的所有权归村集体、承包权归村民、经营权归其他经济组织，村民获得租金。

二是从集体经济来源看，主要是担任农地流转中介组织获得的费用以及为流转主体提供社会化服务获得的收益。

三是从介入农地流转程度看，该模式的介入程度较低，村集体只担任农地流转中介组织或者提供一些社会化服务，起到辅助经营的作用。

四是从农地流转经营主体看，主要是其他经济组织，如农业企业、合作社、种养大户等。

五是从适用条件看，这是大部分村庄农地流转采用的经营方式，适用于一般村庄的农地流转。

3. 模式优势

一是土地经过流转，可实现相对集中，有利于土地适度规模经营的形成，也有利于农村集体经济发展中的招商引资。通过土地承包经营权流转，村集体可以引进外部投资，给农村集体经济发展带来重要机会。

二是村集体经营风险较小，只是辅助其他经济组织经营土地，大部分经营风险由土地流转的流入方承担。

三是其他经济组织是经过市场竞争产生的，它们在对接市场方面比村集体更有优势，对土地的经营管理更符合市场规则，整体经营效率较高。

4. 模式约束

首先，不利于集体经济的快速积累。由于村集体只是辅助经营土地，大部分土地经营收益是由流转主体获得，村集体只能获得小部分收益，制约了集体经济的积累。其次，该模式的交易成本较高。农地流转过程中需要跟多个农户进行谈判和交易，其交易费用必然较高。最后，该模式很容易损害农民的利益。其他经济组织一般是靠政策吸引才流转土地，而政策支持不能保证持续性，加之农业经营风险较大，可能对农民土地租金收入产生不利影响，反过来又会制约该模式的顺利进行。

（三）集体联合经营土地模式

1. 模式简介

该模式主要是村集体用集体土地入股其他经济组织，联合经营土地，风险共担，利益共享，通过股份合作实现土地规模经营，不断壮大自身实力，进而带动集体经济的发展。该模式可分为两种情况：一种是集体有一部分土地未分配（如土地整治增加的土地、人口变化增加的土地等），以这部分土地入股其他经济组织参与土地经营，分享经营收益，以此促进集体经济的发展；另一种是农民把自家承包地和集体未分配土地一起入股其他经济组织，以此分享经营收益。

2. 模式特点

一是从产权结构看，该模式一般所有权归村集体，未分配的土地承包权归村集体，已分配的土地承包权归村民，经营权归其他经济组织，村民获得租金和分红。

二是从集体经济来源看，主要是联合经营土地及相关产业获得的分红。

三是从介入农地流转程度看，该模式的介入程度适中，对于土地的流转、经营以及分配，村集体都有参与。

四是从农地流转经营主体看，主要为其他经济组织，如农业企业、合作社、种养大户等。

五是从适用条件看，该模式比较适用于集体未分配土地较多的村庄。

3．模式优势

一是村民、村集体、其他经济组织的利益联结更紧密，相比于其他经营模式，该模式更能有效地发挥各方优势。

二是整体经营风险降低，经营稳定性得到增强。该模式具有风险共担的特点，对于村民、村集体、其他经济组织来说，各自的经营风险都有所降低，整体的经营稳定性得到增强。

三是便于利用外来资金，促进集体经济的发展。该模式降低了企业的流转成本，更容易吸引企业进行投资，方便集体利用外来资金，促进非农产业的发展。

4．模式约束

首先，该模式条件特殊，即联合经营一般要求村集体仍然有一部分成规模的未分配土地，以此形成联合经营土地的基础。其次，需要有效的乡村治理体系，不然很容易出现内部人控制的机会主义及"搭便车"行为，进而陷入"集体行动的公共主义困境"。

表1　农地流转背景下农村集体经济三种有效实现形式的比较

类型	集体经济来源	介入农地流转程度	农地流转经营主体	产权结构	适用条件
集体统一经营土地	经营土地以及相关农产品加工业	高	村集体经济组织	所有权、承包权、经营权归村集体	集体经济组织健全的村庄
集体辅助经营土地	中介服务以及社会化服务	低	其他经济组织	所有权归村集体，承包权归村民，经营权归其他经济组织	一般的村庄
集体联合经营土地	入股获得分红	中	村集体、其他经济组织	所有权归村集体，未分配的土地承包权归村集体，已分配的土地承包权归村民，经营权归其他经济组织	集体未分配土地较多的村庄

四、结论与启示

本文通过对宿州市三个典型村庄的比较分析，探讨了农地流转背景下农村集体经济的有效实现形式。研究发现，农地流转背景下农村集体经济的有效实现形式主要包括集体统一经营土地、集体辅助经营土地、集体联合经营土地三种模式。集体统一经营土地适合集体经济组织健全的村庄，集体辅助经营土地适合一般的村庄，集体联合经营土地适合存在集体未分配土地的村庄。这三个典型案例揭示，集体统一经营土地具有完成资本原始积累快、交易成本低以及保护农民利益的优势，但存在经营风险大、治理水平要求高、集体经济组织健全三个方面的约束；集体辅助经营土地具有招商引资快、集体风险小以及整体经营效率高的优势，但存在集体收益低、交易成本高、易损害农民利益三个方面的约束；集体联合经营土地具有利益联结紧密、整体经营风险低以及便于利用外来资金的优势，但要面对条件特殊、乡村治理体系有效两个方面的约束。

可见，在农地流转背景下，农村集体经济的有效实现形式也要创新，才能更好地适应新情况。首先，基层组织应综合考虑农村集体经济三种有效实现形式的特点、优势和约束，探索适用于自身实际的形式。其次，农村集体经济的有效实现形式应该与村庄自身条件相适应，要因地制宜，对于集体经济组织健全的村庄可以选择集体统一经营土地模式，对于一般的村庄可以选择集体辅助经营土地模式，对于存在集体未分配土地的村庄可以选择集体联合经营土地模式。最后，农地流转背景下农村集体经济的有效实现形式应该以农民自愿为基本原则，并构建有针对性的乡村治理体系。

参考文献

[1] 薛继亮，李录堂. 中国农村集体经济有效实现的新形式：来自陕西的经验[J]. 上海大学学报（社会科学版），2011，18（1）：115 – 123.

[2] 赵春雨. 贫困地区农地流转与扶贫中集体经济组织发展——山西省余化乡扶贫实践探索[J]. 农业经济问题，2017，38（8）：11 – 16.

[3] 贺雪峰. 农村集体产权制度改革与乌坎事件的教训[J]. 行政论坛，2017，24（3）：12 – 17.

[4] 刘良军. 村级集体经济背景下土地流转问题探析[J]. 党政干部学刊，2010（9）：47 – 49.

[5] 张应良，杨芳. 农村集体产权制度改革的实践例证与理论逻辑[J]. 改革，

2017 (3)：119 – 129.

[6] 周湘智，陈文胜. 农村集体经济有效实现形式：基于现代产权视角 [J]. 求索，2008 (1)：40 – 41.

[7] 陈军亚. 产权改革：集体经济有效实现形式的内生动力 [J]. 华中师范大学学报 (人文社会科学版)，2015，54 (1)：9 – 14.

[8] 黄振华. 能人带动：集体经济有效实现形式的重要条件 [J]. 华中师范大学学报 (人文社会科学版)，2015，54 (9)：15 – 20.

[9] 邓大才. 产权与利益：集体经济有效实现形式的经济基础 [J]. 山东社会科学，2014 (12)：2，29 – 39.

[10] 张利明. 农民自愿：集体经济有效实现形式的主体基础 [J]. 山东社会科学，2015 (7)：148 – 154.

[11] 郝亚光. 政府引导：农村集体经济有效实现形式的外部条件 [J]. 东岳论丛，2015，36 (3)：43 – 48.

[12] 姜红利，宋宗宇. 农民集体行使所有权的实践路径与主体定位 [J]. 农业经济问题，2018 (1)：36 – 43.

[13] 徐勇，沈乾飞. 市场相接：集体经济有效实现形式的生发机制 [J]. 东岳论丛，2015，36 (3)：30 – 36.

[14] 马池春，马华. 农村集体产权制度改革的双重维度及其调适策略 [J]. 中国农村观察，2018 (1)：2 – 13.

[15] 童列春. 中国农地集体所有权制度理论解惑与重述 [J]. 南京农业大学学报 (社会科学版)，2018，18 (2)：98 – 108，160.

[16] 郜亮亮，黄季焜，冀县卿. 村级流转管制对农地流转的影响及其变迁 [J]. 中国农村经济，2014 (12)：18 – 29.

[17] 秦雯. 欠发达村庄农地流转中农民意愿与村集体决策 [J]. 华南农业大学学报 (社会科学版)，2012，11 (2)：44 – 50.

[18] 罗玉辉，林龙飞，侯亚景. 集体所有制下中国农村农地流转模式的新设想 [J]. 中国农村观察，2016 (4)：84 – 93，97.

[19] 徐勇，赵德健. 创新集体：对集体经济有效实现形式的探索 [J]. 华中师范大学学报 (人文社会科学版)，2015，54 (1)：1 – 8.

[20] 郑长青. 农村土地承包经营权流转和农村集体经济发展研究 [J]. 淮海工学院学报 (人文社会科学版)，2016，14 (7)：85 – 87.

农业区域生产专业化、劳动分工与职业分化

——广东省茂名市浪山村例证①

一、问题提出与文献综述

"三农"问题的核心是减少传统意义上的农民，关键是推进农业现代化，提高农业劳动生产率和农业生产力水平，改变农业相对落后的局面，进一步促使农村劳动力在向非农产业转移的同时，在农业产业内部实现劳动分工，实行职业分化和实现身份转化，成为新型职业农民；反过来，在分工的基础上，掌握了一技之长的新型职业农民又将推动农业劳动生产率的提高，为农业现代化发展提供支撑。然而，在我国农业生产采用家庭承包经营制度的背景下，如何才能激励农村劳动力实行劳动分工，推进农村劳动者职业分化，提高小农户生产的劳动生产率，是值得探讨的问题。

对此，学术界做了一些有益的探索。早在亚当·斯密的分工理论中就有著名的"斯密猜想"。亚当·斯密从制造业与农业的比较中指出了农业分工的有限性，即农业劳动生产力增进总也赶不上制造业劳动生产力增进的主要原因也许就是农业不能采用完全的分工制度。农业生产领域的分工深化有着天然的内生障碍。德国农业发展机构在其研究报告中进一步指出，劳动分工在促进农业劳动生产率提升的同时，也受一些因素的限制，比如市场容量的协调成本和可用知识。[1]国内学者的研究认为，专业化是集聚形成的机制，某一区域想成为企业集聚和产业集聚之地，必然要以专业化的形式来推动，使该区域成为专业化的经济区域，区域经济专业化是专业化分工发展的高级阶段。[2]专业村是农村区域生产专业化发展最为基本的地域载体，"一村一品"的专业化战略正成为我国农村经济核心竞争力的重要构成部分，农村由专业户到专业村再到专业市场的兴起，是我国农村小生产走向专业化、社会化商品生产的一条成功之路。[3]生产专业化与劳动分工是农业产业

① 本文原载于《佛山科技学院学报（社会科学版）》2014年第4期，有改动。作者：罗明忠、段珺。

化或一体化经营的重要成因和主要特征之一，由专业化带动形成的经济区域、产业支柱群农产品商品基地，为农业产业化、一体化经营奠定了稳定的基础。农业产业化的实质是在分工和专业化基础上形成的横向或者纵向的密切联合，是农业产业的序列化和有效重组。农业产业化是农业生产专业化不断发展的过程。[4] 与此同时，专业化分工会促成专业合作。由于生产专业化和劳动分工，各生产者所掌握的信息是不对称的。这种信息不对称使得在市场中各专业分工者了解对方的成本越来越高，因此需要分工者直接进行合作。[5]

可见，以往的研究主要是基于生产专业化促进农业产业化及组织化的视角，基本没有涉及生产专业化如何引起劳动分工与合作，并进一步促使农村劳动力职业分化和身份转换的问题，尤其未能揭示从小规模农业生产专业化到农业区域生产专业化可能给农村劳动力的劳动分工和职业分化带来的激励和推动作用及其作用机理，因而陷于"斯密猜想"的困境中。本文将以广东省茂名市浪山村为例，分析农业区域生产专业化推动下的农村劳动力在农业产业内部的劳动分工与合作，并进一步促使农村劳动力围绕农业生产发展实现职业分化。

二、新分析框架：农业区域生产专业化—劳动分工与合作—职业分化

（一）农业区域生产专业化推进农村劳动力的劳动分工

亚当·斯密的《国民财富的性质和原因的研究》已阐述了分工和专业化能增进市场效率的观点，并构成古典经济学分工理论的核心观点。[6] 以马歇尔为代表的新古典经济学家则认为，专业化分工可以降低平均成本，扩大生产规模，即实现"内部规模经济"。[7] Young 的专业化分工理论弥补了亚当·斯密未能看到的分工与市场之间相互作用的不足。Young 提出，递增报酬的实现依赖于劳动分工的演进，市场大小不但决定分工程度，而且受分工程度制约。[8] 杨小凯、Gary S. Becker 等新兴古典经济学家认为，分工是否发生，不仅取决于分工后的生产成本，还取决于分工后的交易成本。杨小凯等人认为，当交易效率低时，分工的好处会被交易费用抵消。Gary S. Becker 等人指出，劳动分工不像亚当·斯密所论断的那样主要受市场范围限制，而是主要受协调成本（相当于交易费用）限制。[9-10]

可见，专业化生产会因地制宜地合理利用自然资源，同时引导劳动力资源分配。生产者经常重复同一种简单操作，因而能显著提高其工作的熟练程度，从经验中学会消耗最少的力量达到预期的效果，而且能将在技术上获得的诀窍积累并延续下去，与此同时，也能避免因工作转换而造成时间上的损失。劳动生产率不仅取决于劳动者的技术，也受生产工具的完善程度影响。

就农业生产来说，农民从事农业生产，既可以选择自己同时从事生产和经营活动的各个环节，自给自足，也可以选择自己从事专业化生产中的某一个环节，其余环节则向其他专业生产者购买服务，比如农村市场中的销售服务。而农民在自给自足与分工之间究竟该如何决策，这取决于交易效率的高低，交易效率又是交易规模或市场大小的增函数。分工演进的机制，就是不断折中分工带来生产力增加和分工导致交易费用增加之间的两难冲突。当交易效率越高时，折中以上两难冲突的空间就越大，分工的水平也就越高。

也就是说，就农业生产而言，单个农户或少数农户小规模的专业化生产并不一定会带来劳动分工，因为劳动分工特别是职业分化必须建立在生产效率提高、交易成本降低以及劳动收入增加的基础上。当单个农户或少数农户实行专业化生产时，仅仅意味着个别农户的专业化生产，并不等于其专业化生产就可以为劳动分工准备足够的条件，因为要使劳动者真正实行劳动分工，进一步实现职业分化，就必须有足够大的市场容量，即专门从事某种劳动的劳动者能够获得其正常劳动所需的业务，不用面临农业生产特性带来的劳动非连续性问题，并从中得到合理的收益，从而更主动参与到分工与合作的进程中。尤其在我国实行家庭联产承包责任制的背景下，单个农户的生产决策是由农户自主决定的，单个农户的专业化生产可能影响并带动其他农户参与到专业化生产行列中，但只有在一个区域的农业生产推行专业化生产的条件下，劳动分工才可能达到规模经济效益，实现规模递增效应。因为在农业区域生产专业化条件下，只要产业选择合理、资源配置恰当，就可以使劳动力在农业生产中实行劳动分工时，大大削弱由农业生命特征所决定的分工约束的局限性。[11]

可见，在农业区域生产专业化条件下，受规模递增效应的影响，潜在的劳动分工收益必将激励劳动者通过劳动分工达到收益最大化的目的，在一定程度上化解"斯密猜想"困境，进一步提升农业生产的劳动效率。

（二）农业生产合作促进交易成本降低、劳动分工与农村劳动力职业分化

在农业区域生产专业化推动下，农业生产各环节在分工后需要进行交易，而交易需要成本。由于生产专业化和劳动分工，各生产者所掌握的信息是不对称的。这种信息不对称使得在市场中的各专业分工者了解对方的成本越来越高。分散的农户经营已经无法应对日益扩大的农产品市场化发展。当交易效率低下时，分工的好处被交易费用抵消，不利于农业内部专业化分工及农产品商品化的发展。为了充分发挥专业化生产的优势，同时有效节约交易成本，合作成为一种必然。

而生产合作的需求必然导致农民职业进一步分化，农户会形成辅助性的专业

团队来完成与专业化生产相关的补充性工作。随着分工与专业化程度的加深，个人或组织的生产活动就更多集中于专业化的基本操作上，这意味着生产与消费分离，产业链条会不断地延长，而其中的每一环节都会有不同的职能，因而会促进农户生产职能与经营职能的分工。交易行为次数的增加和交易范围的拓展必然要求农民进行职能分工，以此来促进专业化分工的深入和持续性推进。而职业的进一步分化有利于农产品在包装、运输和销售等方面的专业化，从而降低销售成本。也就是说，随着农业区域生产专业化及农业生产力的发展，劳动分工必将进一步细化，农业专业化生产和劳动分工程度将不断提高，让一部分农户分化出来，专门从事生产资料供应和产品销售、运输、加工等产前、产中、产后服务。[12]

总之，在农业区域生产专业化的发展中，若单个生产流程的市场规模足够大，便足以支持许多专业化的加工厂；若中间产品的销量足够大，便能够维持一个专业的交易市场；若最终产品的销量足够大，便能够促生行业协会，积极营销，开创集群品牌；若对市场信息的需求足够大，便足以为此创办商业期刊或运营网站。[13]农村劳动力的劳动分工与职业分化由此成为可能和必然。

三、案例：浪山村的实践

（一）浪山村农业区域生产专业化发展历程

1. 浪山村基本情况

浪山村位于广东省茂名市辖化州市杨梅镇东部，地势低洼，过去村内耕地多为水浸田，逢雨季必遇涝灾，"十种九不收"，种植水稻正常年景亩产只有 100 多斤。在水灾最为严重的 1976 年和 1986 年，全村全年颗粒无收。面对这样的困境，村民做了多种尝试，如采取"低水低排，高水高排"的办法，改善农田的耕作环境，部分村民还尝试种植蒲草等其他经济作物，但都以失败告终。

2. 化要素禀赋劣势为优势：浪山村内淡水养殖专业化生产的尝试

由于地理环境因素的制约，浪山村不适合像其他区域一样种植水稻，但对于发展淡水养殖业却是一种优势。1987 年，浪山村决定由集体收回低产田，统一规划，村民自由竞标，将村内水浸田改造成鱼塘，发展淡水养鱼业。刚开始，养殖户只有 30 多户，养殖四大家鱼为主，20 世纪 90 年代后，转向养殖罗非鱼为主，从此，浪山村的淡水养殖业专业化生产走上了快速发展的轨道。浪山村全村总面积为 4 005 亩，其中鱼塘面积为 1 380 亩，该村出产的罗非鱼远销珠三角等地，创造了良好的经济效益。

3. 淡水养殖业由浪山村向杨梅镇扩大,区域生产专业化向浪山村村外推进

经过二十几年的发展,浪山村的淡水养殖业由农户的专业化生产逐步发展到以浪山村为轴心的区域生产专业化。浪山村的淡水养殖业不仅帮助本村经济快速发展,也为杨梅镇全镇的特色农业发展树立了典范。在浪山村的影响下,全镇不少村庄都开始发展淡水养殖业。截至 2011 年,全镇淡水养殖面积达到 2.72 万亩,产量 3.5 万吨,产值约 2.9 亿元,真正实现了以浪山村为中心的区域生产专业化。

(二)在农业区域生产专业化推动下浪山村的劳动分工、合作与职业分化

随着浪山村淡水养殖业规模的扩大,这一产业开始由浪山村向周边村庄乃至全镇推广。浪山村的一些能人还到杨梅镇乃至化州市以外的地方承包鱼塘,开展淡水养殖业。同时,围绕淡水养殖业的发展,浪山村的农户实现了生产专业化(即在整个产业链条中专门从事其中某一个环节的生产),不少劳动力开始发挥自身的比较优势,寻求技术突破和资源禀赋主导下的比较收益,走专业化分工和职业分化的道路。农户在发展淡水养殖时不再是自己完成养殖过程的所有环节,农业生产开始逐步突破农户自给自足的范围,从一开始就将生产定位在市场,最终产品淡水鱼是要拿到市场上销售,因而生产和销售过程中的相关服务和劳动也开始逐步通过市场交易获得,从而促使部分劳动力根据淡水养殖业产业链条发展各个环节的要求和特点,从"全能型"向"专业型"转变。产前投入的饲料、药物与技术服务,由养鱼专业户协会提供;产后有专业捕捞队和营销组织服务,还建起了专门的鱼类切片加工厂。

就浪山村而言,全村劳动力人口为 998 人,其中,到村庄外就业的人员(主要以房屋建筑装修为主)为 250 人左右,约占全村劳动力总量的 1/4;全村从事渔业相关职业的人员达到 330 人,且有上升趋势。村中共有专业捕鱼队 5 支,并成立了康宇营销组、王超营销组、罗非鱼养殖专业合作社等营销组织。杨梅镇则有罗非鱼繁殖场近 20 家。有的农户专门从事罗非鱼的养殖,即鱼苗的育肥,承担养殖场的日常管理和喂养工作;还有不少劳动力开始专于淡水鱼养殖和销售的某个环节,自发地推进劳动分工和职业分化,比如有的劳动力专门从事捕鱼工作,有的劳动力专门从事运输和销售工作,还有的劳动力则专门从事与淡水养殖相关的原料、生产工具的生产与销售工作,等等。在淡水养殖业的带动下,相关产业发展迅速,推动了以匹配关联要素为线索的渔业内部与外部分工专业化网络的发展,形成了一个"比较优势发挥、效率演进、分工深化"的互动反馈机制,促使专业化服务组织在养殖工序分工点或产业链延长点产生,进而逐步形成了分级标出的分工养殖模式。农民不再是传统意义上的农民,也不再单家独户完成农业生

产的全部环节,而是通过在农业产业内的分工与合作,实现了农业生产效率的提升与职业的分化,还因为分工带来的效率提升获得了增收。[14] 就浪山村而言,2011 年,养鱼专业户平均纯收入约为 25 000 元,高于当地一般村民,也超出外出就业劳动力 24 000 元的年均收入水平,在全村排位较前。特别是随着规模化养殖的发展,全村年创收 50 万元以上的养殖户有 5 户,年创收 10 万元以上的养殖户有 42 户。

四、结论与启示

(一)简要结论

浪山村的案例充分说明:一方面,农村劳动力实现劳动分工和职业分化的一个重要前提条件是农业区域生产专业化,只有在农业区域生产专业化的推动下,规模报酬递增才可能得以实现,其潜在收益自然会激励劳动者实行劳动分工,部分具有异质性人力资本的农村劳动力将率先发现农业区域生产专业化带来的市场机会和潜在收益,并选择发挥其个人禀赋优势,专门承担产业链条中某一环节的劳动,通过分工提高生产技术和效率,进而出现职业分化,其中一部分农村劳动力甚至会成为企业家,通过创业实现劳动力的转移和身份的转换。另一方面,劳动分工在提高农民工作效率的同时可以充分发挥地区的自然和社会经济优势,通过集中投资,提高生产技术水平,形成地区产业集聚以及专业化生产。较高的专业化水平反过来加速了经验积累和技术改进,进一步提高劳动分工水平,由此形成一个良性循环的过程。当然,尽管分工深化及分工水平的提升都会对农业区域生产专业化产生积极影响,但是分工水平的高低受交易效率的影响,因此在专业化分工的同时,也需要农户间的合作来降低交易成本,以促进分工的演进、职业的分化与身份的转换。

(二)启示

1. 在农业区域生产专业化条件下,农村劳动力在农业产业内就近实现劳动分工与转移成为一种可能

长期以来,围绕农村劳动力的转移问题,人们关注的往往是农村劳动力向非农产业和城镇转移,但事实上,农村、农民和农业的发展核心最终还是"农",必须把"农"字文章做好,在"农"中找突破。因此,必须关注农业的生产效率提升,农民在农业生产经营中可能获得的收入增长情况,以及由此给农村发展带来的积极效应。而随着农业区域生产专业化的发展,由专业化带来的机会及其市场蕴藏的利润空间,必然会被具有异质性人力资本的农村劳动力发现并利用,这些劳动力在发挥自身禀赋优势获得比较收益的同时，一方面会因为劳动分工和专业化而实现就业转移和身份转换，甚至职业分化，另一方面则会因其生产的专业化而带动其他农村劳动力在农业产业内以及与农业相关的产业内实现分工与转移，为农村劳动力就地就近在农业产业内实现劳动分工与转移提供了可能。

2. 要素禀赋推进农业区域生产专业化和劳动分工

一个区域的要素禀赋决定了其分工职能，而且当主导要素发生改变时，其分工职能也会发生改变。要素分为自然要素和非自然要素。[15] 自然要素包括自然条件和自然资源。非自然要素包括经济、政治、社会、文化等方面的要素。农业本身的生命特征、季节特性、产品市场特性以及生产组织特性，导致其分工具有局限性。农业生产必然要依赖当地所具备的自然条件和自然资源。没有这些，农民将无法进行农业生产，更不用说实现生产的专业化。我国地域辽阔，农业资源在空间上的分布是不平衡的。农业生产专业化以及劳动分工的发生，要求劳动者充分认识该地区与其他区域的比较优势，再充分发挥这种优势，以取得最大的经济效益。

当然，对于农业生产而言，要素禀赋优势并不是一成不变的，关键是产业的选择。一旦产业发展方向对了，则劣势也可以变成优势。就如浪山村，其所在地区地势低洼，村内耕地多为水浸田，这种地理环境不适合像其他区域一样种植水稻，但对于发展淡水养殖业却是一种优势。浪山村的村民经过不断地实践探索，正确认识到这种区域要素禀赋优势，并对其充分利用，将水浸田改造成鱼塘，在全村发展淡水养殖业，实现了区域专业化生产，提升了农业生产的效率，进而推动了农村劳动力的劳动分工和职业分化，使农民在农业产业内获得了增收。

3. 劳动分工、职业分化以及新型职业农民的培养必须有产业基础

现代化的农业需要现代化的农民，但现代化的新型职业农民不可能靠课堂培养出来。虽然不排除在外部力量作用下，新型职业农民也可以通过外生培养，但在农业区域生产专业化发展的背景下，面对专业化生产可能带来的利润空间，农民会自发地加大技术投入，发掘和培养自身的异质性人力资本优势，通过分工与合作，增加劳动收益。由此，在农业区域生产专业化条件下，也可能为新型职业农民的产生形成一种内生机制，从而为如何将"宜农、会农、能农"的优势农村劳动力留在农业产业内提供一个思路，进而为"三农"问题的解决找到新的路径。

4. "斯密猜想"困境的突破有赖于产业的选择与现代化发展

"斯密猜想"困境的关键就在于农业生产的季节性与劳动分工的非连续性影响分工深化。然而，从浪山村的实践可以发现，农业的劳动分工深化以及劳动者的

职业分化还是存在可能的。一方面,关键在于产业的选择。浪山村选择淡水养殖业作为区域生产专业化的主导产业,由于地处南方,淡水鱼的养殖受季节影响较小,在一定程度上可以减少农业生产特性带来的劳动非连续性这一负面影响。另一方面,在市场经济条件下,农业生产的产品是为了销售,必然涉及生产、销售、储藏以及加工、技术服务等方面。在农业生产中,一旦引入现代科技,进而围绕一个主导产业产生许多相关的产业,为满足产业发展的需要,使农业生产的迂回程度大大提升,农业生产的环境和条件得以改善,劳动分工的效率得以提高,农业的分工深化有了可能,就为农村劳动力的劳动分工和职业分化奠定了基础。总之,当现代农业采用工厂化或农场化生产,且规模足够大的时候,市场的容量就可能达到或接近规模经济效益的要求,劳动分工和职业分化的出现就成为可能。

参考文献

[1] VALENTINOV V. Nonprofit organization and the division of labor: a theoretical perspective [J]. Atlantic economic journal, 2006 (34): 435 – 447.

[2] 李容华. 对"以专业化促集聚"的区域发展战略的经济学分析 [J]. 城市问题, 2004 (2): 10 – 14.

[3] 李小建, 罗庆, 樊新生. 农区专业村的形成与演化机理研究 [J]. 中国软科学, 2009 (2): 71 – 80.

[4] 方齐云. 收益递增与农业产业化 [J]. 中国农村经济, 1997 (12): 30 – 34.

[5] 黄云鹏. 农业经营体制和专业化分工——兼论家庭经营与规模经济之争 [J]. 农业经济问题, 2003 (6): 50 – 55, 80.

[6] 亚当·斯密. 国民财富的性质和原因的研究 [M]. 郭大力, 等译. 北京: 商务印书馆, 1972: 5 – 20.

[7] 马歇尔. 经济学原理 [M]. 陈良璧, 译. 北京: 商务印书馆, 1965: 220 – 230.

[8] YOUNG A. Increasing returns and economic progress [J]. The economic journal, 1928 (38): 527 – 542.

[9] 杨小凯, 张永生. 新兴古典经济学和超边际分析 [M]. 北京: 中国人民大学出版社, 2000: 35.

[10] BECKER G S, MURPHY K M. The division of labor, coordination costs, and knowledge [J]. The quarterly journal of economics, 1992 (4): 1137 – 1160.

[11] 罗必良. 论农业分工的有限性及其政策含义 [J]. 贵州社会科学, 2008

（1）：80 - 87.

［12］钱忠好. 节约交易费用：农业产业化经营成功的关键——对江苏如意集团的个案研究［J］. 中国农村经济，2000（8）：62 - 66.

［13］彭坤焘. 产业集聚与区域发展的理论和启示［C］. 2012 中国城市规划年会，2012 - 10 - 17.

［14］胡新艳，罗必良，王晓海. 村落地权的实践：公平理念与效率逻辑——以茂名市浪山村为例［J］. 中国农村观察，2013（2）：11 - 17.

［15］黄凌翔. 区域劳动分工的新解释——动态要素禀赋决定论［J］. 生产力研究，2005（6）：7 - 35.

贫困地区电商扶贫模式的特点及制度约束

——安徽省砀山县例证①

一、引言

精准扶贫既是全面建成小康社会的必然要求，也是乡村振兴战略的重要目标。在扶贫进入攻坚阶段的大背景下，尤其需要扶贫模式的创新，集志智双扶相结合的电商扶贫成为政策关注的焦点之一。《2017 中国电商年度发展报告》显示，截至 2016 年底，农村网店达 832 万家，2017 年 1—9 月，全国 832 个国家级贫困县实现网络零售额 818.1 亿元，同比增速高达 53.1%，带动就业人口超过 2 000 万人，减少外出务工人口约 1 200 万人。电商已被越来越多贫困地区作为脱贫致富路径加以选择。然而，电商扶贫在我国整体还处于探索阶段，缺少对电商扶贫模式的总结，更难以形成可供推广的经验，总结现有电商扶贫模式成为亟待研究和解决的问题。

电商兴起之初，就有学者将其与贫困地区联系起来[1-2]，但实践中电商并未得到充分发展。随着电商的飞速发展，有学者又提出了"电商扶贫"理念，并阐述了电商扶贫的内涵、形式及必要性，引起各界更多关注。[3]多数学者对电商扶贫持肯定观点，认为电商扶贫帮助贫困区域与微观主体在发展过程中摆脱了"稀缺资源依赖"，有利于实现助贫节支增收目标，应被纳入主流扶贫工作体系。[4-6]但从已有文献看，关于电商扶贫的典型模式、特点及其制度约束的研究还不够深入，值得结合实践进一步研究。

二、电商扶贫作用机理：基于主体行为视角

电商扶贫包括产业、模式以及扶贫主体三个关键要素，其中产业扎实是基础、模式合适是动力、扶贫主体是核心。首先，产业扎实使电商萌芽和发展成为可能。

---

① 本文原载于《西北农林科技大学学报（社会科学版）》2019 年第 4 期，有改动。作者：唐超、罗明忠。

贫困问题从根本上说是产业问题，在电商扶贫实践探索中，电商只是手段，产业才是基础，电商扶贫必须与产业发展相协调才能发挥效果。其次，要有合适的扶贫模式，有效激发贫困群体的内生动力。政府和电商平台应按照"拓宽思路、授之以渔"的原则，制定切实可行的办法，引导和激发贫困户的自主意识，使其产生内在脱贫动力。最后，扶贫主体是核心。电商扶贫要取得成效，扶贫主体要发挥关键作用，需要政府、村集体、社会组织、企业以及贫困户同舟共济，建设良好电商扶贫环境。

本文从扶贫主体的视角对电商扶贫模式进行划分，这种划分主要基于三个方面的考虑：一是重要性。扶贫主体是电商扶贫的核心，从扶贫主体的视角对电商扶贫模式进行划分便于抓住电商扶贫模式最本质的内容，加深对电商扶贫作用机理的理解。二是全面性。现有电商扶贫主体主要包括政府、村集体、社会组织以及企业四类，从扶贫主体的视角进行划分有助于全面分析电商扶贫模式的特点和运行机制，不会遗漏某一种电商扶贫模式。三是系统性。虽然实践中已探讨了多种电商扶贫模式，如"电商企业＋合作社＋贫困户"、"支部＋电商"、"电商＋贫困户＋服务商"、保底收购型、吸纳就业型、代销代购型、折股量化型、众筹帮扶型等，但这些电商扶贫模式之间重叠部分比较多，很难把这些扶贫模式作为一个系统进行推广，而从扶贫主体的视角进行划分逻辑性比较强，更有利于指导实践。据此，本文主要从扶贫主体的视角对电商扶贫模式进行划分，并基于"扶贫主体—电商产业—扶贫对象"的逻辑框架来具体探讨电商扶贫的作用机理。

（一）扶贫主体与农村电商产业发展

不同扶贫主体对电商产业发展的作用机理有异，扶贫效果也就不同。从当前实践看，电商扶贫主要依赖于政府、村集体、社会组织和企业四个主体，各自拥有不同优势，对电商产业发展影响各异。

1. 政府与农村电商产业发展

政府作为公共服务的供给者，其对农村电商产业发展的作用主要体现在：一是积极维护市场竞争秩序，营造良好竞争环境。二是及时为电商发展提供"必需品"，优化产业发展环境。一方面，政府通过稳定政策供给，减少政策波动给企业带来的损失；另一方面，政府通过打通"信息孤岛"，及时公布电商企业需要的基础数据，降低由于信息不对称给企业带来的成本。[7]三是在土地、资金、人才等方面支持电商企业发展。比如，完善土地、工商等审批制度，为电商企业发展提供便利条件；加强财政和信贷支持，缓解企业资金不足问题；加大农村电商人才引进和培训，为农村电商发展注入动力。可见，政府在农村电商发展外在条件提供方面具有优势，但对电商产业内部运行介入程度低。

2. 村集体与农村电商产业发展

村集体市场化程度介于政府和社会组织之间，对农村电商产业的发展壮大有直接促进作用。以村办电商企业为例：一方面，可以对接政府相关部门，争取政策支持。村集体作为村民自治组织，是政府农村政策的实际执行者，跟政府关系密切，便于获得政策支持。另一方面，可以动员村民参与，提高电商带动能力。村集体可以有效动员村民参与农村电商发展，提高农村电商的带动能力。

3. 社会组织与农村电商产业发展

社会组织市场化程度介于政府和企业之间，对农村电商产业的发展壮大有直接促进作用。以电商协会为例：首先，可以对接政府相关部门，争取政策支持。电商协会一般由众多电商企业联合成立，对企业的政策需求比较了解。电商协会跟政府相关部门联系紧密，可以有效对接政府相关部门。其次，可以整合资源，促进行业发展。电商协会通过整合原材料、产品、物流等全产业链资源，最大限度降低会员企业运行成本，促进行业整体发展。

4. 企业与农村电商产业发展

企业作为农村电商产业发展的主力军，是农村电商产业发展的基础组织。企业是农村电商产业的重要组成部分，其发展好坏直接决定了农村电商产业的发展质量。农村电商产业链一般可分为产业"龙头"、产业"七寸"和产业"配套"三个环节，与此对应，形成了各具特色与功能定位的"龙头电商企业""核心电商企业""关联电商企业"，这些企业对农村电商产业链的形成和发展壮大有重要作用。

（二）电商扶贫的作用路径

1. 增收

从农村电商对农民增收的作用看，主要路径有：一是通过农产品销售增收。农村电商为农产品销售搭建了新平台，扩大了农产品销售市场。一方面，贫困户可以把农产品卖给中介企业（包括电商企业），利用电商平台销售农产品；另一方面，贫困户可以自己在电商平台上开设网店销售农产品，如开淘宝店、做微商等。二是通过就业创业增收。农村电商的特点之一就是门槛低，技能要求相对其他行业较低，对贫困户带动能力强。农村电商可以提高劳动分工程度，衍生出更多创业就业机会，加之门槛低，可使更多贫困户获益（见图1）。另外，农村电商发展会促进地区经济发展，推动产村融合，带动包括交通、金融、餐饮、娱乐等生产或生活配套服务行业发展，以及房租、地租价格的提高，进而使没直接参与电商产业的农民也能分享电商发展成果。

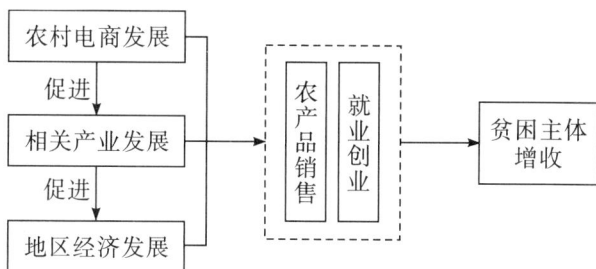

图1　农村电商促进贫困主体增收的作用机理

2. 节支

节支主要涉及生产和生活资料购买。一是有利于降低农民生产经营成本。农村电商除了可以直接让农民增收外，还可以为农民的生产经营提供更丰富的生产资料。随着农村网购的兴起，农资等生产资料的网上购买渠道被逐步打通，配之以市场的逐步规范，农民必将由此获益，实现生产经营成本的降低，提高产品及服务竞争力，增加收入。二是有利于提高农民实际消费水平。随着网购条件的成熟，农村居民通过网络能够获得越来越多购买选择，并且价格并不比城市居民高，使农民的钱相比原来变得更为"值钱"。另外，网购不仅选择多，而且往往只需加很少的物流配送费就能买到满意的商品，既节省了时间，也节约了开销（见图2）。

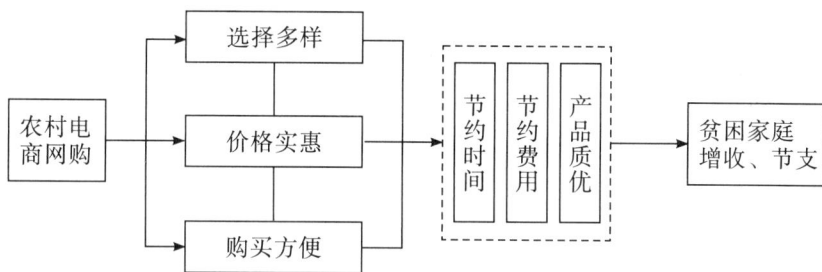

图2　农村电商帮助贫困家庭增收、节支的作用机理

3. 赋能

电子商务在农村地区的兴起和发展必然会使农民尤其是贫困地区农民更多地参与市场活动，更多地与外界交流和联系，促使其发展能力不断提升。一是创造更多市场参与机会。农村电商为农产品销售搭建新平台，扩大农产品销售市场，为农户带来了更多市场参与机会。传统农产品销售多以线下为主，一般局限在特定区域和交易场所，通过农村电商平台可以进行跨区域、跨交易场所甚至跨国销售，市场得到了有效扩大，交易机会将更多。二是带来更多学习机会。农村电商促使农民通过参与市场竞争、提供客户服务等商务活动，获得了更多学习机会，

提升了自身发展能力。同时，政府和企业提供的农村电商培训，进一步增加了贫困户的学习机会。三是增加与外界接触的机会。农村电商的兴起进一步带动了网络等基础设施的完善，形成了即时聊天、网络购物、网络学习等新生活方式，农民有了更多接触外界的机会。通过减少信息不对称，可让贫困地区优质资源"变现"，利用农村电商的新杠杆来撬动精准脱贫的"硬骨头"，实现由"输血式"扶贫向"造血式"扶贫转变（见图3）。

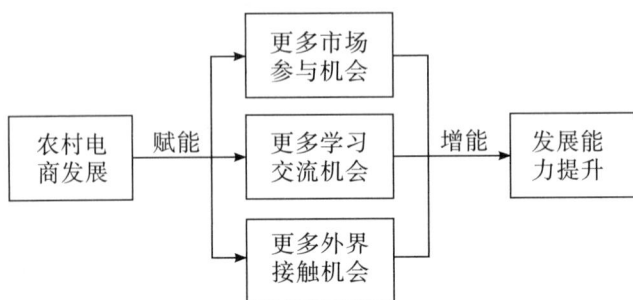

图3 农村电商提升农村居民发展能力的作用机理

（三）不同主体电商扶贫的作用路径

由于不同主体的目标函数和自身特征不同，电商扶贫的作用路径侧重点也不同（见图4）。

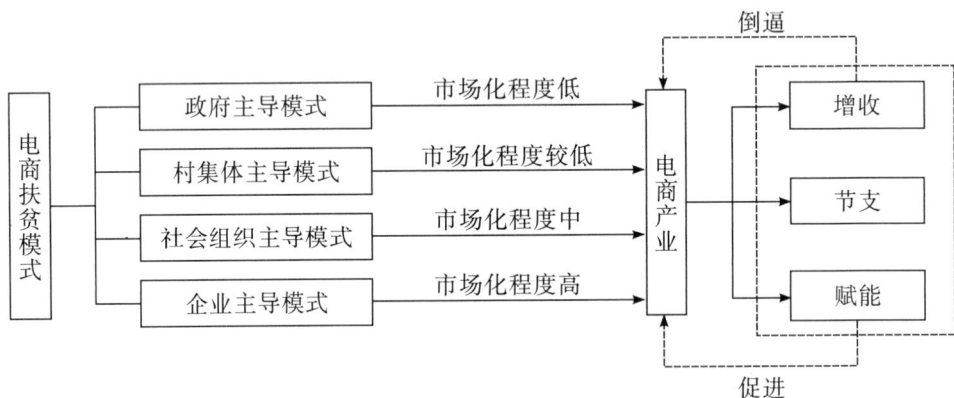

图4 不同主体电商扶贫的作用路径

1. 政府主导电商扶贫模式的作用路径

政府对电商产业发展的作用主要体现在提供外部条件支持，如电商培训、资金支持、基础设施建设等，对电商产业内部运行的直接作用较小。可见，政府主导的电商扶贫模式主要依靠行政力量推动，市场化程度低。结合电商扶贫的三条作用路径可见，政府主导的电商扶贫模式主要通过赋能发挥作用，而对增收和节支两条路径的体现不明显。

2. 村集体主导电商扶贫模式的作用路径

村集体对电商产业发展的作用主要体现在对接政府和村民方面，而且一般依靠集体经济组织推动，如村办电商企业等。首先，村集体作为类行政组织，跟政府的关系密切，容易获得政策支持；其次，村办电商企业可以有效动员村民参与电商发展，获得村民支持。可见，村集体主导的电商扶贫模式主要通过增收发挥作用，而对节支的体现不足。最后，村办电商企业通过帮扶村民发展电商，可以达到对村民赋能的效果。

3. 社会组织主导电商扶贫模式的作用路径

社会组织对电商产业发展的作用主要体现在整合资源和对接政府部门两个方面，而且主要依靠社会中介组织推动，如电商协会等。首先，社会组织可以有效对接政府部门；其次，社会组织可以有效组织电商企业；最后，社会组织还能承担电商培训等相关职能。可见，社会组织主导的电商扶贫模式在增收、节支、赋能三条路径上都可以有效发挥作用。

4. 企业主导电商扶贫模式的作用路径

企业对电商产业发展的作用主要体现在完善电商产业链、推动电商产业发展方面，主要依靠市场推动，市场化程度最高，对电商及其相关产业发展的带动能力最强。另外，企业以营利为目的，更加关注产品销售，因此企业主导的电商扶贫模式的侧重点主要体现在增收和节支上，而对赋能的体现不足。

电商扶贫在通过增收、节支和赋能三条路径发挥作用的同时，反过来也会促进电商及其相关产业的发展。一方面，通过赋能会带动更多人从事电商产业，推动电商产业的发展；另一方面，通过电商扶贫，可改变农民认识，帮助农民建立质量意识、品牌意识，倒逼农业产业转型升级，实现贫困地区农产品优质优价。

三、电商扶贫模式的特点及制度约束：基于安徽省砀山县的分析

砀山县地处安徽省北部，是国家级贫困县，2017 年，全县共有贫困村 60 个，建档立卡贫困户 35 768 户，贫困总人口 66 918 人，约占全省贫困人口总数的 2.2%，贫困发生率 6.66%。① 砀山是全国著名的水果大县，但多年来一直面临着农产品销售难、卖果贱等问题，这是制约农民脱贫致富的关键因素。为解决这一

---

① 数据来源：砀山县人民政府网站。

难题，砀山县积极抢抓国家电子商务进农村示范县的契机，大力发展农产品电商。只用了短短两年时间，砀山县电商产业便呈现跨越式发展，成为全国县级农产品电商销售第一大县。虽然电商的发展极大缓解了砀山县农产品难卖的问题，但对贫困村庄的带动作用并不强。一方面，贫困农民的人力资本不高，对电商等新业态不了解，很难在发展农村电商中占得先机；另一方面，电商企业以营利为目的，大部分贫困村庄交通物流等配套设施不完善，电商企业主动参与扶贫的积极性并不高。为了进一步发挥农村电商在扶贫中的作用，砀山县政府不断总结实践经验，动员各主体参与，探索出了电商扶贫驿站、村办电商企业扶贫、电商协会扶贫、电商平台扶贫等电商扶贫模式。砀山县电商扶贫已初见成效，自 2015 年以来带动了 1.26 万户、2.51 万人摆脱贫困。[①]

（一）政府主导：电商扶贫驿站模式

1. 案例概述

唐寨镇是砀山县脱贫的重点乡镇之一，截至 2018 年 3 月底，全镇共有贫困村 14 个，贫困户 1 959 户、4 113 人，贫困发生率为 7.9%，脱贫任务较重。[②] 为加快唐寨镇脱贫步伐，砀山县政府积极引导，在唐寨镇进行电商扶贫驿站试点，结合唐寨镇果树资源丰富的优势，利用果树枝条专门培育"喝果汁长大的香菇和木耳"，并创建"亲菇""亲耳"电商品牌。该镇采取"电商 + 贫困户"的新模式，利用唐寨镇电商扶贫驿站，将"亲菇""亲耳"带上了互联网的快车道。当地通过积极探索打造精准扶贫的新路径、新模式，大力发展特色种植业，并利用电商扶贫驿站，形成了"互联网 + 特色种植业"的新格局，架起了贫困户与消费者之间的桥梁，使一批贫困户走上了脱贫致富之路。

2. 模式特点

结合砀山县唐寨镇的实践可以看出，电商扶贫驿站是由政府主导，按照"政府投资、部门和企业援建、集体所有"的原则，依靠行政手段推进的，属于自上而下的电商扶贫模式。当地通过构建覆盖县、镇、村（居）的三级电商扶贫网络，推动与贫困村庄产业融合，带动贫困户增收。电商扶贫驿站一般由村（社区）集体利用闲置校舍、旧村室等集体资产改扩建或新建而成，驿站面积一般为 300—500 平方米，包括就业扶贫车间和电商服务室，可进行电商孵化、电商产品展示、运营服务和物流配送，兼有用工信息发布、农产品价格信息发布等功能。电商扶

---

① 数据来源：凤凰网。
② 数据来源：砀山县人民政府网站。

贫驿站由本村初、高中毕业生，返乡创业人员以及有发展电商意愿的能人大户运营，或由大学生村官、包村干部或扶贫队长等代为运营。电商扶贫驿站以保护价收购并包装贫困户的农产品在网上宣传推广和销售，拉近生产和销售的距离，促进贫困户增收脱贫。

电商扶贫驿站的作用路径主要体现在赋能、增收方面，但完全依靠行政力量发展农村电商往往表现出不适应性和不稳定性，因此在增收方面的作用可能小于在赋能方面的作用。政府主导的扶贫模式，最大优势就是拥有强大政治权威，其自身的合法性可以赢得贫困群众的信任，扶贫战略实施的连续性好，扶贫资金投入的稳定性强，运作程序的一致性好。[8]电商扶贫驿站作为政府主导的电商扶贫模式，具有如下优势：一是可以快速建成电商扶贫组织体系。政府本身拥有强大的政治资源，可以利用现有县、镇、村的行政体系，直接构建对应的电商扶贫组织体系。以砀山县为例，已经在全县建成覆盖县、镇、村三级的电商扶贫组织体系，为开展电商扶贫工作奠定了基础。二是稳定性强。政府电商扶贫资金投入具有持续性，每年政府都会有相应的预算，可以为电商扶贫驿站提供基本经费保障。砀山县政府每年都会安排专项资金支持电商扶贫的发展，坚持把电商精准扶贫作为支柱性产业和"十大扶贫工程"之一来抓，除了中央财政2 000万元扶持资金外，县财政每年还拿出1 000万元专项资金①，在网商培育、项目建设、产品研发等方面给予扶持，有力保证了电商扶贫工作的开展。三是便于提供电商扶贫发展条件。政府作为农村基础设施资金的主要供给方，在推进电商扶贫驿站建设过程中，自然也会发现其中所需的基础设施条件，从而有针对性地提供相关服务并强化基础设施建设，如网络、道路等。砀山县贫困村的道路、水电等基础设施大多是由政府修建的，为电商扶贫的发展提供了良好条件。

3. 模式约束

电商扶贫驿站模式的推行让贫困地区快速建立了电商扶贫的组织体系，但作为政府主导的电商扶贫模式，也存在一些自身的弱点需要克服。政府在扶贫过程中一般会面临贫困治理能力有限、角色多元、职责定位多重等困境[9]，由于缺乏理论研究和顶层设计，极易出现市场力量被滥用、误用的问题[10]，进而造成政府扶贫体制的组织效率不高，扶贫资源难以有效到达贫困户[11-14]。具体而言，电商扶贫驿站主要存在以下三个方面的约束：一是政府主导的电商扶贫驿站，政府既是实际运营者，也是监督者，还是外在条件提供者，可能陷入贫困治理困境，导

---

① 数据来源：人民网。

致整体扶贫效率不高。以唐寨镇的电商扶贫驿站为例，虽取得了一定效果，但产品同质化现象比较严重，产品深加工能力不高，整体运营还不够灵活，这些都跟政府主导下的行政体制有关。二是电商扶贫本身属于产业扶贫，本质上还是一种市场手段，政府作为行政组织，在应对市场方面存在天然缺陷，极易出现市场力量被滥用、误用的问题，造成资源浪费。三是政府主导的电商扶贫驿站模式整体还是偏向于"输血式"扶贫，即依靠政府的资金投入来发展，很容易助长贫困户"等、靠、要"的思想，难以激发其自我脱贫意识。砀山县大部分电商扶贫驿站是依靠政府的扶持才能维持运营，全县 60 个贫困村的电商扶贫驿站全是政府免费修建，其他非贫困村的电商扶贫驿站也得到政府补贴，这就导致电商扶贫驿站自身的造血能力不强，内在发展动力不足。

（二）村集体主导：村办电商企业扶贫模式

1. 案例概述

高寨村位于葛集镇东部，南靠黄河故道，处在皖苏交界位置，下辖 4 个自然村、18 个村民组，人口 5 107 人，其中贫困户 526 人，是皖北最偏远的贫困村。全村耕地面积 6 000 余亩，主导产业是酥梨、新品种套袋梨、红富士苹果、黄桃等，种植面积 4 500 亩。[①] 2016 年，在驻村书记徐伟的带领下，村集体成立村办电商企业，在淘宝注册"砀山蟠龙湖"店铺，并与苏宁合作，每天能接到超过 2 000 箱酥梨订单。在村办电商企业的带动下，越来越多贫困户加入电商创业队伍，高寨村有上百户村民开起个人淘宝店，做起微商，加快了全村脱贫致富的步伐。

2. 模式特点

政府主导的电商扶贫仍有一系列问题难以解决，主要包括贫困户信息的识别、村庄的产业基础、跟贫困户利益联结机制的建立等方面，为此衍生出了村办电商企业扶贫模式。该模式一般通过三种方式促进贫困户脱贫致富：一是通过创办村级电子商务企业，发展壮大集体经济，增加集体对贫困户的转移支付；二是通过村办电商企业为贫困户提供就业岗位，增加贫困户的工资性收入；三是帮助贫困户销售农特产品，通过网上销售提高农产品价格，增加贫困户的生产性收入。可见，村办电商企业扶贫模式主要通过增收发挥作用。

村办电商企业扶贫作为村集体主导的电商扶贫模式，主要优势有：一是针对性强。村办电商企业对村庄的发展条件、治理机制、致贫原因都比较了解，比较容易制定出有针对性的措施。高寨村的村办电商企业在销售农产品时优先考虑贫

---

① 数据来源：砀山县人民政府网站。

困户正是针对性强的集中体现。二是运营成本低。村办电商企业是村集体组织成立的，便于跟村里农户协调，对贫困户信息的获取比较容易，更容易动员贫困户参与，整体运营成本较低。高寨村的村办电商企业利用的是村集体土地，不用付租金，村集体对贫困户的致贫原因都了解，比较容易动员他们参与村办电商企业扶贫。

3. 模式约束

村办电商企业扶贫作为村集体主导的电商扶贫模式，主要面临如下约束：一是能人约束。村办电商企业扶贫一般需要能人带动，而对大部分贫困村庄来说，能人稀缺，电商能人更少，导致村办电商企业扶贫缺少人才支撑。高寨村的村办电商企业能发展起来与驻村干部徐伟有直接关系，高寨村所在乡镇电商企业少，一个重要的原因就是缺少能人带动。二是村办电商企业扶贫对村庄治理水平要求较高，村集体作为一个集政治、经济、文化、社会为一体的组织，本身面临的治理环境就比较复杂，村办电商企业扶贫更加需要治理水平的提高，否则很容易出现侵占贫困户利益、内部人控制等问题，导致该模式无法推行下去。高寨村村办电商企业的管理制度还不健全，一旦市场环境变坏，出现经营不善问题，村办电商企业负责人就很容易被贫困户误解，类似问题的解决都需要较高的村庄治理水平。三是发展基础弱。村办电商企业一般成立时间短、发展基础弱。对村集体来说，本身就缺乏电商实践经验，对电商系统的运营了解不多，导致村办电商企业的发展基础较弱，实际带动能力有限。以高寨村村办电商企业为例，其资金实力和电商运营经验都比较欠缺，企业运营基本依靠驻村干部徐伟一个人，整体发展基础还比较薄弱。

（三）社会组织主导：电商协会扶贫模式

1. 案例概述

砀山县各个电商企业进行扶贫时，基本还是采用一对一的电商扶贫模式，迫切需要相应的组织充当企业与贫困户之间的桥梁。由此，成立砀山电商协会就显得十分必要。2015年，砀山县电子商务协会成立，吸引了多家企业和个人加入。为了让电商企业与贫困户共同携手，砀山县积极发挥电商协会作用，通过开展电商培训、结对子等方式，帮助有意愿、有能力的贫困户做电商、当微商。该协会的成立，在推动电商发展方面发挥了凝聚作用，主要有以下举措：探索建立由政府授权、协会主导的农产品质量认证体系；推广农产品张贴二维码；建立"砀山酥梨"地理标志商标监督、举报投诉机制，积极申请保护"砀山黄桃"原产地地理标志商标。2017年，全县有98家电商企业与2 318户贫困户结成了帮扶对子，使4 632人实现了稳定脱贫。[①]

2. 模式特点

结合砀山县电商协会的实践可以看出，电商协会扶贫主要是利用电子商务协会引导电商企业与农户结对帮扶，帮助贫困户脱贫致富。电商协会起到了充当贫困户与电商企业之间信息中介的作用。电商协会一般与政府相关部门保持着密切沟通，更容易获得政策支持和贫困户的具体信息，降低了电商企业与贫困户对接的信息成本；另外，电商协会一般会对有创业意愿的贫困户进行免费培训，提升了贫困户的人力资本；而电商企业不断加入电商协会，也壮大了协会力量，使协会在农产品销售、工业品下乡以及电商资源整合方面的能力不断提高，促进了扶贫工作更好地开展。可见，电商协会扶贫模式主要通过增收、节支、赋能三条路径发挥作用。

贫困作为一个重要的社会问题，决定了扶贫工作需要社会组织的广泛参与。社会组织扶贫最大的优势是精准性高，它通过参与式需求评估、参与式社区规划、项目自我管理和参与式监测评估等发展工具，弄清贫困群体的需求，并让贫困群体在"干中学"的过程中提升自信心，增强对项目的拥有感。电商协会扶贫的优势包括两个方面：一是扶贫效率高。电商协会充分发挥了各扶贫主体的比较优势，带动能力更强。因为电商协会一般是在政府指导下成立的，跟政府的关系密切，便于获得政府的支持；同时，电商协会是由会员电商企业组成，便于获得它们的支持，可以有效地发挥政府与企业的扶贫优势，扶贫效率较高。以砀山县电商协会为例，它在对接贫困户和企业方面效率较高，仅2017年就引导了98家电商企业与2 318户贫困户结成了帮扶对子。[②] 二是带动能力强。电商协会本质上属于社会中介组织，可以有效对接贫困户，弄清贫困群体的需求，激发贫困群体的自我发展意识。砀山县电商协会已经连续举办了两届扶贫公益活动，成功帮助2 000多户贫困户销售农产品，带动能力较强。

3. 模式约束

社会组织主导的电商扶贫模式一般存在运作成本很高、效率优势难以充分显现以及组织规模普遍过小的劣势，导致对扶贫的总体贡献有限。社会组织主导的电商协会扶贫面临的约束主要有：一是运作成本很高。电商协会虽然具有协调企业和贫困户以及政府的优势，但要频繁对接这么多主体，协调成本高，加之一般的电商协会组织规模不大，导致其对扶贫的整体贡献不大，发挥的作用有限。砀

---

① 数据来源：凤凰网。
② 数据来源：凤凰网。

山县有电商企业近千家，但加入电商协会的企业连 1/10 都不到，受制于运作成本，每年也只是组织一到两次扶贫活动，在扶贫中发挥的作用较小。二是扶贫积极性不高。电商协会的直接目标主要是促进电商企业诚信经营、打造品牌优势等，扶贫是其间接目标，跟其直接目标有一定的冲突，这对电商协会扶贫有一定的约束。以砀山县电商协会组织的扶贫活动为例，其往往要求会员电商企业高于市场价收购贫困户的农产品，这直接降低了电商企业的利润，长期如此的话，电商企业的积极性肯定不高。

（四）企业主导：电商平台扶贫模式

1. 案例概述

为进一步促进砀山电商做大做强，县委县政府积极引进京东等国内知名电商企业，同时引导它们在贫困村设立加盟店，帮助贫困户脱贫致富。京东跟砀山县政府签订合作协议后，积极参与砀山扶贫，取得了较好效果。京东组建了砀山特产馆，促进了黄桃罐头、砀山酥梨等特色农产品的线上销售，其中黄桃罐头商品好评度达到97%，销量大增，带动了贫困户增收。京东商城在各主要贫困村设立了便民服务网点，以带动贫困户创业就业，帮助贫困户利用其平台销售农产品，促进他们增收。一方面，通过在各贫困村设立服务网点，提供就业岗位；另一方面，通过服务网点把农产品销售出去，带动贫困户增收。京东砀山县级服务中心通过招募乡村推广员、扩建京东物流渠道、小额信贷等方式，使"工业品进村、农产品进城"，贫困户可以通过京东购买到物美价廉的生产、生活用品。网上购物可以货比多家，且网上商品价格一般较实体店低，可降低贫困户的生产、生活成本。

2. 模式特点

结合京东砀山县级服务中心的实践可以看出，电商平台扶贫属于企业主导的电商扶贫模式，主要是利用电商平台布局全国的优势，带动贫困地区的发展。该模式一般通过三种方式影响贫困户脱贫致富：一是利用电商平台的销售渠道，帮助贫困户销售农产品；二是引导贫困户在电商平台购买生产、生活用品，节省交易成本；三是吸引贫困户加盟平台运营，进行电商创业，同时带动其他贫困户就业。可见，电商平台扶贫模式主要通过增收和节支两条路径发挥作用。

企业主导的电商扶贫模式的最大优势是可以发挥其组织优势，有效地应对市场风险，进而提高电商扶贫效率。具体包括：一是起步较快。贫困地区可以利用电商平台的知名度、资金、技术等优势快速形成电商发展体系，并有效利用电商平台的销售渠道，促进农产品的上行。二是应对市场能力强。电商平台具有丰富的电商实践经验，能够有效应对市场风险，帮助贫困地区发掘自身优势，提高其内在发展动力。以砀山县电商平台扶贫为例，其酥梨、黄桃罐头等特色农产品搭上京东的销售渠道后，很快就在市场上形成了自己的竞争力，取得了较好的销售成果。三是带动能力强。电商平台在扶贫过程中一方面可促进农产品销售，另一方面也会带动创业氛围，激发贫困户的自我发展意识。如砀山县和京东的合作，在贫困村招募推广员，并对他们进行培训，在这些推广员的带动下，很容易形成示范效应，吸引贫困户主动参与。

3. 模式约束

企业主要以盈利为目的，扶贫虽然是其社会责任的体现，但如果长期不能实现盈利，可能就会发生中途撤资的情况。企业主导的产业扶贫虽然在短期内可以实现贫困户按期脱贫，但从长远来看却无法保证可持续性。[12] 就企业主导的电商扶贫模式来说，电商平台扶贫主要存在以下约束：一是电商平台扶贫稳定性较差。电商企业本质上以盈利为目的，一旦不能盈利，很可能就会采取退出行为，可见企业主导的电商扶贫稳定性较差。事实上，部分电商企业参与电商扶贫，只是为了销售工业品以实现盈利，而对农产品上行的参与度并不高。以京东在砀山各贫困村设立的服务网点来看，其主营业务仍然是帮助村民代购商品，对农产品销售的帮助还较小。二是扶贫信息不对称。电商平台对贫困村庄的产业状况、致贫原因等具体扶贫信息的了解不够全面，尤其对根植于熟人社会的村庄内在运行机制缺乏足够的了解，导致其在制定帮扶措施上存在一定的盲目性，浪费了扶贫资源，扶贫缺乏针对性，影响了电商平台的扶贫绩效。以京东帮助砀山县农户销售农产品来说，其不会去主动识别谁是贫困户，收购时更多考虑的是产品质量，对贫困户的帮助不太大。

四、讨论与总结

本文基于安徽省砀山县的实践，比较分析了电商扶贫驿站、村办电商企业扶贫、电商协会扶贫、电商平台扶贫四种电商扶贫模式的主要特点及制度约束。研究发现，电商扶贫驿站、电商平台扶贫、村办电商企业扶贫、电商协会扶贫的市场化程度依次增加，作用路径各有差异。电商扶贫驿站作为政府主导的电商扶贫模式，在电商扶贫组织建设、扶贫持续性以及发展条件提供方面优势明显，但应对市场的能力欠缺，容易让贫困户产生"等、靠、要"思想。村办电商企业扶贫作为村集体主导的电商扶贫模式，市场化程度较低，在扶贫信息提供和降低运营成本上优势明显，但受制于电商能人少、治理水平要求高以及发展基础弱的约束。

电商协会扶贫作为社会组织主导的电商扶贫模式，便于整合资源，扶贫效率较高，但受制于运作成本，电商协会参与扶贫的积极性不高。电商平台扶贫作为企业主导的电商扶贫模式，应对市场能力和带动能力较强，但受制于企业盈利目的和扶贫协调成本，电商平台参与扶贫的稳定性较差。

可见，不同扶贫主体主导的电商扶贫模式具有不同的作用路径，贫困地区应综合考虑这些模式的特点，选择适用于本地实际的模式；并根据不同电商扶贫模式面临的约束，优化现有扶贫模式，促进电商扶贫作用的进一步发挥。电商扶贫需要加强主体动员，构建激励机制；有效动员政府部门、电商企业、电商协会、电商平台和能人大户等各类扶贫主体参与电商扶贫，发挥各主体的比较优势，提高扶贫效率；落实诸如利益优先、利润分配、物质奖励、税费减免等各项电商扶贫优惠政策，激励各类扶贫主体广泛参与贫困治理。

参考文献

[1] 吴敏春. 信息扶贫——贫困地区发展电子商务对策 [J]. 社会福利，2002 (7)：45 - 47.

[2] KELLES - VIITANEN A. The role of ICT in governing rural development [J]. IFAD workshop on the what are the innovation challenges for rural development (Rome)，2005 (11)：11 - 14.

[3] 汪向东，王昕天. 电子商务与信息扶贫：互联网时代扶贫工作的新特点 [J]. 西北农林科技大学学报（社会科学版），2015 (4)：98 - 104.

[4] 郭彪. 电子商务 解决三农问题的新坐标 [J]. 绿色中国，2013 (10)：38 - 41.

[5] 郑瑞强，张哲萌，张哲铭. 电商扶贫的作用机理、关键问题与政策走向 [J]. 理论导刊，2016 (10)：76 - 79.

[6] 张琦. 企业参与扶贫开发的机理与动力机制研究——以陕西省"府谷现象"为例 [J]. 中国流通经济，2011 (4)：58 - 63.

[7] 李周. 社会扶贫的经验、问题与进路 [J]. 求索，2016 (11)：41 - 45.

[8] 莫光辉，陈正文. 脱贫攻坚中的政府角色定位及转型路径——精准扶贫绩效提升机制系列研究之一 [J]. 浙江学刊，2017 (1)：156 - 163.

[9] 宫留记. 政府主导下市场化扶贫机制的构建与创新模式研究——基于精准扶贫视角 [J]. 中国软科学，2016 (5)：154 - 162.

［10］林广毅. 精准扶贫战略下的电商扶贫探索实践浅析［J］. 农业网络信息，
　　　2017（9）：29 – 34.

［11］陕立勤，LU K S. 对我国政府主导型扶贫模式效率的思考［J］. 开发研究，
　　　2009（1）：152 – 155.

［12］蒋永甫，龚丽华，疏春晓. 产业扶贫：在政府行为与市场逻辑之间［J］.
　　　贵州社会科学，2018（2）：148 – 154.

［13］石涛. 电商经济发展中的政府作用［N］. 中国社会科学报，2017 – 09 – 14
　　　（7）.

［14］庄天慧，陈光燕，蓝红星. 精准扶贫主体行为逻辑与作用机制研究［J］.
　　　广西民族研究，2015（6）：138 – 146.

2 社会责任视角下的农业企业人力资源策略

——基于广东东进农牧有限公司的案例分析①

伴随着经济发展过程中的环境污染、诚信危机、劳工权益等社会问题，企业社会责任运动从发达国家到发展中国家逐步发展起来，并从 20 世纪 90 年代开始在我国引起越来越广泛的关注，影响着企业治理、员工关系管理以及其他相关利益者的利益协调决策和行为。生产的特殊性及其对自然资源的依附性，尤其是其产品质量影响的巨大外部性，决定了农业企业在参与市场竞争、追逐经济利益的同时，无论是被迫的还是自愿的，都必须承担社会责任。[1]以往的研究大多集中在农业企业应该和已经承担了哪些社会责任以及社会责任承担对其经营绩效的影响，以此证明农业企业承担社会责任不会给企业经营绩效带来负面效应。[2-4]但问题的关键是，农业企业如何在其经营战略中体现社会责任意识并通过战略实施加以贯彻，尤其是"人"作为最重要的资源和最根本的生产要素，农业企业要采取何种人力资源策略才能真正体现其对社会责任的担当，并得到利益相关者的认同和支持。本文以广东东进农牧有限公司（简称"东进公司"）为例，分析社会责任视角下的农业企业人力资源策略选择。

东进公司是一家落户在广东省惠州市惠东县白花镇莆田村百岭村的港资企业，是农业产业化国家重点龙头企业以及粤东地区最大的生猪生产和肉制品加工企业，有员工 800 多人。

一、社会责任视角下的农业企业外部人力资源策略

农业企业不同于工业企业的最大特点是对自然资源特别是土地、水等的强依赖性以及产品安全的强外部性（比如养猪企业存在防疫的地区性问题，只要发现疫情，就必须根据国家防疫标准，对其周围一定区域的猪都采取防疫措施）。在我国现行农村土地集体所有制背景下，绝大多数农业企业要获得生产发展所需的土

---

① 本文原载于《中国人力资源开发》2012 年第 4 期，有改动。作者：罗明忠。

地、水等资源，必须通过土地流转，从农民手中获得土地经营权，将土地集中起来经营。然而，农民是天然地依附于土地的，农业企业在通过土地流转将农民的土地经营权集中到自己手中的同时，必须考虑农民的流动与安置。因此，所在地农民成为农业企业面对的众多利益相关者中必须首先予以考虑的利益主体，将其纳入农业企业的社会责任范畴。

东进公司一直以来把所在地农民的安置及其相关的人力资本投资作为公司社会责任的重要内容，在做好公司所在地的农村剩余劳动力就业创业扶持工作的同时，通过慈善捐助和公益事业等方式做好老人养老和小孩上学等社会福利安排，既彰显了一个具有社会责任意识公司的良好形象，又为公司发展营造了良好的外部环境。

（一）立足民生，解决就业

首先，直接吸收本地农村剩余劳动力到公司就业。为了解决公司总部所在地莆田村劳动力的就业问题，公司将全村土地承租后承诺，村里所有的剩余劳动力只要自己有意愿，就可以到公司上班，成为公司的员工，在获取土地租金的同时获得一份在公司就业的工资收入，使"村民变工人"。[5] 在公司就业的本地村民达到 400 余人，占公司员工总人数的 45% 左右。而且，就近在公司就业的本地村民大多数是中年以上的劳动力，受年龄、家庭、身体以及原有工作技能路径等因素影响，缺乏外出打工或到外地从事非农工作的条件。公司在鼓励本地具有较高文化程度、拥有一技之长的青壮年劳动力外出就业的同时，将这些年龄偏大、文化程度较低、技能缺乏的本地农村劳动力全部吸纳到公司就业，成为农业企业的工人，既体现了公司的社会责任意识，也解决了农村剩余劳动力的就业问题，并通过就业的稳定保证土地流转的稳定，为公司发展创造条件。

其次，促进本地农村劳动力就业。公司直接出资培训本地农村劳动力，提升其转移就业的能力；先后斥资兴建了图书馆、电化课堂、试验园区等设施，定期面向农户开展养殖技术、种植技术和化肥农药施用技术等专业培训，定期进行市场信息发布，派技术员到各饲养小区开展卫生防疫指导，从而有效地提高了农户的种养技术水平。

（二）着眼发展，帮助创业

在吸收本地农村劳动力就业的同时，对于本地有创业意愿的村民的创业行为，公司会结合业务发展需要给予扶持。公司在惠州市各城区建立了东进菜篮子连锁便利店，给莆田村的村民以优惠条件，让其选择是否加盟：一是由村民自己出资，按照公司的统一要求开设菜篮子连锁便利店，享受公司的统一供货、营销服务和品牌声誉；二是完全由公司出资开设菜篮子连锁便利店，村民以承包方式从公司承租经营。这样做既使公司的业务特别是营销网络得到快速发展，又能帮助部分有创业意愿的村民圆了当老板的梦，并带动村民走上致富路，将公司承担的社会责任中的经济责任进一步拓展到带动周边地区的村民增加收入，践行了"大家好才算好"的理念。

（三）重视人文，热心公益

慈善责任是企业社会责任的重要内容之一。公司把慈善公益行为从"物质"投入进一步拓展到对"人"的投资，重视"人"的生活改善与发展。一是早在21世纪初，公司就为村里五保户和60岁以上老人发放每月200元生活费，设立"寿星饭堂"，为他们免费提供每月250元标准的餐食，为老人提供养老支持。二是2004年，公司拨出4万元在村里成立希望夜校，由公司出资专门聘请教师在课余时间辅导公司员工及全村中小学生学习，加大人力资本投入。三是公司专门设立大学奖励金，对每位考上大学的本村学生奖励1万元。对考入中职院校的本村学生也给予一定金额的奖励。2002年度，公司捐款35万元给惠东县高级中学筹建校舍，并资助贫困生、奖励优秀生近20万元。四是让村民免费使用公司利用养猪场猪粪生产的沼气，使村民获得一笔额外的稳定收入，一年估计可以节省燃料费1 200元左右。五是从2001年开始先后投资500多万元，为百岭村农户建成占地面积5 000多平方米的小康示范村及莆田文化广场，体现了一个负责任的农业企业对社会的无私奉献和热爱。

二、社会责任视角下的农业企业内部人力资源策略

企业承担对员工的社会责任是企业承担其他社会责任的前提。[6]企业对员工的最主要责任是满足其作为社会人的正当利益诉求，为他们提供安全健康的工作环境、公平体面的报酬，并提供机会以提高他们的就业能力。农业企业必须采取科学的人力资源策略，改善企业内部人力资源管理，尊重员工的利益诉求，切实按照"以人为本"的原则，体现企业对员工的人文关怀。农业企业由于生产的特殊性，有不少工作属于重体力劳动，更加需要增强社会责任意识，建设适宜的企业文化，推进人力资源管理科学化。东进公司清醒地认识到满足员工正当的利益诉求是企业社会责任的基本底线，从员工需求出发，本着和谐共赢的原则，将员工的生活、工作与发展作为企业的社会责任，确立了有针对性的人力资源战略。

（一）以长期劳动契约保证就业稳定性

东进公司从一开始就认识到企业与员工关系和谐的重要性，把做人与做企业

融为一体，努力在企业中构建企业与员工共同认可的价值观和伦理观，大力倡导员工与企业一起"铁肩担道义"。公司给予员工长期、稳定的劳动契约，以降低员工的就业风险。公司对于本地员工没有解雇制度，只有"休息"制度。对于在公司就业的本地村民，在没有违反法律法规的情况下，如果触犯了公司纪律，一般依据"休息"制度，通过谈心、做思想教育工作、让其写检讨以及在一段时间的"冷冻期"内反思予以解决。公司的"义举"换来了员工对企业的忠诚，即使在"民工短缺"的背景下，大概率会出现员工短缺的公司养猪场并没有因为员工不足而影响生产。

（二）"我们一起成功"文化理念与人文精神

东进公司的经营者充分认识到"员工的发展、企业的发展、社会的发展"三者紧密联系、相辅相成。"爱员工、爱企业、爱社会"被当作公司经营的灵魂。"先做人再做事"被当作公司行为的基本准则。

首先，作为农业企业，将食品安全理念深深地植入每一个员工的身心，是公司人力资源管理贯彻履行企业社会责任的根本。公司将"食品卫生安全责任重于泰山"作为核心理念，要求公司的一切行为都必须把食品安全放在首位。

其次，一个人成功不算成功，大家成功才是成功。公司努力在内部营造"成功文化"，将"我们一起成功"作为公司全体员工的共同信念。"帮助员工成长，促进企业发展，回报国家和社会"成为公司企业文化的内核。公司积极创造和提供成功的环境（如氛围、文化、机会等），让员工实现自我价值，找到自己的位置和发展空间。比如，在扩建养殖场时，采取公司和员工共同参股的方式进行建设，公司和员工按实际投资比例承担项目全部投资、经营管理和市场风险，分享项目全部投资经营利润。员工参股后可以享受固定投资回报，即公司每年度给入股员工预分一定比例的固定红利。入股期限届满进行资产清理结算时，经营利润在扣除固定红利和税费、公益金、公积金等国家和公司规费后，会作为股东分配利润，按员工持股比例全部折现。

（三）关注身心健康的员工福利体系

东进公司在人力资源管理与员工关系治理中，从身体和心理两个方面构筑员工福利体系，促进员工的身心健康发展。一是员工培训制度化。公司把学习作为一种制度，视培训员工为己任，主动为员工的个人发展提供相应培训。东进公司不仅是一家企业，更是一所学校。学习是一种制度、一种生活、一种生存方式。由于工作性质特殊，东进公司除了针对新入职员工进行不定期人事管理制度培训及相应岗位的生产培训外，还在每年的6月至9月对员工进行定期培训，提升员工生产技能，丰富员工知识，拓宽员工视野，提高员工生产积极性。二是员工文化娱乐活动常态化。农业企业的生产车间比如养猪场、菜园和果园等一般都在乡村，文化娱乐活动单一，容易导致员工产生工作倦怠。为此，东进公司将员工业余文化生活作为人力资源管理重要内容，列入人力资源管理重要议程，每年都组织员工体育比赛。公司内部还开设图书室、娱乐室，鼓励员工利用业余时间开展丰富多彩的文化体育活动。另外，员工在公司内部食堂就餐免费，公司为员工提供住房补贴等。

这一系列人力资源策略，既是员工关系治理的重要组成部分，对农业企业的资源获取与维持发挥着不可替代的作用[7]，也是公司承担社会责任的具体体现，是将企业社会责任标准和要求内化为企业人力资源管理规章制度的真实行动。

三、结论与建议

从社会责任视角来看，农业企业要通过适宜的内外部人力资源策略，既体现企业社会责任意识，强化企业的文化理念和人文精神，又为企业的生存和发展营造和谐的内外环境，构筑和谐共赢的良好局面。对于有长远目标和良好愿景的农业企业而言，在人力资源策略选择中，以下几点值得重视：

（一）社会责任是农业企业人力资源策略的重要内容

履行社会责任正逐渐成为企业的普遍行为和自觉责任，人力资源管理在企业社会责任的履行中应该扮演更加重要的角色。早在 2005 年，美国人力资源管理协会（SHRM）全球特别专家小组发布的《全球人力资源 2005 年趋势报告》就指出：人们对企业社会责任的关注对人力资源管理产生了重要影响。此外，SHRM对中国、美国、墨西哥、澳大利亚、巴西、印度和加拿大七国企业的调查发现，大约有八成被调查企业开展了各种形式的企业社会责任活动。[8]农业企业作为特殊的企业，与民众的生活息息相关，这决定了农业企业更应该坚决履行社会责任，并将社会责任意识渗透到企业的每一个角落和每一个员工心中，成为流淌于企业的"道德的血液"。这首先要在企业的人力资源策略中贯彻和体现，把"以人为本"作为企业人力资源管理的出发点。

事实证明，农业企业基于社会责任视角推进的人力资源策略和行动可以为企业发展带来积极效应、赢得更多资源，成为企业的一种有效投资方式。因此，强化企业社会责任，理应成为农业企业人力资源战略的重要内容；将企业社会责任意识转化为现实的企业行为，也应成为农业企业人力资源部门的基本职责。

（二）农业企业人力资源策略必须兼顾内外相关利益者的需求

企业不仅要关注内部员工的诉求，通过合适的人力资源策略，为员工的生产和生活提供适宜的条件，加大对员工的人力资本投资，为员工提供体面的、绿色的稳定就业，创造条件促进员工的自我发展和自我实现，以企业发展带动员工发展，以员工发展支持和促进企业发展；还必须关注企业外部特别是与企业发展有千丝万缕联系的周边居民的利益诉求，以企业的社会责任行为，通过适宜的人力资源策略，争取更多支持，营造良好的发展环境。

（三）农业企业社会责任履行必须切合实际

企业履行社会责任绝不只是一句口号，必须落实到人力资源管理的具体行动中，并结合企业实际采取切实可行的措施。对于农业企业而言，社会责任的履行必须切合农业企业所处的环境和现实。从一开始就必须把农民的就业出路和生活安置甚至包括老人、孩子的生活安置纳入企业发展的人力资源规划，列入企业发展战略加以筹划。事实上，是否把农民的就业与发展作为农业企业的社会责任筹划好，既关系到农业企业的形象，更关系到农业企业的和谐发展及其资源获取与维持。而这些社会责任意识又体现在农民日常生活的点点滴滴中，必须结合农业企业所在地的人文环境和农民的生活习惯，以理性和自然的安排展现农业企业的社会责任，在情感上争取周围农民的支持。

参考文献

[1] 姜俊. 农业企业社会责任动机对财务绩效的影响 [J]. 工业工程与管理，2009 (6).

[2] 赵曙明. 企业社会责任的要素、模式与战略最新研究述评 [J]. 外国经济与管理，2009 (1).

[3] 汪凤桂，潘鹏，向阳. 投资机会与农业龙头企业社会责任的生存 [J]. 华南农业大学学报（社会科学版），2009 (1).

[4] 张凌宁. 美国人力资源协会："以人为本"助力企业社会责任 [J]. WTO经济导刊，2008 (11).

[5] 罗明忠. 村民变工人：农村劳动力农业产业内转移及其推进 [J]. 华东经济管理，2011 (1).

[6] 张延平，王满四. 企业的社会责任与人力资源管理创新 [J]. 广州大学学报（社会科学版），2008 (3).

[7] 罗明忠. 契约、关系与农业企业的资源获取与维持 [J]. 农村经济，2010 (8).

[8] 冉毅波. 七国企业社会责任调查——美国人力资源管理协会（SHRM）调查报告 [J]. WTO经济导刊，2007 (5).

农村产业"链条联通"融合发展模式研究

——基于广东省台山市的典型案例①

一、引言

2017 年党的十九大作出实施乡村振兴战略的重大决策部署，并明确提出"产业兴旺、生态宜居、乡风文明、治理有效、生活富裕"的总要求。产业兴旺放在实施乡村振兴战略二十字总要求的首要位置，反映出产业发展在推动乡村振兴中的重要地位。中华人民共和国成立 70 周年特别是改革开放 40 年来，我国农业农村发展取得了举世瞩目的成就，粮食产量持续增长、农业结构不断优化、农民收入稳步提高，为促进我国经济社会发展发挥了"压舱石"和"稳定器"的作用。然而，目前我国农村产业形态仍以农业生产为主，普遍存在产业门类不全、链条不完整等问题，第一、二、三产业融合发展水平较低，导致乡村振兴缺乏强有力的产业支撑。自 2015 年以来，历年的中央一号文件都对农村产业融合发展划定了重点领域和提出了具体举措。2019 年 6 月国务院印发《关于促进乡村产业振兴的指导意见》，明确提出要大力促进产业融合发展，增强乡村产业的聚合力。在乡村振兴战略背景下促进农村产业融合发展，各地还处于探索阶段。对于如何推进农村产业融合发展，需要各地提供经验借鉴。为探索实施乡村振兴战略的有效路径，2018 年广东省推行乡村振兴综合改革试点。台山市作为农村产业融合发展改革试点示范单位，积极探索乡村产业发展路径，形成了农村产业融合发展的创新模式。本文将对台山模式的内涵、形成的条件和基础、典型特征、取得的成效以及政策启示进行系统分析，其研究成果对乡村振兴战略背景下推进乡村产业融合发展具有重要的理论意义和实践价值。

二、文献回顾

产业融合思想起源于 20 世纪 60 年代，美国学者对技术融合及其产业关联效

---

①　本文原载于《新疆农垦经济》2020 年第 5 期，有改动。作者：吴银娟、吴雨宵、余建斌。

应进行了开创性研究。[1] 随着研究的深入，产业融合研究逐渐延伸到了农业农村领域。日本学者今村奈良臣提出了"第六产业"的概念，即农业生产向第二、三产业延伸，通过三产融合，形成生产、加工、销售、服务一体化链条，让农户分享更多第二、三产业利润。[2] 近年来，我国政府开始重视农村产业融合发展，国内学者对相关问题的研究也逐渐增多，研究重点主要从概念界定过渡到各种发展模式的归纳总结。国家发展改革委宏观院和农经司课题组认为，农村产业融合是以农业为基本依托，以新型农业经营主体为引领，以利益联结为纽带，通过产业链延伸、产业功能拓展和要素集聚、技术渗透及组织制度创新，跨界集约配置资本、技术和资源要素，促进农业生产、农产品加工流通、农资生产销售和休闲旅游等服务业有机整合、紧密相连的过程。[3]

学界归纳了农村产业融合发展的四种主要模式。一是农业内部整合模式，即以农业优势资源为基础、以涉农组织为主体，将农林牧副渔业连接起来，实现农业产业内部协作和循环。[4] 二是农业产业链延伸模式，即以农业生产为中心，将农业生产资料供应与农业生产连接，形成农业产加销一条龙服务。[5] 产业链延伸包括横向和纵向两个维度，横向拓宽农业产业链可以形成多重属性的新型产业，再结合单线产业链可进一步构成块状农业产业链。[6] 三是农业功能拓展模式，即以农业为基础，植入文化、休闲、旅游等理念的产业。[5] 农业功能拓展模式通过发展休闲农业和乡村旅游等形式，激活农业的生活、生态功能，赋予农业环保、科技、教育、文化、体验等内涵，转型提升农业的生态功能和经济价值。[7] 四是技术渗透融合模式，即通过先进的信息、生物、航天、互联网等技术对农业进行有机渗透，形成信息农业、生物农业、太空农业、互联网+农业等新兴业态。[5]

总的来说，国内外学者对农村产业融合发展进行了大量研究并形成了众多研究成果，特别是现有文献对各种模式进行了系统总结，为本文的研究奠定了重要基础。但是，现有文献对各种模式的探讨缺乏深入研究，对各种模式的内涵、形成条件和基础、主要特征、成效以及政策含义等方面缺乏全面分析。同时，农村产业融合发展应立足地区发展实际，创新与鼓励区域差异性产业融合模式。[8] 因此，本文基于广东省台山市的典型案例，对台山模式的内涵以及相关内容进行系统研究，有助于弥补现有研究的不足，并且对推进乡村产业融合发展具有重要的借鉴作用。

三、台山市农村产业融合发展的模式创新

台山市位于珠江三角洲西南部，毗邻港澳，幅员辽阔，陆地总面积3 286平方公里，是广东省面积排名前十的县级市之一。台山市是农业大市，具有水稻、水

产、果蔬、畜牧四大支柱产业和水稻、海水养殖、淡水养殖、水果、蔬菜、花生、花卉、甘蔗、林木、禽畜十大农产品生产基地。江门市作为广东省乡村振兴综合改革试点市,将其所属的台山市列为农村产业融合发展改革试点示范单位,主要任务是探索农村产业融合发展的新路径。2019 年 7 月,华南农业大学广东农村政策研究中心组成课题组,对台山市乡村振兴综合改革试点情况进行了深入调研。调研发现,台山市在探索农村产业融合发展路径中形成了创新模式,为各地促进乡村产业振兴提供了重要参考和借鉴。

(一)台山模式的基本内涵

台山模式是利用专业化园区将农业产业链的关键环节联通起来的农村产业融合发展模式。该模式充分发挥农业企业、农民专业合作社、家庭农场等新型农业经营主体的引领作用,以现代农业产业园、农产品加工示范区、农产品交易流通中心等园区为载体,推动土地、资本、人才等资源要素的整合和优化配置,最终实现农产品生产、加工、流通等产业链条联通,促进农村产业融合发展。台山模式的内涵可以归纳为十六个字:主体引领、园区承载、资源整合、链条联通。该模式的关键要素和运行流程如图 1 所示:

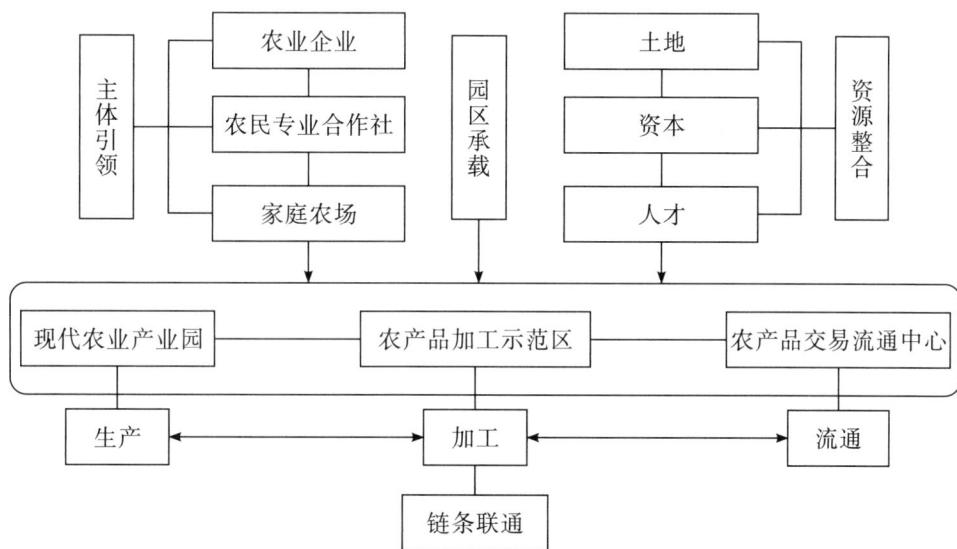

图1　台山模式的关键要素和运行流程

主体引领是指新型农业经营主体对农村产业融合发展的带动作用。台山市以培育和引进大型农业经营主体为重要抓手,引导新型农业经营主体向园区集中,充分发挥新型农业经营主体的示范带动作用。鳗鱼省级现代农业产业园的牵头实施主体是省级农业产业化龙头企业广东远宏水产集团有限公司;广东省农产品加工示范区已引进恒大农牧集团、广东远宏水产集团有限公司、杨氏水产有限公司等经济实力雄厚的涉农企业。涉农企业的引进带动了农民专业合作社和家庭农场快速发展。比如，台山市都斛镇以园区为中心，已创建农民专业合作社 32 个、家庭农场 5 家。

园区承载是指创建相互关联的专业化农业园区。通过创建相互关联的专业化农业园区，为农村产业融合发展提供载体，引导第一、二、三产业向园区集聚。台山市在园区建设中重点打造"一区两园一中心"（广东省农产品加工示范区、鳗鱼省级现代农业产业园和丝苗米省级现代农业产业园以及粤港澳大湾区农产品交易流通中心），其中广东省农产品加工示范区建设总面积 1.3 万亩；鳗鱼省级现代农业产业园和丝苗米省级现代农业产业园总面积达 104.19 万亩；粤港澳大湾区农产品交易流通中心规划面积 0.78 万亩。这三大园区的建设为台山模式的形成奠定了重要基础。

资源整合是指土地、资本、人才等生产要素的优化配置。台山市依托园区建设加快了土地、资本、人才等要素资源的整合。首先，通过园区建设整合土地资源，解决了制约农村产业融合发展中普遍存在的建设用地指标不足的问题。广东省农产品加工示范区的斗山园区获得 1 950 亩城乡建设用地指标；鳗鱼省级现代农业产业园核心区规划建设用地 500 亩已全面落实。其次，通过园区建设整合财政投入和社会资金，提高了资金利用效率。鳗鱼省级现代农业产业园获得省级补助资金 5 000 万元；广东省农产品加工示范区 6.14 亿元基础设施建设 PPP 项目获得省财政入库批复。社会资本也大量投入广东省农产品加工示范区建设，如恒大农牧集团计划投资 18 亿元、广东远宏水产集团有限公司计划投资 2.5 亿元、东莞市三利粮油有限公司计划投资 1.1 亿元等。另外，园区建设不仅引进了资本投资，而且吸引了大量技术和管理人才到农村发展。比如广东远宏水产集团有限公司在台山市端芬镇的三个子公司共有专业技术和管理人员 110 人。

链条联通是指农村产业关键环节相互融通。链条联通是农村产业融合发展的核心，只有实现产业链条联通才能提升农村产业的关联效应，提高农村产业的融合发展程度。台山市通过打造三大园区，将生产、加工、流通等农村产业发展的重要环节联通，解决了农业生产效率低、农产品加工不足以及产销脱节等长期困扰农业发展的难题。同时，在联通农业产业主要环节的基础上，逐步拓展农业的多功能性，加快推进农业社会化服务体系建设，从而衍生出研发、电商、物流、旅游等新产业、新业态，全面推动了农村产业融合发展。

（二）台山模式的形成基础和条件

台山农村产业融合发展模式是在内部条件和外部环境共同作用下形成的。台山具有优越的地理区位和优良的自然资源条件，为优势产业的形成奠定了基础。近年来，随着国家乡村振兴战略的提出和粤港澳大湾区战略的实施，各级政府加大了对台山市农业的支持力度，在该市不仅创建了省级现代农业产业园，而且立项建设广东省农产品加工示范区和粤港澳大湾区农产品交易流通中心，为台山模式的形成创造了有利的外部环境和提供了重要保障。

1. 优越的地理区位

台山市区位优势突出，交通便利，距江门市区约 60 公里，距珠海市区约 90 公里，距广州市区约 120 公里，路网完善，便捷连通粤港澳大湾区五大国际机场。深圳至中山跨江通道、西部沿海铁路（深茂铁路）和珠三角城际轻轨以及港珠澳大桥建成后，与广州、深圳、珠海、香港、澳门等核心城市构成"1.5 小时黄金圈"。优越的地理区位不仅吸引了大量农业企业到台山投资，也为农村产业融合发展创造了巨大的市场空间。

2. 良好的自然资源条件

台山市属亚热带海洋性季风气候，年平均气温 21.8℃，年平均日照 2 006 小时，年平均降雨量 1 936 毫米，温、光、热、雨量充足，四季宜种。全市境内土地肥沃，物产丰饶，是珠江三角洲著名的"鱼米之乡"。台山市地处低纬度，在北回归线以南，自然环境得天独厚，光照充足，气候温和，光、热、水源丰富，物质能量转化迅速，而且当地地质坚实、保水性能好，水库水源充足、无工业污染，水体、水质稳定，具有鳗鱼养殖的有利条件。良好的自然资源为地方特色优势产业的形成奠定了重要基础，也为台山市创建丝苗米和鳗鱼两大省级现代农业产业园提供了条件。

3. 快速发展的新型农业经营主体

农村产业融合发展离不开新型农业经营主体的带动，它具有鲜明的示范功能，能够在率先行动的同时，带动普通农户共同推动农村产业融合发展。近年来，台山市积极培育和引进新型农业经营主体，截至 2018 年底，台山市共有农民专业合作社 426 个、家庭农场 63 家；农业产业化组织 506 家，其中龙头企业 17 家；新型职业农民约 400 人。新型农业经营主体的快速发展为农村产业融合凝聚了发展动力。

4. 政府的大力支持

农业的外部性和弱质性决定了政府干预的必要性。政府在政策、财政投入、招商引资等方面的大力支持，为台山模式的形成提供了重要保障。为了推进广东省农产品加工示范区创建工作，台山市专门成立工作领导小组，将该示范区列为台山市"十三五"规划重点建设项目,并委托农业农村部规划设计研究院和中国城市发展研究院开展总体规划、控制性规划和交通、能源、产业等专项规划。另外,台山市为充分调动全市招商引资的积极性,有效整合利用全市综合资源,解决部分镇(街)招商载体不足的问题,实现全市招商引资工作"一盘棋",积极推进落实招商引资政策以及相关保障措施,出台了《台山市异地招商引资实施办法》等政策支持文件。

(三)台山模式的典型特征

长期以来,我国农村产业以农业生产为主,第二、三产业发展滞后,三产融合度很低,难以形成产业融合发展的优势。为突破农村产业发展困境,台山模式以地方特色优势农业产业为基础,以专业化分工明确的产业园区为载体,形成紧密连接的完整产业链条,促进产业链条有效联通,带动农村第一、二、三产业融合发展。

1. 以地方特色优势农业产业为基础

丝苗米和鳗鱼是台山模式中的两大优势产业。台山是重要的稻米主产区,获得"广东第一田""中国优质丝苗米之乡""广东好大米特色产区"等美称,是全国商品粮生产基地、广东粮食主产区、全国粮食生产先进县(市)。同时,台山市拥有丰富的优质水资源,是人工养殖日本鳗的天然场所,吸引了众多企业前来开办鳗鱼养殖场。由于拥有天然的生态优势,台山鳗鱼相对福建、江浙、顺德、台湾等其他地区出产的鳗鱼在外观、口感、风味和营养成分等方面更为突出。

2. 以专业化分工明确的产业园区为载体

在台山模式中,园区分为农产品生产、加工和流通三大区块,每个区块分工明确,促进了专业化经营。省级现代农业产业园主要围绕"主导产业突出、现代要素集聚、设施设备先进、生产方式绿色、辐射带动有力"的要求进行鳗鱼规模养殖和丝苗米规模种植。广东省农产品加工示范区主要进行粮食加工、肉类加工、水产品加工、家禽养殖加工及饲料加工等农产品加工。粤港澳大湾区农产品交易流通中心主要是利用台山的区位优势,建成市场与经营主体、市场与基地有效对接,传统实体店经营与现代网上经营有效融合的交易场所和平台。

3. 具有紧密连接的完整产业链条

台山市通过"一区两园一中心"打通农产品生产、加工、流通等重要环节,入驻园区的相关主体之间形成上下游关系,为彼此提供服务和市场。同时,在生产、加工和流通产业联通的基础上延伸出研发、包装、物流、休闲旅游等相关产业,从而形成紧密相连的完整产业链条。

（四）台山模式的主要成效

台山模式在激发农村发展活力、推动乡村产业转型升级、促进农民就业与增收等方面取得了明显成效，为实现农业农村经济发展和乡村全面振兴奠定了重要基础。

1. 激发农村发展活力

随着我国工业化、城镇化的快速发展，大量农村劳动力进城务工和生活，农村空心化和老龄化现象日趋严重，部分农村逐渐凋敝，失去了发展活力。台山市通过"一区两园一中心"建设，吸引了香港利苑、恒大农牧集团、广东远宏水产集团有限公司等企业进驻，带动农民专业合作社、家庭农场快速发展，促进资本、技术、人才、市场等要素向农村集中，对激发农村发展活力起到了极大的推动作用。

2. 推动乡村产业转型升级

台山模式通过园区建设和产业链条联通，吸引了大量技术和经济实力较强的经营主体到农村投资发展，实现资本、技术、人才和市场需求在农村整合重组，促进了农产品生产、加工、流通与电商、旅游等新产业、新业态有机融合，使农村第一、二、三产业紧密相连，改变了传统的农业生产方式和组织形式，提高了农村产业的集约化和产业化水平。比如，台山规划建设现代鳗鱼产业园，打造鳗鱼养殖场、鳗鱼加工厂、鳗鱼博物馆以及相关休闲会所等观光路线，让鳗鱼产业园的第一、二、三产业融合，不仅提高了第一、二产业的科技化水平，而且提升了第三产业的文化品牌。

3. 促进农民就业与增收

农村产业融合发展促进了农村产业价值的提升，农民不仅可以获得种养业发展带来的收益，而且可以分享到加工业、旅游业等更多产业的增值收益。台山模式促进了农村产业规模不断扩大，有助于带动专业大户、家庭农场、农民专业合作社等扩大生产规模，从而带动农民提高家庭经营收入。同时，产业规模扩大带动了土地流转，土地租金得以提高，使农民获得更高的财产性收益。另外，台山模式为农民在农村就近就业提供了大量机会，可增加农民的劳务收入。2018 年台山市农村常住居民人均可支配收入为 1.72 万元，比 2017 年增长 9.6%，增速也高于 2017 年的 6.3%。

四、结论与政策启示

台山市在推进农村产业融合发展过程中探索形成了链条联通的融合发展模式，

通过创新载体，引进和培育新型农业经营主体，促进资源的有效整合，实现乡村产业链条联通，为乡村产业振兴提供了重要借鉴。应注意的是，由于各地资源禀赋和外部条件差异较大，农村产业发展的具体形式有所差别，需要因地制宜地确定发展模式，而不能对台山模式进行简单的照搬照抄。台山模式在一定程度上体现了中国农村产业发展的基本方向，而且提出了促进农村产业发展的重要举措，因而具有较高的推广价值，对各地推进农村产业融合发展具有重要的政策启示。

（一）农村产业融合发展是促进乡村产业振兴的核心

随着经济的发展，第一产业在国民经济中的比重下降是必然趋势，因而只有通过第一、二、三产业融合发展才能使农村形成强有力的产业支撑。农村产业融合发展具有要素集聚效应，充分发挥农村产业融合的集聚作用，能够将资本、技术、土地、劳动力等要素深度融合，提升各类要素参与农村产业发展的动力。台山市以"一区两园一中心"为载体推动农村产业融合发展，引进了大量企业到农村发展，带动了农民专业合作社和家庭农场快速发展，完善了小农户与新型农业经营主体之间的利益联结机制，促进了资本、技术、劳动力等要素向农村集聚，为支撑乡村产业振兴奠定了重要基础。

（二）政府支持是农村产业融合发展的保障

农村产业融合涉及产业、资源、市场、技术、政策等方面，农村产业融合发展离不开各级政府的统筹引导，需要政府在财政资金、税收、土地、金融、招商引资等方面给予大力支持，为农村三产融合提供政策保障。台山市通过产业规划、土地供应、财政补贴等措施加快推动三大园区建设，为农村三产融合提供了重要载体；同时，充分调动全市招商引资的积极性，鼓励具有雄厚经济实力的企业到园区投资，为农村产业融合发展提供了动力。

（三）培育新型经营主体是农村产业融合发展的重点

农村产业融合发展需要具有创新发展理念、专业经营管理知识、先进生产技术的新型农业经营主体支撑。同时，在农村产业融合发展中，必然会出现各种新产业、新业态，如果没有高质量的新型农业经营主体作为基础，新产业将很难在农村发展、新业态将很难在农村推广。另外，农村产业融合发展需要有大量的资本投入，只有新型农业经营主体才有实力进行大规模投资，从而加快推动农村产业融合发展。台山市积极引进经济和技术实力雄厚的农业企业并培育大量农民专业合作社、家庭农场，使新型农业经营主体在推动农村产业融合发展中发挥了重要作用。

参考文献

［1］ ROSENBERG N. Technological changes in the machine tool industry：1840 – 1910 ［J］. The journal of economic history，1963，23（4）：414 – 443.

［2］ 今村奈良臣. 把第六次产业的创造作为 21 世纪农业花形产业［J］. 月刊地域制作，1996（1）：89.

［3］ 国家发展改革委宏观院和农经司课题组. 推进我国农村一二三产业融合发展问题研究［J］. 经济研究参考，2016（4）：3 – 28.

［4］ 郭军，张效榕，孔祥智. 农村一二三产业融合与农民增收——基于河南省农村一二三产业融合案例［J］. 农业经济问题，2019（3）：135 – 144.

［5］ 赵霞，韩一军，姜楠. 农村三产融合：内涵界定、现实意义及驱动因素分析［J］. 农业经济问题，2017（4）：49 – 57.

［6］ 段海波. 刍议农业产业融合机制和农业产业化［J］. 改革与战略，2014（5）：75 – 78.

［7］ 姜长云. 推进农村一二三产业融合发展的路径和着力点［J］. 中州学刊，2016（5）：43 – 49.

［8］ 陈学云，程长明. 乡村振兴战略的三产融合路径：逻辑必然与实证判定［J］. 农业经济问题，2018（11）：91 – 100.

声誉、利益联结机制与合作治理

——基于江西 LN 公司的思考①

一、引言

产业兴才有乡村旺。产业振兴需要工商资本的带动,借助企业在技术、品牌和规模经济上的优势,搭建起小农与现代农业有机衔接的桥梁。工商资本下乡意味着企业与农户进行资源整合与重构,基于各自的禀赋优势,通过分工合作,获取合作剩余。但现实的反差是,由于契约不完全性和农业高风险等,双方都不得不面对违约风险的困扰,组织绩效未能全部有效实现。同时,高违约率严重制约着中国农业从传统向现代转型。如何在激活农村劳动力、土地等资源要素,整合农业资源的过程中,保障企业与农户合作的稳定持久,成为有待进一步探讨的重要议题。

实践中,那些从事经济作物或畜禽养殖加工等高附加值农业生产的公司,比如温氏集团,因为相对容易通过利益诱导机制来促进契约自我实施,通常采取与农户直接合作的组织模式。然而,对于水稻、玉米等大宗农产品的生产,由于监督和契约实施困难,更多公司采取家庭农场的组织模式,限制了其经营规模扩张和经营模式多样化。

LN 公司作为一家主营水稻种植加工的农业企业,早期曾经连续三年亏损并形成大量负债,却没有发生因农户退出而破产的情况,且越来越多农户选择与 LN 公司签订土地流转合同和劳动雇佣合同,并延长土地流转期限,公司与农户形成了稳定的合作关系。

现实中,由于企业经营不善而导致企业或农户单边违约或双边违约的现象屡见不鲜。LN 公司历经三年亏损未出现任何一方违约,且后期农户进一步与其加强合作的这一反常现象,值得对其进行深入挖掘和思考。LN 公司实现农业资源高效

① 本文原载于《江苏大学学报(社会科学版)》2020 年第 2 期,有改动。作者:罗明忠、邱海兰。

整合的背后，除了对潜在利润和合作剩余的追求等利益因素驱动外，理应还有其他驱动机制。笔者在调研过程中发现，LN 公司不仅注重与农户建立紧密的利益联结机制，而且在与农户的合作中突出发挥声誉机制效应。为此，本文以 LN 公司为解剖对象，试图揭示声誉机制和利益联结机制在农业资源整合中的作用表现，进一步分析在农业资源整合的不同阶段声誉机制和利益联结机制之间的内在关系。

二、文献回顾

农业龙头企业在农业产业化经营、带动农户向现代农业经营者转型中具有显著优势，但同时存在履约率低等合约稳定性问题。学术界基于不同视角对农业企业与农户合作中高违约率现象的形成原因进行了剖析和归纳，指出缺乏有效的利益分配机制、契约不完全、农业的高风险属性等因素导致了企业与农户合作的履约困境，并在此基础上提出相应的治理机制。同时，国内外现有研究对降低违约率、维持合约稳定的治理问题存在两种截然不同的观点，分为合约治理论和关系治理论两大派别。合约治理论主张以合约治理合约，通过对已有合约进行补充和补偿，建立有效的契约治理机制，规范合约条款和执行程序。而且，资本的逐利性容易造成农业企业与农户间利益分配不均的问题，松散的利益联结机制在面临生产风险、市场波动等不确定性情况下容易土崩瓦解，增加了合约的不稳定性。企业应当关注事前的合约机制设计，建构紧密的利益共享、风险共担机制，将农户纳入一体化经营。比如，温氏集团善于借助精妙的制度装置强化利益联结机制，在与农户合作过程中注重合作剩余分配，扮演着价值发现、价值生产和价值分配三重角色。

鉴于乡村社会关系网络的特殊性，不少学者开始基于社会学视角研究农业企业与农户间的合作治理问题，主张运用关系治理机制，提升合约稳定性，减少违约风险。农户有限理性以及相对不完备的政策市场环境造就了关系治理独特的机制优势。声誉、信任等关系治理机制被广泛应用于农业企业与农户合作的研究中。声誉本质是一种行为评价，具有信号传递、激励与惩罚以及网络扩散等效应，是关系治理机制的重要组成部分。企业借助声誉、信任等关系治理机制，降低交易成本，促进双方长期稳定合作。在土地资源整合阶段，声誉机制对农户自我履约和道德风险化解以及逆向选择起着关键性作用。专用性资产、产品特性以及市场结构显著影响声誉机制的发挥。专用性资产在稳定企业未来收益预期的同时，产生可占有性准租金，将农户私人惩罚上升为可置信，从而强化声誉的激励和惩罚效应，约束企业行为决策。专用性资产对声誉效应的影响，在农业产业化领域尤其是农地流转阶段发挥着重要作用。产品特性和市场结构作用于农户与企业谈判力量对比，进而影响农户私人惩罚力度，对声誉惩罚效应发挥具有调节作用。

合约治理论与关系治理论分别从正式制度和非正式制度视角阐释了农业企业与农户的履约治理问题，以利益联结机制和声誉机制为代表，分居两派。但事实是，农业企业在与农户合作过程中，既注重与农户建构紧密的利益联盟，同时也巧妙地嵌入声誉机制，强化农户的认同感。利益联结机制和声誉机制既相互独立又统一在同一交易框架下，二者相辅相成，共同推进农业企业与农户的稳定合作。总体而言，已有研究大多采取单一的分析视角，将以利益联结机制为代表的正式治理和以声誉机制为代表的非正式治理相互割裂，不利于全面系统地探寻企业保持与农户稳定长久合作的奥秘。同时，已有研究以静态分析为主，未能动态地展示农业企业与农户在资源整合的不同阶段中这两类机制的作用表现及其内在关系；而且，已有对农业企业与农户合作治理的案例研究大多以经营畜禽品的企业为对象，比如温氏集团、东进农牧公司等，针对经营大宗种植业的企业及其与农户的合作机制的案例研究较少。鉴于此，本文以 LN 公司为案例，将农业资源整合参与主体的社会性和经济性纳入统一的分析范畴，探究声誉、利益联结机制在农业资源整合中的作用及其内在关系，以期对如何保持农业企业与农户长久稳定合作作出回答，为进一步释放农村活力提供理论参考。

三、合作的奥秘：LN 模式

（一）案例背景

安义县属于传统农业县，同时也是劳务输出大县。自 20 世纪 90 年代以来，当地 80% 的农村劳动力选择外出务工或经商，他们分布在全国 60% 的县级城市中，主要从事铝合金建材工作。由于农村劳动力大量向城市转移，导致农村空心化、老龄化问题日益严重，土地撂荒现象凸显，安义县遭遇了与全国大部分地区相同的现实困境："谁来种地""如何种地"。于是，村中能人凌××领头成立了江西 LN 公司，通过与当地村民签订土地流转合同和劳动雇佣合同，整合农业资源，逐渐将公司发展成为集水稻种植、蔬菜种植、畜禽养殖、休闲旅游、农产品加工、销售等产业于一体的农业龙头企业。截至 2017 年 1 月，公司直接经营和托管的土地分别为 1.9 万亩和 3.1 万亩，员工 186 名，实际生产经营主要由签约农户负责。直接经营的土地通过雇佣 64 对农民夫妻完成，有效降低了农业经营管理成本。托管的土地则由农户自主经营，公司负责提供产前、产中、产后的社会化服务。公司利用自身组织经营规模、信息、技术以及资金等优势，整合农村土地、劳动力等要素，高效整合农业资源，实现农业产业化经营。LN 公司 2015 年利润达到 330 万元，2016 年几乎实现翻倍，为 620 万元，开拓了农业资源整合的新路径。

（二）案例分析

LN 公司在与农户的资源整合过程中，由于前期流转的土地基础设施较差，自身技术、管理以及销售等方面经验欠缺，连续三年亏损，负债经营，2014 年才实现扭亏为盈，但此种状况并未击垮 LN 公司，签约农户也未出现终止合作的现象。农户在 LN 公司遭遇经营危机后，选择进一步加强合作，足见农户对公司的信任和企业声誉的影响力。公司与农户的合作步入正轨后，需要构建规范的制度体系，以保障合作关系的稳定。以"利益共享、风险多担"为核心的利益联结机制成为 LN 公司长远发展的"稳定器"。在规范稳定的正式治理制度建立后，公司进一步向外扩张，需要突破地域限制，提升并扩散公司的良好声誉，吸引外地农户加入。在农业资源整合的不同阶段，LN 公司突出运用不同机制，最大限度地发挥各自的比较优势，打造出独特的农业资源整合新模式——LN 模式。

1. 声誉嵌入与 LN 模式初建

（1）基于熟人信任的显性声誉嵌入。

一般来说，在初始阶段，企业需要快速建立与农户合作的纽带，获取农户信任和实现自我身份认同，以便交易顺利进行和节省交易费用。要将声誉嵌入血缘、亲缘以及地缘关系，农户对于熟悉的对象会给予更高的声誉评价。这种基于熟人圈子形成的声誉关系成为农户与企业缔结合作联盟的基础。因而，与农户有情感联系的农业企业更易获得农户认同。当然，作为企业代表，企业领导人扮演着重要角色，其个人经历和特征建构起自身声誉与情感联系，能帮助农业企业在初始阶段顺利完成土地和劳动力资源整合。

LN 公司董事长凌××曾是安义县鼎湖镇西路村一个地地道道的农民，改革开放后，他逐步开始转战商场，曾经涉足副食品、建材、通信器材、酒店等行业的经营，资本日益雄厚。在安义县政府谋求农业发展的蓝图感召下，凌××怀揣建设家乡、带领乡亲共同富裕的美好期盼回到西路村，向村两委提出承包全村土地。基于凌××多年做生意及其在村里生活的经历，在乡亲们眼中，他是村里的骄傲，是成功人士，为人乐善好施，热心家乡公益事业，值得大家信任。长期积累的良好声誉，帮助凌××及其企业赢得了农户及其他利益相关者的信任，获得自我身份认同；同时，基于农村相对封闭的社会环境，凌××良好的个人声誉在农户间能够迅速传播，节省了针对合作者的搜寻、谈判、执行以及监督等交易费用。仅两个多月，凌××就以 200 元/（亩·年）的土地租金与 700 多户农户签订了 4 900 亩的土地流转合同。

同时，也存在一些质疑的声音。起初，一小部分西路村人并不相信凌××这样一个大老板会回家种田，并对凌××的种田能力持怀疑态度。企业随时会面对经营危机，如应对不当，则有损企业和个人声誉。相反，对危机的合理应对，不仅能有效为企业止损，还有助于企业和个人声誉的建立和强化。凌××尽管在商海沉浮多年，对农民和农业怀着满腔热情，但由于自身既往的农业经营管理经验欠缺，对农业市场信息、技术等把握不准，导致 LN 公司持续三年处于经营不善的状态。面对困难，凌××并未选择抛弃农户，没有采取拒付租金和工资等负向行为。相反，他想尽一切办法，兑现当初对农户的承诺，保障农地流转户和被雇佣劳动力的租金、工资如期足额发放；同时，对于表现优秀的农户，还按照当初的契约约定给予一定的奖励。

"以德报怨、让利农民"的做法，更加凸显了凌××的魄力和担当，在农户中获得一致好评，打下信任的基础。与农户及其他合作者建立的情感信任机制，进一步强化了凌××以及 LN 公司的声誉。同时，凌××热心公益事业，逢年过节会派人看望孤寡老人，主动设置一些岗位安置残疾人士就业；员工家里的老人生病，公司会给予补贴；此外，凌××还设立"和谐奖"，奖励那些与邻里乡亲和谐相处的员工，并主动为村里修建道路、捐建小学、帮扶贫困户脱贫等。凌××一系列乐善好施的行为，直接有效地赢得了农户的信任。

（2）基于组织信任的隐性声誉嵌入。

LN 公司凭借凌××乐善好施而形成的口碑，获得农户的初始信任，但这种基于熟人信任的显性声誉无法代表企业的经营能力和长期经营的战略耐心。在市场交易情境下，LN 公司需向农户展示自身实力和经营决心，以强化农户的组织信任（声誉嵌入机制如图1所示）。专用性资产投资间接披露了企业的经营实力和决心，形成稳定且快速增长的收益预期，对合作者释放出企业经营良好的信号，同时，专用性资产的投资锁定效应，有效降低了企业违约的可能性，鼓励企业保持良好声誉，进而消除了农户的合作顾虑。

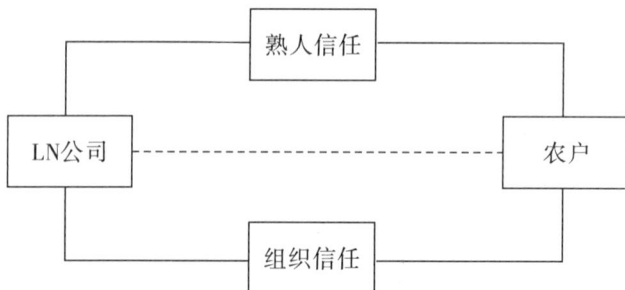

图1　声誉嵌入机制

　　LN 公司的交易性、物质性以及指定性专用资产有：①交易性专用资产：运输设备、冷藏设施以及仓库等；②物质性专用资产：机耕设备、烘干设备以及维修设备等；③指定性专用资产：种子、饲料以及技术服务等。LN 公司的农机拥有量达 430 台（套），其中插秧机、拖拉机以及联合收割机分别为 25 台、80 台、25 台，其余农机有 300 台（套）。另外，LN 公司分别投资 300 万元和 370 万元购置安装了一套日处理量 240 吨和 400 吨的粮食烘干机，库房面积为 4 000 平方米，有效仓储 20 000 吨。同时，该公司投资 110 万元修建省一级农机维修服务中心，占地 1 350 平方米，农机维修工作区域 460 平方米。此外，LN 公司还对员工进行人力资本专用性资产投资，与江西农业大学、国家杂交水稻研究中心等院校及科研机构建立合作关系。公司不定时选派优秀员工前往高校学习、参加在职培训，或邀请专家前来开设讲座，组织员工学习。

　　借助声誉信号传递效应，2014 年 LN 公司顺利流转土地 15 000 亩，并将流转期限由之前的 1 年延长至 13 年，极大地减少了企业搜寻、谈判、执行以及监督等交易费用。同时，LN 公司顺利将当地村民纳入企业经营管理，充分利用本地资源，初步完成资本、土地、劳动力三大要素整合，形成规模经营。这一阶段，LN 公司依靠凌××等的个人资本积累和政府的资金扶持，勉强支撑了三年亏损。第四年，公司才慢慢进入正轨，开始盈利。LN 公司之前会亏损，很大一部分原因是公司投资人和经营管理人员凌××、宁×等人既往都没有农业经营管理经验，未能控制好成本，导致利润被挤压。比如，LN 公司在经营初期经常以高价买入低质量的生产资料，稻谷产量受损，导致高成本、低收益。此外，田间管理不当也造成成本攀升、收益下降。如何在育种、播种、施肥以及喷洒农药、收割等环节选定最佳的作业时间以及最佳的方法和数量，都涉及成本和收益管理，最终关乎利润。LN 公司后期通过聘请专业的技术人员进行科学育种，采用绿色防控技术和机械化作业，大幅度降低了生产经营成本。在严格控制生产成本的同时，LN 公司开始着手产品品牌建设，提升品牌声誉，发挥品牌声誉效应。LN 公司对旗下的大米、马蹄、猕猴桃、葡萄、板栗等产品都进行品牌注册，其中"LN 大米""凌××大米"两类大米品牌以无公害、绿色有机为品牌理念进行营销宣传，以线上线下的销售方式销往各大品牌酒店、超市等，售价可达 18 元/斤。严格的成本控制与品牌溢价使得公司利润大幅度上升，终于实现了扭亏为盈。

2. 利益联结与 LN 模式形成

　　LN 公司早期凭借自身积累的声誉，顺利整合土地、劳动力等资源，扩大了经营规模；同时，在经过三年摸索后，积累了经验，开始盈利。但要获得长久的发展，还需要建立完善的利益分配机制。在发展阶段，LN 公司开始谋求与农户确立正式的利益联结制度，以稳固自身的长期经营。"利益共享、风险多担"的利益联结机制被认为是农业企业与农户长久合作的关键，有助于激发企业与农户的内生联结动力，促进二者稳定合作。LN 公司非常重视尊重和维护农户的利益并得到相关媒体的广泛宣传和认同，凌××本人也非常重视并善于利用权威媒体提升其个人和公司的声誉。比如，凌××带动农民致富，向农民发放几百万元年终奖的事迹，多次被新华网、人民网、《江西日报》等权威媒体报道，极大地提升了 LN 公司及凌××个人的声誉；公司倡导的"利益共享"理念及其建立的利益分配机制也赢得了社会和广大农户及相关合作者的认同和支持，有效调动了农户生产的积极性，成为公司效益提升的"助推器"，在公司经营绩效改善与提高中功不可没。

首先是"目标产量＋超产奖励"制度下的利益共享。LN 公司建构了独特的利益联结机制，将企业发展内生动力注入农户及相关合作者。与当地其他的规模农户相比，2015 年 LN 公司双季稻产量和收入分别增长 10% 和 15% 以上，生产成本减少 20% 以上（见表 1）。2016 年 LN 公司纯收入达到 620 万元，相比 2015 年几乎翻了一倍，而 2014 年之前它还处于亏损状态。LN 公司之所以能在短期内将效益连续下滑之势扭转为盈利能力逆势增长，一个重要的原因是在发展初期对短期利益的让渡，与农户及相关合作者的利益共享。LN 公司一直坚持优先保障农户及相关合作者的收益，牺牲公司短期利益以换取农户的长期合作，确保农业资源稳定，为公司扭亏为盈奠定了基础。

表 1　2015 年 LN 公司与规模农户双季稻生产成本及收益比较

	LN 公司	与规模农户（种粮大户或家庭农场）相比
双季稻全年产量	＞1 000 公斤/亩	＋10% 以上
价格	早稻 128 元/百斤、晚稻 133 元/百斤	＋10% 以上
双季稻全年总收入	＞2 500 元/亩	＋15% 以上
全年生产总成本	＜1 500 元/亩	－20% 以上
纯收入	＞1 000 元/亩	＋15% 以上

在发展初期，公司注重与农户、利益相关者共享收益成果，激发农户内生动力，形成收益稳定增长机制。2014 年之前，LN 公司主要向普通农户流转土地。从 2014 年开始，LN 公司转而向村集体流转土地，并支付村集体土地流转服务费用 20 元/（亩·年），将土地流转每亩年租金从 200 元提升至 500 元，并建立租金适

度增长机制，增加农户财产性收入，在节约了谈判成本的同时，增强了土地租约的稳定性。LN 公司雇佣当地农户从事农业经营，组成 16 个生产队，每个生产队由 2 对或 4 对夫妻组成，集中分片管理农田。公司设立"目标产量 + 超产奖励"制度：早稻目标产量为 350 公斤/亩，晚稻目标产量为 400 公斤/亩，一季稻目标产量为 525 公斤/亩；对超产部分，按每亩 0.5—25 公斤、25.5—50 公斤、50 公斤以上三个档次，分别以每公斤 1 元、2 元、2.6 元的标准对生产队员工进行奖励，累计发放奖金 1 200 万元，个人最高奖金一年达到 35.9 万元。水稻种植部门平均年薪为 13.3 万元，其他部门也超过 7 万元，普遍高于市场一般工资。2014 年，LN 公司组织 80 多名优秀员工（公司员工大多数为当地农户）集体前往海南领奖，免费去三亚旅游，增强了员工对公司的认同感、归属感，让合作农户的获得感明显提升，公司也得以声名远扬，为公司经营发展创造了良好的环境，也为公司经营绩效提升奠定了有利的人文基础。同时，LN 公司给每个生产队配备 4 台拖拉机、1 台收割机、1 台插秧机，允许生产队员工在农闲时利用公司农业机械出去从事外包服务，赚外快。生产队所赚得的外包服务收入全部归自己所有，由几对夫妻均分，公司不会抽取任何费用，每年每对夫妻利用公司农业机械从事外包服务的收入可达 7 万元。对于与公司签订了托管服务协议的农户，公司以低于市场 20%—30% 的价格提供农业机械服务，农户平均每亩节省人力成本 30 元以上；公司又以低于市场 20%—30% 的价格提供优质种子和化肥，农户平均每亩节省种子、化肥成本 60 元以上。对于与公司签订了订单合同的农户，公司通常以高出市场 20% 的价格收购农户的稻谷，并且为农户购买农业政策性保险和商业保险。可见，LN 公司将利益共享这一理念应用到与农户合作的各个方面，并成为稳定的利益分配机制，真正做到与农户共享成果、共同发展、共同富裕，既提升了公司声誉，又形成了利益联结，稳定了公司与农户及相关合作者的关系，调动了各方的生产积极性，进而推升公司经营绩效，使公司经营进入良性轨道。

其次是"成本控制 + 保护价让利"制度下的风险多担。没有惩罚的制度是无效的。LN 公司在与农户共享合作剩余的同时，也注重与农户共同建立风险多担机制。公司的"目标产量 + 超产奖励"制度极大地激发了农户的生产积极性，同时，公司也定期对各个生产队进行考核，建立惩罚机制。对于因非自然因素造成未能达到目标产量的员工，公司会予以辞退；对于偷懒、田间管理不善的员工，公司也会予以辞退。LN 公司与农户签订收购订单时，要求农户必须种植 LN 公司提供的优质品种。如果农户改种其他品种，LN 公司将终止与其合作，农户也会失去稳定的稻谷高价销售渠道。这有效避免了农户违约现象的发生，也通过制度和事实将公司与农户及相关合作者的利益联结理念深植，强化合作效能。

尽管农户承担着被辞退风险和销售风险，但在正常合作情况下，公司相比于农户需要承担更多风险。加入公司的农户，自身不需要进行任何固定资产和专用人力资本投资，所有固定资产和专用人力资本投资均由公司负担。农户在农闲时从事外包服务所使用的机械也由公司投资，农户除维修费用外，几乎不需要承担任何成本。在遭遇市场风险、粮食市场价格低迷时，LN 公司仍然按照合同规定的价格向与其签订订单合同的农户收购稻谷。比如，2018 年稻谷的市场收购价为0.8 元/斤，LN 公司仍以 1.4 元/斤收购，以保障合作农户的利益。这种"利益共享、风险多担"的机制不仅强化了 LN 公司与农户合作的持久性，同时也进一步提升了企业声誉。

3. 声誉扩散与 LN 模式拓展

一旦进入扩张阶段，表明企业已经建立起相对规范、稳定的正式治理制度。进一步扩大与农户合作的规模和企业影响力，提升合作质量，成为扩张阶段的目标。为此，必须突破地域限制，原有依赖于地缘、亲缘等人情网络关系建立起来的声誉显然已经不能适应公司新的发展要求。企业需要将自身实力、品牌和理念等声誉信息向外输送，便于潜在利益相关者和合作者识别，拓展企业交易外延。首先，LN 公司贯以"绿色＋"的理念，注重塑造绿色品牌，融合物联网技术，建构可追溯产品质量体系。LN 公司先后打造"LN 大米""凌××大米"两大品牌，且 LN 大米已取得绿色食品认证，通过产品包装上的二维码可实现农产品的追溯。2016 年，LN 公司早稻谷在广东顺德国家储备粮收购中成为众多经营户中唯一免检的品牌。LN 公司还在安义县城开设集产品展示、体验品尝以及直销配送于一体的"LN 九米空间体验配送中心"，创新销售渠道，推广 LN 大米的绿色生产理念，扩大品牌影响力。LN 大米品牌的建立和推广进一步提升了公司声誉，带动了 LN 大米的价值增值，LN 大米价格平均高出市场价 10% 左右。其次，LN 公司凭借良好的经营效益、薪酬绩效制度以及绿色发展理念，树立了良好的企业形象，既吸引了许多优秀人才加盟合作，也获得了周边地方政府主管部门的有力支持。不少"80 后""90 后"甚至"95 后"纷纷前往 LN 公司寻求合作。其中，"95 后"代表之一熊××，2014 年加盟 LN 公司，承包种地，每年绩效奖金达 10 万余元。安义县其他乡镇也纷纷寻求与 LN 公司建立长期稳定的合作关系，推动土地流转、规模经营以及农业社会化服务进程。此外，其他县市也开始主动寻求与 LN 公司在土地流转、农业生产性服务以及品牌创建等方面的合作。比如，2017 年 11 月 29 日，乐安县政府与 LN 公司签订了建设 LN 生态农业科技产业园项目协议。LN 公司在乐安县投资 1.2 亿元建设现代化稻谷加工厂及仓储基地，进行统一加工、包装及销售，并对乐安大米进行绿色与有机认证、工商注册，打造乐安品牌，增强乐安大米竞争力。公司在乐安县各乡镇集中连片流转耕地 2 万亩，并计划在 2020 年 12 月 30 日前流转耕地 5 万亩、托管耕地 10 万亩。LN 公司借助声誉扩散，影响潜在合作者的收益预期，吸引其主动寻求合作，突破地域以及社会环境等限制，延伸人才产业链。声誉扩散在 LN 公司农业资源整合和产业化经营中发挥着关键性作用，为公司吸引人才要素和长久发展注入了新的动力；利益联结机制又为公司与农户及相关合作者建立长期稳定可预期的合作关系提供了保障，推升公司经营发展。

四、非此即彼？LN 模式中的机制互补

LN 公司在与农户合作过程中因时而变，将声誉机制和利益联结机制有效融合，形成机制互补协调的动态匹配关系，促进稳定持久合作（如图 2 所示）。

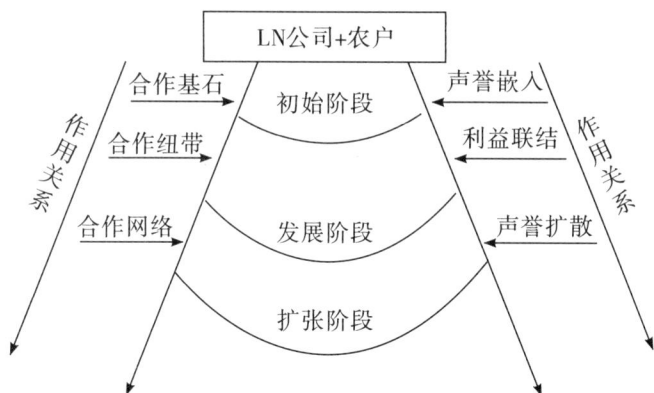

图 2　LN 公司与农户的合作机制及其作用关系

（一）声誉嵌入：合作基石

初始阶段，LN 公司领导人选择在其家乡安义县鼎湖镇西路村开展土地流转，雇佣农户从事农业经营，就是基于嵌入地缘、亲缘关系的熟人声誉效应。农民出身的凌××与当地村民从小生活在一起，相互了解，双方都相信对方不会做背信弃义的事情。同时，基于地缘、亲缘的声誉嵌入机制对于合作双方存在"软约束"，能促使双方自我履约，如果任何一方选择"背叛"，就会在重复博弈和村庄关联博弈中遭受惩罚。然而，取得村民的完全信任并非一劳永逸，基于以往的声誉远远不够，需要经历双方相互之间反复确认与选择的过程。交易主体在非单次博弈情境下，重复交易会使得博弈结果达到帕累托最优状态。经典"KMRW 声誉机制"证实，在信息不对称下的多次博弈中，尽管交易主体的行为特征和类型难

以被其他主体观察和了解，信息优势方仍倾向于建立良好的声誉，其内在逻辑在于对长期利益的追求而抛弃短期利益。在相对封闭的农村社会，以口碑为基础的声誉信息传递更有利于推动长期合作。这是由信息有效传递的边界性所决定的，小范围的口碑信息传递有效，且不易出现信息不对称问题。声誉作为一种识别机制，能迅速帮助企业实现自我身份认同与简化判断。声誉所内嵌的利益诱导机制激励着 LN 公司保持良好形象。正因如此，凌××在初始阶段即使亏损进而负债仍然要优先保证农户的租金、工资和奖金正常发放；同时，借助典型事例进行声誉示范，向其他农户展示公司合作的决心。凌××一系列乐善好施的行为，在个人层面建立起基于熟人信任的声誉嵌入机制。这一机制具有显性特征，能直接有效地传递以凌××为代表的企业声誉信息，赢得农户的初始信任。然而，传统意义上的基于人际交往的声誉无法满足市场交易中农户的合作利益需求，企业需要借助资产特别是专用性资产投资这一介质，向农户输送经营能力和长期经营的战略决心和信心等信息，获取农户对公司的组织信任。LN 公司通过投资机械、土地整治等专用性资产，对员工进行人力资本投资等，逐步建立起基于组织信任的隐性声誉机制。基于熟人信任的显性声誉机制的主要效用在于降低农户损失，而隐性声誉机制的效用在于增加农户收益，两者共同构成强大的契约自我履行机制，为正式治理制度的建立奠定基础。

（二）利益联结：合作纽带

利益联结的本质在于产生合作剩余。合作剩余的大小取决于外部经营环境以及双方合作互动程度。如何在两者之间合理分配既定的合作剩余成为合作关系能否长期存在的关键，即合作的关键可能不在于创造多少剩余，更为根本的是如何分配合作剩余。现实中，"利益共享、风险共担"转变为弱势农户的"利益靠边、风险多担"是导致公司与农户合作失败的主要原因。这一利益格局使得农户难以获得正常的生产利润，并承担更多的市场风险，更妄谈分享其他生产环节的合作剩余，造成公司与农户合作破裂。LN 公司奉行"利益共享、风险多担"的合作机制，最大限度地优先维护合作农户的权益，主动多担市场风险。LN 公司与农户的合作逐渐步入正轨后，仅仅依靠原有的声誉无法巩固长期合作关系，需要建构规范稳定的正式治理制度，才能保障合作的稳定运行，以"利益共享、风险多担"为核心的利益联结机制渗透在合作的各个方面。对于雇佣农户，LN 公司实行"土地租金＋基本工资＋绩效奖金"的分配制度，在土地流转环节和生产环节进行让利，特别是"目标产量＋超产奖励"制度，将"利益共享"理念体现得淋漓尽致。对于订单农户，LN 公司实行"成本控制＋保护价让利"的分配制度，在生产环节和销售环节让利，以低于市场价格、高于市场质量的标准向农户提供生产性服务；同时，以高于市场平均的价格收购农户产品，即使市场行情低迷，农户仍然能够获得高于市场平均的利润。"保护价让利"充分体现了 LN 公司"风险多担"的合作原则。

"利益共享、风险多担"的利益联结机制建立在企业声誉嵌入的基础上，进一步改善了企业形象，推动企业声誉扩散，起着承上启下的纽带作用。正是由于 LN 公司秉持共同发展、共同富裕的理念，坚持让利农民的原则，给农户吃下"定心丸"，才能维持与农户的长久合作关系。这种治理机制提升了企业声誉，借助口碑和新兴媒体的宣传，驱动了企业声誉扩散，进而助力对农业资源的整合扩张。

（三）声誉扩散：合作网络

进入扩张阶段，LN 公司面临如何进一步扩大合作范围，包括吸引更多合作对象加入、扩大经营规模等问题。同时，原有嵌入亲缘、地缘等关系的声誉显然不能满足农业资源整合扩张的需要。LN 公司需要将良好的声誉进行扩散，向潜在合作者输送相关利益信息，以便合作者进行识别，推动农业资源整合扩张的顺利实现。声誉产生于人们相互间的信息传播。声誉信息传播并非简单的单向或双向传播，而是呈现不完美、非对称且不规则的随机状态，形成相互交织的网络系统。类似于公共品，声誉具有外溢性。声誉网络在形成和传播过程中不会囿于交易范围，而会对交易范围外的个体或组织产生影响，具有价值外溢的效果。企业声誉效应外溢，表现为产品价值增值、合作外延扩展等。企业声誉内嵌于品牌的建立和推广过程。LN 公司借助企业品牌的建立和推广以及领导人的社会名人效应，迅速提升了企业声誉并向外扩散，吸引潜在合作者加入，扩大土地经营规模，构建合作网络。

五、结论与讨论

农业企业的乡土属性造就其适宜嵌入关系治理机制，同时还需要建立相对规范稳定的现代企业治理机制并加以强化。尤其是随着合作的推进，企业需借助关系机制的扩散，突破地域限制，建构经营网络。本文以江西 LN 公司为例，基于声誉机制和利益联结机制视角探讨农业企业与农户在资源整合过程中的合作治理问题。研究发现，LN 公司将声誉嵌入、利益联结以及声誉扩散机制融入与农户资源整合的全过程，不同机制相互匹配协调，充分发挥各自的比较优势，促进与农户的稳定合作。农业企业的长久立足，需要绩效和稳定的双重加持。这两个目标看似不同，但本质都绕不开如何处理农业企业与农户关系的问题。LN 公司非常重视和尊重农户的利益诉求，并通过有效的利益联结机制确保农户的利益，反过来也获得了农户的信任，声誉机制和利益联结机制交互融合为公司和农户的长久合作保驾护航，这便是 LN 公司成功的奥秘所在。

当然，在基于亲缘、地缘等强关系的乡土社会，声誉嵌入并非一劳永逸。传统社会学认为，在强关系下，彼此间的信任感会增强，声誉建立过程相对容易，LN 公司在农业资源整合的初始阶段能够快速流转土地就证实了这一观点。然而，基于 LN 公司的案例分析发现，尽管企业初始声誉良好，但也存在强烈反对和质疑现象，农户需要经过反复确认和选择，这表明强关系下的声誉嵌入并非一劳永逸。

本案例研究的另一独特之处在于，将声誉机制和利益联结机制置于统一的分析过程中，挖掘其背后的内在关系。以往对企业与农户合作治理的研究通常侧重于某一类治理机制，将声誉机制与利益联结机制相互割裂，难以还原稳定合作背后的运作机理。本案例中，企业依据合作阶段的不同需求，匹配相应的治理机制，突出运用不同机制的比较优势，建构了完整的合作治理体系。声誉和利益联结的双重治理机制，为 LN 公司与农户合作的顺利推进提供了充分保障。

农业企业与农户在合作过程中还普遍面临劳动监督和激励问题，尤其是在转出农地后又被农地流入方聘请的农户，他们既是企业员工，同时作为农地流转的转出方又具备生产要素的剩余索取权。揭示这类农户与传统意义上的订单农户在劳动合约及其治理上的差异，以及背后的理论逻辑，有助于更好地缓解资本与劳动的冲突，破解工商资本下乡困境，促进乡村振兴和农业现代化。对此，需要后续继续深化研究。

参考文献

[1] 曾博. 乡村振兴视域下工商资本投资农业合作机制研究 [J]. 东岳论丛，2018，39 (6)：149-156.

[2] TIPRAQSA P，CRASWELLE T，NOBLLE A D. Resource integration for multiple benefits：multifunctionality of integrated farming systems in northeast Thailand [J]. Agricultural systems，2007 (94)：694-703.

[3] 张红宇，褚燕庆，王斯烈. 如何发挥工商资本引领现代农业的示范作用——关于联想佳沃带动猕猴桃产业化经营的调研与思考 [J]. 农业经济问题，2014 (11)：4-9.

[4] GOSWAMI R，DASGUPTA P，SAHA S. Resource integration in small holder farms for sustainable livelihoods in developing countries [J]. Cogent food &

agriculture, 2016 (2): 1 – 15.

[5] 穆娜娜, 孔祥智. 工商资本下乡种粮的增收机制——基于案例的实证分析 [J]. 农业现代化研究, 2017, 38 (1): 23 – 30.

[6] 王亚飞, 黄勇, 唐爽. 龙头企业与农户订单履约效率及其动因探寻——来自 91 家农业企业的调查资料 [J]. 农业经济问题, 2014 (11): 16 – 25.

[7] 陆益龙. 乡村振兴中的农业农村现代化问题 [J]. 中国农业大学学报 (社会科学版), 2018, 35 (3): 48 – 56.

[8] WU S Y. Adapting contract theory to fit contract farming [J]. American journal of agricultural economics, 2014, 96 (5): 1241 – 1256.

[9] SALAS P C. Relational contracts and product quality: the effect of bargaining power on efficiency and distribution [J]. Journal of agricultural and resource economics, 2016, 41 (3): 406 – 424.

[10] 黄梦思, 孙剑. 复合治理 "挤出效应" 对农产品营销渠道绩效的影响——以 "农业龙头企业 + 农户" 模式为例 [J]. 中国农村经济, 2016 (4): 17 – 30.

[11] 周振, 孔祥智. 资产专用性、谈判实力与农业产业化组织利益分配——基于农民合作社的多案例研究 [J]. 中国软科学, 2017 (7): 28 – 41.

[12] 罗必良. 合约理论的多重境界与现实演绎: 粤省个案 [J]. 改革, 2012 (5): 66 – 82.

[13] 万江红, 杨柳. 补充与补偿: 以合约治理合约的双层机制——基于鄂中楚香家庭农场农业经营合约的分析 [J]. 中国农村观察, 2018 (1): 53 – 69.

[14] 傅晨. "公司 + 农户" 产业化经营的成功所在——基于广东温氏集团的案例研究 [J]. 中国农村经济, 2000 (2): 41 – 45.

[15] 胡新艳, 沈中旭. "公司 + 农户" 型农业产业化组织模式契约治理的个案研究 [J]. 经济纵横, 2009 (12): 83 – 86.

[16] 万俊毅, 欧晓明. 产业链整合、专用性投资与合作剩余分配: 来自温氏模式的例证 [J]. 中国农村经济, 2010 (5): 28 – 42.

[17] 徐忠爱. 关系性产权: 公司和农户间契约关系稳定性的重要机制 [J]. 江西财经大学学报, 2011 (3): 67 – 71.

[18] 陈灿, 罗必良. 农业龙头企业对合作农户的关系治理 [J]. 中国农村观察, 2011 (6): 46 – 57.

[19] CARSON S, MADHOK A, WU T. Uncertainty, opportunism and governance: the effects of volatility and ambiguity on formal and relational contracting [J].

Academy of management journal，2006，49（5）：1058 – 1077.

［20］ 陈灿，罗必良，黄灿. 差序格局、地域拓展与治理行为：东进农牧公司案例研究［J］. 中国农村观察，2010（4）：44 – 53.

［21］ 万俊毅，欧晓明. 社会嵌入、差序治理与合约稳定——基于东进模式的案例研究［J］. 中国农村经济，2011（7）：14 – 24.

［22］ 李世杰，刘琼，高健. 关系嵌入、利益联盟与"公司 + 农户"的组织制度变迁——基于海源公司的案例分析［J］. 中国农村经济，2018（2）：33 – 48.

［23］ KREPS D，WILSON R. Reputation and imperfect information［J］. Journal of economic theory，1982，27（2）：245 – 252.

［24］ SALOMON A，FORGES F. Bayesian repeated games and reputation［J］. Journal of economic theory，2015（159）：70 – 104.

［25］ 邓宏图，米献炜. 约束条件下合约选择和合约延续性条件分析——内蒙古塞飞亚集团有限公司和农户持续签约的经济解释［J］. 管理世界，2002（12）：120 – 127.

［26］ 米运生，郑秀娟，李宇豪. 专用性资产、声誉效应与农村互联性贷款的自我履约［J］. 经济科学，2017（5）：78 – 94.

［27］ 洪名勇，龚丽娟. 农地流转口头契约自我履约机制的实证研究［J］. 农业经济问题，2015（8）：13 – 20.

［28］ 胡新艳. "公司 + 农户"：交易特性、治理机制与合作绩效［J］. 农业经济问题，2013（10）：83 – 89.

［29］ 米运生，曾泽莹，何璟. 农村互联性贷款的存在逻辑与自我履约——基于声誉视角的理论分析［J］. 经济科学，2016（3）：100 – 113.

［30］ 米运生，董丽，邓进业. 互补性资产、双边依赖与要素契约的内生均衡——理论构念及东进公司的经验证据［J］. 中国农村经济，2013（4）：12 – 27.

［31］ 刘丽，吕杰. 专用资产投资、声誉机制与农户土地流转履约博弈分析［J］. 农业经济，2012（12）：61 – 63.

［32］ POOPO L，ZENGER T. Do formal contracts and relational governance function as substitutes or complements？［J］. Strategic management journal，2002，23（8）：707 – 725.

［33］ ITOH H，MORITA H. Formal contracts，relational contracts and the holdup problem［J］. CESifo working paper，2006（1786）：1 – 47.

［34］ 万俊毅. 准纵向一体化、关系治理与合约履行——以农业产业化经营的温氏

模式为例 [J]. 管理世界, 2008 (12): 93 – 102.

[35] 汪峰, 魏玖长, 赵定涛. 综合危机应对模式构建与组织声誉修复——基于两个案例的研究 [J]. 公共管理学报, 2013, 10 (3): 63 – 74.

[36] 罗必良. 村庄环境条件下的组织特性、声誉机制与关联博弈 [J]. 改革, 2009 (2): 72 – 80.

[37] 罗家德, 李智超. 乡村社区自组织治理的信任机制初探——以一个村民经济合作组织为例 [J]. 管理世界, 2012 (10): 83 – 93.

[38] NICHOLAS E. A social psychology of reputation [J]. European review of social psychology, 1990 (1): 171 – 193.

[39] COLESJ L, DANIEL N D, NAVEEN L. Managerial incentives and risk-taking [J]. Journal of financial economics, 2006, 79 (2): 431 – 468.

"跨村联营"乡村旅游发展模式

——基于广东省鹤山市的调研①

财政部于 2015 年 10 月 19 日印发《扶持村级集体经济发展试点的指导意见》。广东省委农村工作办公室和广东省财政厅于 2016 年 8 月 8 日印发《广东省扶持村级集体经济发展试点实施方案》。根据中央和省有关扶持村级集体经济发展的精神，鹤山市成为全省第二批扶持村级集体经济发展试点市之一。

自 2017 年试点工作开展以来，鹤山市基层镇村干部结合地方实践，大胆创新，积极探索出"跨村联营"乡村旅游发展模式。在实施过程中，各发展主体结合自身所面临的问题，发挥自身优势，以镇政府统筹、村级集体和村委主导、公司具体实施的方式，创新项目实施机制，围绕乡村特色形成旅游产业的"跨村联营"，为拥有相同条件和基础的村庄实现村级集体经济发展提供了新途径。

一、"跨村联营"模式的基本内涵

发展乡村旅游，所需投入的资源和资金量大，想要构建起一个成规模的旅游景点，就要联合多个村庄的力量，集中多个村庄的资源和资金。"跨村联营"模式正是在这个背景下形成的。"跨村联营"模式的主要目的在于联合多方力量，共同建设大规模项目，总体思路分为三个步骤，即实现跨村联合、实现村企联合和实现全镇联合。

---

① 作者：陈志国。

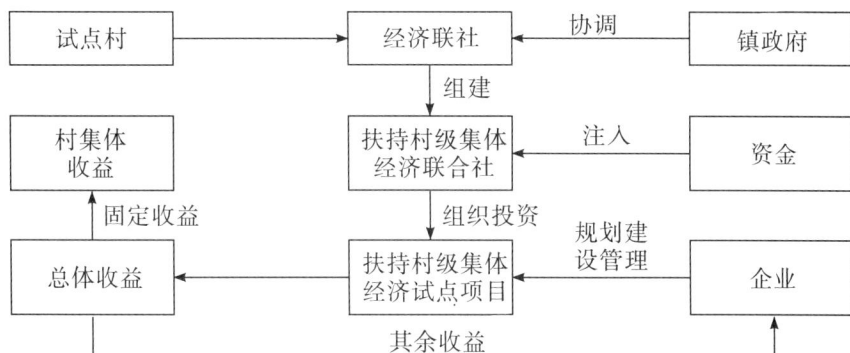

图1 "跨村联营"模式

（一）跨村联合

基于村级集体之间资源禀赋不平衡和村级集体收入不平衡的现状，各村难以独立实施试点项目。可由镇政府协调各村，在各行政村经济联社的基础上，联合多个村级经济联社，组建经济联合社，促成相关利益主体的合作，从而实现资源和资金的整合，获得更大的力量。

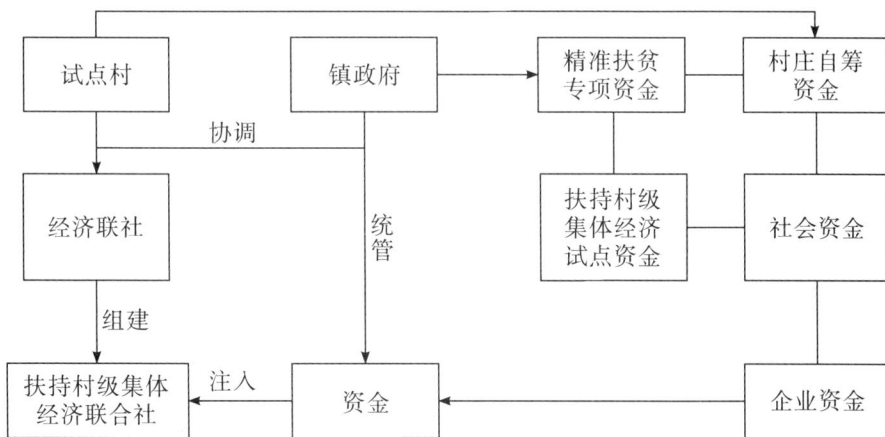

图2 "跨村联合"结构

实现跨村联合分为五步：组织谈判，组建社委会，构建组织架构，组建经济联合社和整合资金、资源。

第一，组织谈判。各试点村在扶持村级集体经济试点政策出台前已经在本村内部联合各组级集体组织组建起村级经济联社。试点政策出台后，在镇政府协调下，各试点村经过谈判，同意联合各村级经济联社成立经济联合社。

第二，组建社委会。经济联合社组建工作需要先在联合社内部组建社委会，由各村级经济联社社长组成经济联合社常务委员会，负责经济联合社日常事务管理。

第三，构建组织架构。在联合社社委会组建完成后，联合社内部再建立起完善的组织架构，包括成员大会、成员代表会议、社委会、民主理财监督小组。同时，规定经济联合社资金由镇政府管理，保证资金有效使用。

第四，组建经济联合社。构建组织架构后，再根据《广东省农村集体经济组织管理规定》制定联合社章程，正式组建经济联合社，上报市农业行政主管部门备案，将联合社办公场所设在镇政府。

第五，整合资金、资源。组建经济联合社后，各主体将自身的资金、资源注入其中。资金的主要来源有：由中央、广东省和鹤山市财政资金拨款的扶持村级集体经济试点资金，由镇政府拨款的精准扶贫专项资金，由各试点村注入的自筹资金，由合作企业注入的企业资金，以及社会各方注入的社会资金。整合的资源主要包括：联合社所有村级经济联社成员名下的土地和资产。

（二）村企联合

基于村庄政社合一的现状，各村村级经济联合社社长基本都由村党支部书记兼任，经济联合社社委也就是各村的村党支部书记。村党支部书记的本职工作是村庄治理，更为胜任村民组织工作，难以胜任项目具体实施工作。在镇政府牵头协调下，以经济联合社为主体，与企业共同开发项目，在联合中两个主体发挥各自优势，实现分工合作，能使项目实施获得更高管理效率。

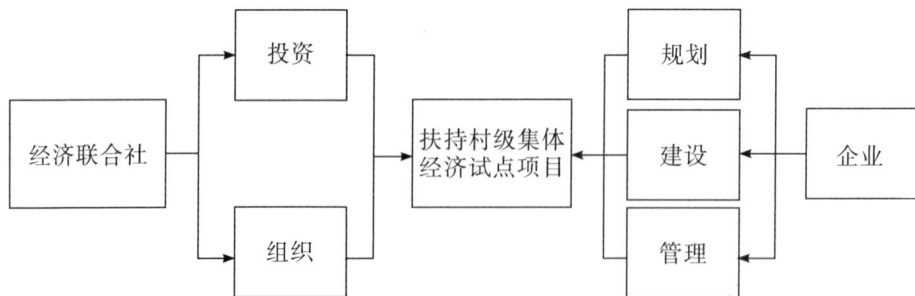

图3 "村企联合"结构

实现村企联合需要经济联合社与企业分工合作，由联合社负责投资和组织，由企业负责项目规划、建设和管理。

经济联合社方面，主要负责扶持村级集体经济试点项目的投资和组织工作。投资工作是指为项目实施提供资金、资源支持，资金即将试点资金投入项目建设，资源则包括为项目实施提供必要的场地、土地和建设用地指标，使项目得以顺利开展。组织工作是指为试点项目提供宣传支持，通过各种方式向村民宣传试点政策，增加村民对试点政策的了解，同时，组织村民召开村民代表大会，表决通过项目实施所需要的资金拨付、资源提供事项。

企业方面，主要负责项目的具体实施工作。镇政府和村委工作人员的本职工作与项目规划、建设和管理并不相关，因此这部分工作由企业负责。项目规划工作是指为项目作出一个专业、长远的规划，包括项目建设规划、运营规划和远期发展规划，为项目具体实施提供更加专业的指导，有助于提高后续项目实施的效率。项目建设工作是指由企业管理团队全权负责项目建设过程，包括工程队聘请、建设过程监督和项目验收等工作，确保项目建设获得更加专业的指导，保证工程质量。项目管理工作是指在项目建设完成后由企业管理团队对项目进行专业的运营管理。作为乡村旅游类项目，运营管理包括项目的品牌管理、游客服务管理、景区运营管理等工作，目的是给游客留下良好印象，以获得进一步发展。

（三）全镇联合

基于扶持村级集体经济试点政策的特性是希望政策惠及面更广，促成更大范围内村与村之间的交流，以及试点村名额有限两点理由，需要制定惠及多方的收益分配制度。各方事先谈判项目运营后的收益分配问题，不仅能明确项目参与各方获得的收益，还能明确项目未参与的主体获得的收益，扩大了项目获益范围，进而使项目成果惠及全镇，为项目实施争取到更多支持。

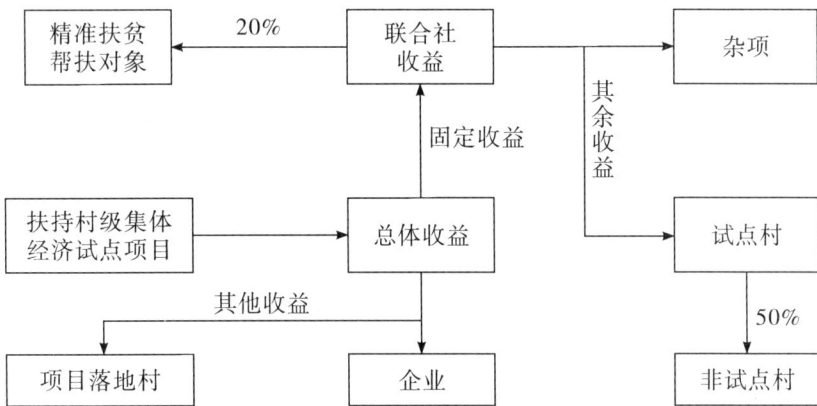

图4　"全镇联合"结构

实现全镇联合需要扩大项目收益主体，主要收益方有四个：试点村、非试点村、企业和精准扶贫帮扶对象。

当扶持村级集体经济试点项目获得收益后，总体收益被分为两个部分。一是项目运营成本，用于支付项目占用落地村资产所产生的租金费用，以及企业为项目提供管理服务所产生的管理费用。二是扣除成本之后经济联合社所获的收益。首先，根据协议，注入经济联合社的资金中包含了由镇政府提供的精准扶贫专项资金，获得收益后要抽出其中的20%分配给帮扶对象。其次，支付一些杂项，包括财务管理费用、联合社社长补贴费用。再次，剩余大部分收益由经济联合社各位成员平分，即分配给组成经济联合社的村级经济联社。最后，根据协议，获得收益的村级经济联社要将所得收益的50%分配给非试点村。

通过这样的收益分配方式可实现：第一，经济联合社获得了多个试点村的资金，具备较大的资金量，可以建设规模较大的项目。第二，项目落地村相比其他试点村可获得更多资源，在收益分配中可获得额外收益，使得各试点村更加愿意将本村资产拿出来与其他村庄分享。第三，合作企业在项目实施过程中可获得一定收益，更加愿意参与其中。第四，可为镇政府实现扶贫资金股份化提供良好平台，镇政府也愿意为项目落实出力。第五，非试点村虽然没有获得试点项目，却也获得了收益，客观上便于镇政府团结各方力量，减少内部争端。

二、"跨村联营"模式形成的条件和基础

"跨村联营"模式的形成有四个方面的条件和基础，包括鹤山市独特的区位条件、丰富的自然景观、深厚的人文积淀和多样的特色农业产业，提供了发展乡村旅游产业的土壤。

（一）独特的区位条件

鹤山市位于珠江三角洲腹地，临近广州、佛山等经济发达地区，高速公路网络发达，开通了与香港之间的豪华游轮航线，从广州途经高速公路到达鹤山仅需约一个半小时，从佛山主城区途经高速公路到达鹤山仅需约半小时。独特的区位优势和便利的交通，为鹤山市吸引了来自广州、佛山、香港等经济发达地区的大量游客，为鹤山市的旅游业发展带来了充足的高消费力消费者，也为鹤山市在实施扶持村级集体经济试点政策过程中规划乡村旅游项目提供了区位条件。

（二）丰富的自然景观

鹤山市辖区内地形多样，包括山地丘陵和水道，为鹤山市旅游业发展提供了丰富的自然景观资源。山地丘陵方面，包括大雁山、昆仑山、云宿山、茶山和大城山，拥有大量山地、林地景观，在茶山还修建有白水坑水库，是登山旅游的好去处。水道方面，鹤山市紧靠西江，境内河流众多，主要河流有西江干流、沙坪河、雅瑶河、宅梧河、址山河等8条，总长200.8公里，且由于鹤山市为水源地之一，水资源环境得到重点保护，各条干流水质良好。鹤山市山地丘陵和水道交错分布，形成多处有山有水的风景区。其中，古劳镇位于鹤山市北部西江河畔，水网纵横，当地居民在水网中间空地上修建村庄，形成珠江三角洲较原始的水乡

特色景观，为鹤山市扶持村级集体经济试点规划乡村旅游路线提供了自然景观节点。

（三）深厚的人文积淀

鹤山市拥有深厚的人文积淀，其中尤以古劳镇水乡最为突出，包括生活方式、历史名人、文化传统和特色美食四个方面。生活方式方面，古劳镇水乡居民在长期的工作生活中形成了具有水乡特色的生活方式，依水而居、沿水而行、围水而作，为外来游客展现了有别于城市生活的水乡生活场景。历史名人方面，古劳镇哺育了中国第一代影后胡蝶、咏春拳一代宗师梁赞、"王老吉"凉茶创始人王泽邦、香港"李氏家族"、民族英雄陈开以及粤剧名伶吕玉郎等多位历史名人。文化传统方面，古劳镇产生了气势磅礴的三夹腾龙、享誉五邑商埠的古劳醒狮、热闹非凡的古劳龙舟赛和享誉海内外的古劳咏春拳。特色美食方面，古劳镇自古就有酿制面豉的传统，面豉在清光绪年间开始被大规模酿制出售，成为当地土特产。深厚的人文积淀为古劳镇扶持村级集体经济试点规划提供了历史文化路线。

（四）多样的特色农业产业

鹤山市拥有许多特色农业产业。以古劳镇为例，其拥有水乡鱼塘养殖业和茶叶种植业。水乡鱼塘养殖方面，古劳镇地处珠三角水网纵横地带，较早开创出桑基鱼塘这种农业种植养殖结合方式，至今在当地仍可见万亩鱼塘、千顷桑田，形成特色农业景观，与水乡融为一体。茶叶种植方面，鹤山自古以来就有种植茶叶的传统，鹤山茶叶为当地土特产，以古劳茶山、宅梧白水带、鹤城马耳山三个产地的出品最佳。其中，古劳镇茶山村所出产的古劳茶最为有名，代表茶叶有古劳银针等。至今茶山村仍有古劳茶种植产业，而且存留有大规模的古代茶田，形成特色农业景观。特色农业产业为古劳镇扶持村级集体经济试点规划提供了农业体验路线。

三、"跨村联营"模式的主要特征

鹤山市古劳镇在扶持村级集体经济试点项目实施过程中，结合自身实际情况，寻求整合更多资源，形成了"跨村联营"的村级集体经济发展模式。"跨村联营"模式主要有以下四个方面的特征：

（一）组建跨村经济组织

古劳镇政府在确定本辖区内六个扶持村级集体经济试点村（茶山村、丽水村、连城村、连南村、双桥村、上升村）后，立即组织六个试点村的村委会领导人到镇政府参加会议，探讨如何实施扶持村级集体经济试点项目。经过协商，各村领导人同意在镇政府的带头下，联合各村经济联社组建经济联合社。

首先，召开成员代表大会，选举六个试点村的经济联社社长为经济联合社社委会成员，选举产生社长和副社长各一名。其次，通过成员代表大会在成员中选举成员代表两名，组建民主理财监督小组，选举产生组长一名。最后，根据《广东省农村集体经济组织管理规定》制定联合社章程，通过《鹤山市古劳镇扶持村级集体经济联合社章程》，正式组建广东省鹤山市古劳镇扶持村级集体经济联合社。

（二）整合多方资金、资源

组建古劳镇扶持村级集体经济联合社后，各主体将自身资金注入其中，主要包括如下几个方面：第一，由中央、广东省和鹤山市财政资金拨款的扶持村级集体经济试点资金。第二，由古劳镇政府拨款的古劳镇精准扶贫专项资金。第三，根据协议规定，各试点村每村自筹资金2万元注入经济联合社。第四，古劳镇积极寻求与企业合作，如古劳水乡水墨艺术民宿项目吸引企业注资300万元用于项目建设。

另外，古劳镇扶持村级集体经济联合社的四个项目，不仅利用了各试点村的原有闲置资产，还用到了非试点村的原有闲置资产。古劳生态茶园项目，将茶山村废弃闲置的老茶田复垦出新茶园。麦水新村光伏发电项目，利用了古劳镇麦水新村居民楼及文化室屋顶。古劳水乡水墨艺术民宿项目，利用了古劳镇上升村村委会所属原仁和小学。连南村村委会旧办公楼升级改造项目，利用了连南村村委会旧办公楼。其中，麦水新村不属于试点村，这体现了经济联合社对外部资源的整合作用。

（三）规范项目建设运营

古劳镇扶持村级集体经济联合社积极寻求与企业合作，以古劳水乡水墨艺术民宿项目为例，该项目由古劳镇扶持村级集体经济联合社与古劳艺术部落文化创意有限公司两个主体合作建设。

古劳镇扶持村级集体经济联合社在项目实施过程中的主要职责是：首先，在资金方面，出资200万元投入项目建设。其次，在资源方面，协调各村资产，使用上升村村委会所属原仁和小学作为项目落地地址。最后，组织村民召开村民代表大会，向村民宣传试点政策和项目，为项目争取村民的支持。古劳艺术部落文化创意有限公司在项目实施过程中的主要职责是：首先，在项目规划方面，负责项目的总体规划工作。其次，在项目建设方面，负责将学校教学楼改造为水墨艺术民宿的具体实施工作，在项目建设完成后聘请有资质的第三方公司出具竣工验收报告，保证工程建设质量。最后，依据协议在项目建设完成后主管运营工作。

（四）平衡多方经济利益

按照扶持村级集体经济试点项目协议规定，项目建设完成后产生的收益获得者包括直接和间接参与项目实施的主体。直接参与项目实施的主体是古劳镇六个试点村和企业。间接参与项目实施的主体是古劳镇六个非试点村和 78 户精准扶贫帮扶对象。

项目收益分配分为六个步骤：第一，项目产生收益后，按照经济联合社投资的 7% 提取固定收益，作为其所获收益，每五年递增 3%。第二，支付项目落地村资产租赁费用。第三，扣除经济联合社固定收益和项目落地村资产租赁费用后，剩余收益为企业所有。第四，从经济联合社所获的固定收益中提取 20% 分配给帮扶对象。第五，经济联合社固定收益的其余 80%，在扣除聘请第三方所需的记账费用和经济联合社社长补贴费用后，为各试点村所有。第六，采取"1＋1"模式，每一个试点村将自身所获收益的一半交给非试点村。按照这样的收益分配方式，古劳镇实现了全镇各个主体之间的利益平衡，减少了各个主体之间的冲突。

四、"跨村联营"模式的创新价值

鹤山市古劳镇在扶持村级集体经济试点项目实施过程中形成的"跨村联营"模式，创新了集体经济发展路径。其创新价值主要体现在以下三个方面：

（一）建立多方合作机制

社区治理和组织是镇政府及村委工作人员的本职工作，项目规划和项目实施管理是旅游公司的本职工作，双方应该通过合作，在各自本职岗位上发挥最大作用。所以，古劳镇在实施扶持村级集体经济试点项目时，建立了多方合作机制。首先，在镇政府的协调下，各试点村以资金、资源入股成立经济联合社，负责组织和投资工作。其次，在镇政府的协调下，经济联合社将一部分收益分配给非试点村，获得非试点村对项目的支持，为经济联合社争取更多可以调动的资源。最后，公司负责项目的规划、建设和建设完成后的运营工作，项目所获收益按照各方所占股份分成。由此形成以镇政府为龙头，以各试点村组成的经济联合社为主导，整合全镇资金、资源，由公司具体实施的多方合作机制。

建立多方合作机制具有四点价值：第一，以镇政府为龙头，利用镇政府较高的组织和行政管理能力，协调下辖各村之间的利益关系，使各村在镇政府的统一领导下组建经济联合社。第二，在镇政府的协调下，经济联合社将自身收益分出一部分给非试点村，有利于实现全镇联合，整合全镇资源为项目所用，为项目实施争取到更大的灵活性。第三，公司在实施本项目之前已经从事过其他项目的规划和建设，相比于村委来说更有经验，可以为项目制订更加具有可行性的远期规划，为项目建设提供更加完善的管理服务。第四，公司在运营管理方面更加专业，可以为项目建设完成后的运营提供更加科学的管理服务。所以，"跨村联营"实现了村委与企业之间的分工合作，使双方都能专注于自身最擅长的事情，提高了项目落地实施和运营管理的效率。

（二）形成合理收益分配机制

扶持村级集体经济试点数量有限，无法覆盖到古劳镇所有村庄，谁来建设试点，谁可获得试点，谁来落地试点，是在处理各村利益冲突中所遇到的主要问题。应该合理分配收益，使各方出资出力共同合作开发。所以，古劳镇在实施扶持村级集体经济试点项目时，形成了合理收益分配机制。首先，在镇政府的协调下，各试点村组成经济联合社，以经济联合社为主体参与扶持村级集体经济试点项目建设，规定在项目取得收益后由各试点村平分。其次，在镇政府的协调下，经济联合社规定，将其所获收益的50%分配给非试点村。最后，在镇政府的协调下，经过项目规划谈判，议定经济联合社需支付项目落地所占资产所有者资产使用费。由此形成多村共同出力、全镇共同分配、落地村多劳多得的收益分配机制。

这一收益分配机制具有三点价值：第一，通过组建经济联合社，各成员村平分项目收益，以经济联合社为主体组织项目建设或与企业谈判，由企业建设，解决了谁来建设试点的问题。第二，通过将收益分配给非试点村，消除了非试点村的抵触情绪，为扶持村级集体经济试点项目的实施争取了更多支持，解决了谁可获得试点的问题。第三，通过项目规划谈判，使项目落地村获得资产出租收益，形成落地村与非落地村的收益差异，使各村更加愿意将自身资产拿出来用于项目建设，解决了谁来落地试点的问题。所以，"跨村联营"通过合理的收益分配团结了更多利益主体，使各方共同为项目建设出资出力。

（三）创新精准扶贫机制

古劳镇经申请和审核后确定了80户精准扶贫帮扶对象，然而精准扶贫专项资金总量有限，使用渠道有限，难以为他们提供稳定有效的脱贫条件。同时，古劳镇实施扶持村级集体经济试点项目，开发乡村旅游，需要大量劳动力和资金投入项目运营。应该扩展扶贫资金使用渠道，将扶贫工作与扶持村级集体经济试点项目结合起来，为项目带来劳动力和资金，为帮扶对象带来稳定的投资收益和工作。所以，古劳镇在实施扶持村级集体经济试点项目时，创新了精准扶贫机制。首先，在镇政府的协调下，以镇精准扶贫专项资金入股经济联合社，由经济联合社投资项目获取收益。其次，在镇政府的协调下，部分项目为帮扶对象设立了岗位，让他们可以通过劳动参与到项目建设或运营中。最后，在镇政府的协调下，由企业收购项目产品，保证帮扶对象可以获得收益。由此形成贫困户获得稳定工作岗位和稳定收益、积极参与项目的精准扶贫机制。

创新精准扶贫机制有三点价值：第一，增加了扶贫资金的使用渠道，并且政府在一定程度上统筹协调经济联合社的生产投资，使扶贫资金的使用更加安全、灵活。第二，采用以扶贫资金投资获取固定收益的方式，在一定程度上增加并保证了可以用于扶贫工作的稳定资金流。第三，采用职位扶贫的方式为帮扶对象提供稳定工作岗位，能让他们在工作中学习工作技能，激发他们主动脱贫的积极性，劳动致富，从根源上解决贫困户的贫困问题。所以，"跨村联营"创新了扶贫机制，实现了扶贫资金的灵活运用，增加了可用扶贫资金量，保证有数量稳定的扶贫资金用于扶贫工作，可为各地扶贫工作的开展提供借鉴。

五、"跨村联营"模式取得的主要成效

鹤山市自2017年1月开始实施扶持村级集体经济试点项目，经过一年多时间，形成了"跨村联营"模式，在增加集体收入、盘活集体资产、改善人居环境和实现全面脱贫等方面取得了一定的成效。

（一）增加集体收入

在扶持村级集体经济试点项目实施前，各试点村的村集体存在资产少、收入少的问题。在扶持村级集体经济试点项目实施过程中，各项目多采取试点村以资金、资源入股，获得固定收益分红的形式，让村集体获得稳定的收入。

各个项目收益不同，以古劳镇扶持村级集体经济联合社为例，其与企业合作开发古劳水乡水墨艺术民宿项目、麦水新村光伏发电项目和连南村村委会旧办公楼升级改造项目，并由茶山村经济联社单独开发古劳生态茶园项目。其中，古劳水乡水墨艺术民宿项目和麦水新村光伏发电项目在2018年产生的收益分别为182 000元和109 123.19元，合计291 123.19元。因古劳水乡水墨艺术民宿项目利用了上升村村委会所属原仁和小学，上升村村委会获得资产租金12 600元。因麦水新村光伏发电项目利用了麦水新村居民楼及文化室屋顶，麦水新村获得收益21 824.64元。六个古劳镇扶持村级集体经济联合社入股试点村均获得收益41 262.45元。总的来说，采用"跨村联营"模式实施扶持村级集体经济试点项目，对试点村的村集体收入增长作用明显。

（二）盘活集体资产

在扶持村级集体经济试点项目实施前，各试点村的村集体存在的资产少、收入少问题令其难以依靠自身盘活集体资产。发展乡村旅游需要通过修缮、建设和升级改造旅游景观来打造吸引游客的招牌，这为各试点村盘活集体资产提供了机会。

以古劳水乡水墨艺术民宿项目为例，该项目翻新上升村村委会所属原仁和小学的两座教学楼作为民宿和艺术教学楼，盘活了上升村原有的废弃教学楼。以古劳生态茶园项目为例，该项目翻新茶山村 800 亩抛荒梯田作为生态茶园，盘活了茶山村原有的抛荒梯田。以连南村村委会旧办公楼升级改造项目为例，该项目在连南村村委会办公楼原址重新修建四层大楼，部分用作办公楼，部分作为学校使用，升级改造了连南村村委会旧办公楼。总的来说，采用"跨村联营"模式实施扶持村级集体经济试点项目，对试点村的村集体资产盘活作用明显。

（三）改善人居环境

在扶持村级集体经济试点项目实施前，鹤山市已经重点开展了"三清三拆三整治"运动，极大改善了村庄人居环境，为村庄发展旅游业奠定了良好基础。同时，各试点村主要发展旅游业，需要通过进一步完善村庄人居环境来吸引更多游客。

以古劳生态茶园项目为例：第一，茶山村为配套生态茶园建设，在开展"三清三拆三整治"运动后，继续进行茶山村农家乐整治工作，不断规范各农家乐经营，确保山区经营生产防火安全。第二，茶山村为配套生态茶园建设，完善村庄交通基础设施，方便游客上山游玩和村民村中通行。再以古劳水乡水墨艺术民宿项目为例：为进一步完善景区环境，大力开展村庄水体保护，限制生活污水无序排放，限制上游工业、养殖业的污染排放，并组织开展水体清淤工作，极大改善了村庄水体质量，为村庄发展旅游业带来更好景色，改善了村庄人居环境。总的来说，采用"跨村联营"模式实施扶持村级集体经济试点项目，对试点村改善人居环境作用明显。

（四）实现全面脱贫

在扶持村级集体经济试点项目实施前，古劳镇就确定了 80 户帮扶对象，如何精准实现这 80 户贫困户全面脱贫，是古劳镇政府面临的问题。同时，古劳镇实施扶持村级集体经济试点项目，开发乡村旅游，需要大量劳动力和资金投入项目运营。

以古劳生态茶园项目为例：古劳生态茶园与村扶贫工作相结合，采取贫困户承包茶园的方式，让每户贫困户承包一亩茶园，由村外企业预定茶叶产品。茶叶收获后归企业所有，茶叶出售所获收益归贫困户所有，且贫困户每次上山打理茶园能得到 50 元补贴。通过贫困户承包茶园的做法，每户贫困户每年的收益达到7 000 元。同时，根据协议规定，将经济联合社投资收益的 20% 给予帮扶对象，2018 年每户贫困户可获得收益 2 万余元。总的来说，采用"跨村联营"模式实施扶持村级集体经济试点项目，对帮助贫困户收入脱离贫困线、达成脱贫目标作用明显。

六、"跨村联营"模式存在的问题和建议

鹤山市古劳镇在实施扶持村级集体经济试点项目过程中，虽取得一定成效，但也遇到一些问题，主要有以下四个方面：

（一）建设用地指标匮乏

调研发现，无论是各试点村的村党支部书记、村小组组长还是村民，所提最多、对项目影响最大的问题是建设用地指标匮乏。该问题主要表现为建设用地指标总量不足和试点村原有物业无土地证。其发生有政策法规因素和历史因素，延伸出新建工程建设用地审批困难、原有物业无法升级改造和试点村难以独自承接试点项目等问题。以茶山村的古劳生态茶园项目为例，项目所在区域为茶山村，茶山村村委会名下资产较少，村委会驻地也是借用下辖村小组的旧学校，没有建设用地指标和土地可以用于建设茶园配套茶叶加工和旅游服务设施，只能与下辖村小组谈判，约定在一定年限后所建物业归村小组所有，这削弱了村委会参与扶持村级集体经济试点项目的积极性。针对建设用地指标匮乏问题，建议扶持村级集体经济试点政策不只提供试点资金，还配套一定量的建设用地指标，以减少项目实施困难程度，帮助各试点村更好地发展集体经济。

（二）项目实施监督困难

通过探访古劳镇各村村委会主任和企业负责人发现，在项目实施过程中，由经济联合社负责投资和组织工作，由企业全权负责项目的规划、建设和运营工作，村委会主任对项目明显没有企业负责人了解，难以对项目实施有效监督。问题主要表现为项目实施进度监督困难和项目资金使用监督困难。其发生有工作因素和分工因素，延伸出项目实施由企业主导、过于依赖企业等问题。从长期来看，项目应该是由经济联合社主导，经济联合社成员不能明确了解项目实施情况，必然导致项目主导权的丧失。针对项目实施监督困难问题，建议建立或进一步完善项目建设进度汇报机制，让村委会主任可以实时、充分地掌握项目实施信息，牢牢

把握住项目实施的主导权。

(三)各村利益协调困难

调研显示，基层镇村干部反映较多的问题还是在村级集体经济发展中遇到的各村利益协调困难。该问题主要表现为各试点村之间项目利益协调困难，其发生有利益因素和资源配置不均因素，延伸出项目谈判困难和项目计划制订困难等问题。以古劳镇为例，古劳镇下辖 12 个村，在组建成经济联合社前，由于各村资源禀赋存在差异，且试点村名额仅有六个，选择哪个村作为试点村成为各村争论比较激烈的问题。古劳镇政府为平息争论，提出"1＋1"模式，将部分收益分配给非试点村，使非试点村在没有申请到扶持村级集体经济试点资格的情况下也可以享受到收益，从而使项目申报获得非试点村支持。针对各村利益协调困难问题，建议在镇政府协调下，建立或进一步完善收益分配机制，让更多主体通过项目获得收益，从而为项目申报和实施争取到更多支持。

(四)村组两级协调困难

调研发现，各试点村的村党支部书记和村小组组长所提较多，也是对项目实施进度影响较大的问题是村组两级协调困难。问题主要表现为村组两级之间项目利益协调困难。其发生有历史因素和资源配置不均因素，延伸出项目谈判困难、项目建设受阻和村组两级冲突等问题。以古劳镇连城村为例，村委会曾经跟村民小组就一块建设用地开发项目进行过商谈，提出村委会以资金入股、村民小组以土地入股，共同建好楼房出租，双方按入股比例分配收益；但由于村民小组坚持出租 20 年后所建楼房要归自己所有，而村委会认为应该归自己所有，双方因此未能达成共识。针对村组两级协调困难问题，建议大力推动村组两级集体经济改革，通过合并成立一级经济组织或者入股等形式，将土地资源统筹在村级集体，由村级集体统筹使用。

七、政策启示

总的来说，"跨村联营"模式有力地推动了鹤山市扶持村级集体经济试点项目的实施，带动了鹤山市村级集体经济收入的增加，实现了农民收入的增长。这一模式对于村级集体经济发展具有以下四个方面的启示：

(一)"跨村联营"是村级集体经济发展的有效实现形式

在"跨村联营"中，以组建经济联合社、组合多笔扶持村级集体经济试点资金、组合多个试点村资产的方式，扩大了村委会发展村级集体经济所能使用的资金、资源规模，在具备更大资金、资源规模条件下，经济联合社获得了行动灵活性的提升。以鹤山市古劳镇扶持村级集体经济联合社为例，项目规划之初，经济联合社一共提出了四个项目，分别是古劳生态茶园项目、麦水新村光伏发电项目、农业生态农庄项目和古劳水乡商业街项目，但由于项目实施条件不足，经济联合社将农业生态农庄项目和古劳水乡商业街项目变更为古劳水乡水墨艺术民宿项目和连南村村委会旧办公楼升级改造项目。在笔者调研期间，四个项目中的古劳生态茶园项目和连南村村委会旧办公楼升级改造项目处于基本完工状态，其余两个项目都已完工产生收益。扩大规模提升了政策实施主体行动的灵活性，是村级集体经济发展的有效实现形式。

（二）分工合作是村级集体经济发展的效率保证

在"跨村联营"中，以村企合作开发的方式，村委会负责项目投资工作和村民组织宣传工作，公司负责项目的规划、建设和运营管理工作，实现了项目投资组织工作和项目管理工作的分离，提高了项目落地实施和运营管理的效率。以古劳生态茶园项目为例，在项目实施过程中，采取村委会和公司合作的形式，由茶山村以扶持村级集体经济试点资金、自筹资金和精准扶贫专项资金入股古劳镇茶山经济联合社，与古劳生态园有限公司共同开发。由村委会负责村民代表大会组织工作和村民宣传工作，公司负责项目的规划、建设和运营管理工作，使项目得以完善规划和顺利建设，项目建设完成后，将由公司负责管理。分工合作使得项目实施过程实现了专人专事，是村级集体经济发展的效率保证。

（三）利益协调是村级集体经济发展的关键

在"跨村联营"中，形成了合理的收益分配机制，所涉及的利益分配主体包括试点村、非试点村、企业和精准扶贫帮扶对象，有更多的利益分配主体意味着项目与更多利益主体产生利益关联，有助于项目实施获得更多利益主体的支持，更加容易通过谈判达成共识，调动更多资源投入项目实施过程。以古劳镇经济联合社为例，形成合理收益分配机制后，试点村与非试点村都被纳入项目收益分配对象，且各村收益一致，落地村与非落地村的收益差距主要体现在投入上的不同，项目可以在全镇范围内选择落地地点。以麦水新村光伏发电项目为例，选择非试点村麦水新村来建设，各村很快便达成统一意见。利益协调平衡了各村之间的利益关系，为项目实施争取到更多利益主体的支持，是村级集体经济发展的关键。

（四）镇级统筹是村级集体经济发展的引擎

在"跨村联营"中，无论是跨村联合、村企联合还是全镇联合，都是在镇政府的统筹协调下实现的。镇政府利用自身职权和影响力优势，可以协调各方之间的利益关系，以经济联合社为中心建立了多方合作机制、形成了合理收益分配机制、创新了精准扶贫机制，充分调动了全镇力量投入项目实施过程。以古劳镇为例，在古劳镇政府的牵头协调下：首先，各试点村联合起来组建了古劳镇扶持村级集体经济联合社；其次，规划了资金构成，选定了项目合作企业；再次，将镇精准扶贫专项资金注入经济联合社，作为项目建设资金；最后，制定了包括试点村、非试点村、企业和精准扶贫帮扶对象的合理收益分配机制。在镇政府的统筹协调下，各个利益主体形成了以经济联合社为中心的"跨村联营"模式，共同推动了村级集体经济的发展，因此镇级统筹是村级集体经济发展的引擎。

参考文献

[1] 余意峰. 社区主导型乡村旅游发展的博弈论——从个人理性到集体理性 [J]. 经济地理，2008（3）：519－522.

[2] 王留鑫，何炼成. 农村集体经济组织的制度困境与治理之道——基于制度经济学分析视角 [J]. 西北民族大学学报（哲学社会科学版），2017（3）：59－63.

[3] 李宪宝，张思蒙. 我国乡村旅游及其发展模式分析 [J]. 青岛科技大学学报（社会科学版），2018（1）：49－54.

[4] 贺斐. 消费需求变化背景下乡村旅游产业的发展模式 [J]. 农业经济，2020（11）：143－144.

农业总部经济：发展困境、成因与优化路径

——基于广东 S 区 35 个农业企业的调查[①]

一、引言

发展农业总部经济，推动我国农业产业转型升级，是乡村振兴的重要选择之一。[1]农业总部经济是农业企业或农业产业相关企业总部在区域内集聚以及所产生的社会经济活动的总称[2]，是通过众多农业企业或农业产业相关企业将其设计、研发、营销、品牌、物流、金融等总部活动在特定地区集中配置，成为一种更高级的农业产业化形态[3]。作为现代农业发展的高级形式，农业总部经济是工业反哺农业、城市反哺乡村的重要途径。S 区是广东 GDP 十强区，总部经济发展基础较好，区内有两家世界 500 强企业，形成了两个 2 000 亿级产业集群，培育了 39 家规模超 10 亿元的民营企业，拥有 24 家上市公司，这些都为农业总部经济的发展提供了条件。虽然在邻近地区中 S 区农业生产总值占 GDP 的比重还较高，但从产值占比看，农业在 S 区仍为"弱势产业"，2016 年农业生产总值在 S 区 GDP 中所占比重仅为 3.28%，非农产业对农业的拉动作用还不明显；与之对应，S 区的耕地面积随着工业化和城镇化的发展不断减少，农业发展必须走转型发展之路，以提升农业生产效率，其中农业总部经济是其选择之一，并通过初步探索取得了一定的成绩。在 S 区农业面临转型升级加快发展的大背景下，迫切需要弄清楚 S 区农业总部经济的发展现状和问题，以便进一步发挥总部经济对 S 区农业的带动作用，有效推进 S 区与周边区域农业高度合作。

已有关于总部经济的研究主要集中在区位分布影响因素和实践经验总结两个方面。区位分布影响因素方面，既往研究总体认为内部资源跨度[4]、不对称信息[5]、交通基础设施、制度、集聚因素[6]以及中心城市竞争力[7]是影响总部企业区位选择的主要因素；实践经验总结方面，既往研究主要对总部经济的特点[8]、

---

① 本文原载于《农村经济》2019 年第 7 期，有改动。作者：罗明忠、唐超、周文良。

发展环境[9]、存在问题[10]、发展路径以及经济效益[11-12]等方面进行了总结。可见，目前关于总部经济的研究还有待完善，对于农业总部经济的研究更少，且已有研究更多是集中在内涵界定和观点探讨上[13-14]，缺少来自实践的微观调查分析，迫切需要对农业总部经济实践经验进行总结。基于此，本文通过对 S 区农业总部经济 35 家典型企业的调查，总结其存在的问题，以便为 S 区农业总部经济发展提供指导，并为其他地区农业总部经济发展提供借鉴。

二、农业总部经济发展的基本条件和必要性

（一）农业总部经济发展的基本条件

既往研究和现实发展表明，农业总部经济是一种更高级的农业产业化形态，其生成和发展需要满足以下三个方面的条件：

1. 企业集群达到一定程度

农业总部经济最核心的发展条件是农业总部的集聚程度，即区域内必须集聚一定数量的农业总部或农业总部派出机构。集聚一定数量的农业总部的区域将会吸引人才、技术、资金等资源要素，改善农业总部的市场环境，吸引更多农业总部入驻。由此逐步形成从事农产品生产、加工、流通、研发、服务的农业企业或农业产业相关企业集群，并随着农业集群规模的扩大，逐渐形成规模效应，进一步吸引资源要素，从而形成一种良性循环。[15]

2. 企业规模达到一定基准

农业总部经济是农业企业发展到一定规模后形成的，客观上要求实现总部与生产环节的分离，是农业企业内部实现资源优化配置的必然结果。区域内规模以上农业企业需要达到一定的比例，该地区才具备发展农业总部经济的企业基础。这时候，规模企业一般在经济中起主导作用，而中小型农业企业市场适应能力较强，经营灵活，在经济中起补充和支撑作用。[16]

3. 主导产业达到一定水平

农业主导产业是一个区域内农业总部经济形成的前提和发展的动力源，直接决定农业总部经济能否形成极化效应和扩散效应。具备比较优势的农业主导产业达到一定规模后，可以逐渐形成联合化、序列化的技术，延展产业链，带动生产、仓储、物流、加工、销售以及相关农产品产业的发展，从而决定了区域内的农业产业发展条件。[17]

（二）农业总部经济发展的必要性

1. 乡村振兴战略实施的需要：产业发展，夯实基础

乡村振兴需要借助和依托城市资源和要素发展农业、提升农业，作为现代农业发展的高级形式，农业总部经济无疑在这方面发挥着关键作用。首先，农业总部经济具有强集聚效应，可以根据产业战略配置的要求和不同地区的综合成本优势，以最大化发挥其规模经济和范围经济效应。其次，农业总部经济具有强带动效应。一般每个总部下面需要成百上千甚至更多生产基地与之配合、协调，从而具有强带动效应。

2. 缓解资源环境压力的需要：集约经营，优化配置

总部经济作为一种高效率的发展模式，对于优化资源配置、促进城乡优势互补具有重要作用。农业总部经济的一个最明显特征就是产业延展性，它可以有效联结城市和农村，促进资源和要素在城乡间合理流动。一方面，总部农业往往依托设在城市的"农业总部"，敏锐地觉察市场的需求信息和有效利用城市科技、人才、资金、信息和市场等资源；另一方面，总部农业通过在农村地区发展生产基地，延展农业产业链，带动农村地区的发展。

3. 加大农业科技投入的需要：成本分担，科技示范

要实现农业持续稳定发展、长期确保农产品有效供给，根本出路在科技。农业高新技术不仅具有提高土地产出率和劳动生产率的支撑作用，更是实现现代农业"接二连三"的重要枢纽。[18]但现实是，农业科技投入仍然主要依靠财政投入，科技转化率不高，迫切需要提高科技投入效率。而农业总部经济的强集聚效应使其在农业科技上的示范效应更加显著。一方面，把农业科技资金投向总部企业，可以通过农业总部经济作用于农业，提高农业科技资金的有效利用率；另一方面，企业需要自主资金投入研发活动，由于财政资金的投入为企业分担了部分成本，减轻了企业的财政资金压力。

4. 提升农业竞争力的需要：综合优势，特色主导

随着我国农业发展进入高成本阶段，农业竞争压力不断加大，提升我国农业竞争力面临新挑战。[19]应对新挑战，必须找准着力点，加快提升农业竞争力。农业总部经济是农业转型升级的重要形式，可以充分发挥农业资源的比较优势，提升农业综合竞争力。一方面，发展农业总部经济可以拉长并锻强农业产业链；另一方面，农业总部经济可以深挖特色产品发展潜力，通过科技、品牌等手段推动特色农业的发展。

三、农业总部经济发展现状：以 S 区为例

随着工业化和城镇化进程的加快，农业资源被进一步挤占，早在 20 世纪 90 年代初，S 区为寻求农业发展突破口，便积极发展外延农业。从此，S 区外延农业不断发展，规模和总量不断壮大，成效显著。S 区已初步形成了生产基地在区外，销售、研发设计等在区内的农业总部经济。

（一）总部经济初步形成

近年来，S 区以农业示范园区为依托，农业发展取得新突破，农业总部经济雏形初现。S 区政府部门相关统计资料显示，自 1995 年以来，S 区内农业面积不断减少，但外延农业面积不断增多，并在 2009 年超过 S 区本地农业面积。外延农业面积从 1995 年的 5.2 万亩发展到 2010 年的 36.3 万亩，大大超过 2017 年区内农业面积 27.8 万亩，2017 年已达到接近 60 万亩。外延农业产值和本地农业产值的差距不断缩小，外延农业产值从 1995 年的 8.4 亿元增长到 2017 年的 91.5 亿元，是 1995 年的近 11 倍。2017 年 S 区实现农业总产值 91.7 亿元，亩产值 3 万元，居于全国前列，全区第一产业投资 6.46 亿元，增长高达 150%，在三次产业中排名第一。

（二）产业特色愈加凸显

S 区的农业总部经济主要以花卉、水产和畜禽三大产业为支撑，产业特色明显。S 区政府部门相关统计资料显示，2017 年，水产占该区农业总产值的 60.2%，花卉占该区农业总产值的 30.45%，畜禽占该区农业总产值的 4.37%，三大主导产业合计占农业总产值的 95.02%。

花卉方面，陈村花卉世界年销售额 30 亿元，有 600 多家企业于此设立总部，周边以及粤西北地区花卉种植业规模超 10 万亩，形成了独特的外延农业。陈村花卉世界著名的七巧园艺实业有限公司、巨扬园艺有限公司等外延生产基地均超过了万亩。

水产方面，2017 年 S 区水产品产量达到 25 万吨左右，产值超过 60 亿元；优质水产品种达 40 多种，鳗鱼稳占全国市场份额的 65%。

畜禽方面，2017 年 S 区全年畜牧业产值 4.31 亿元，全年肉类总产量 17 658 吨。很多 S 区本地养殖企业利用自有资金、技术和市场优势，在 S 区周边省市建立养殖基地，发展迅速，规模不断扩大。

（三）发展模式更加多样

经过多年的发展，S 区农业总部经济已形成"总部经济型""大户带小户型"

"'公司＋农户'型""科技导向型"四种发展模式，呈现多样化发展。由表 1 可见，在被调研的 35 家农业总部企业中：采用"总部经济型"的企业有 11 家，占比为 31.43%；采用"大户带小户型"的企业有 9 家，占比为 25.71%；采用"'公司＋农户'型"的企业有 13 家，占比为 37.14%；采用"科技导向型"的企业有 2 家，占比为 5.71%。

表 1　S 区农业总部经济主要发展模式

发展模式	企业数/家	占比/%	典型企业
总部经济型	11	31.43	陈村花卉世界
大户带小户型	9	25.71	大峰水产集团有限公司
"公司＋农户"型	13	37.14	S 区冠羽实业有限公司
科技导向型	2	5.71	乐从供销集团有限公司

数据来源：根据调研问卷整理。

"总部经济型"主要是公司总部设在 S 区本地，生产基地设在外地，形成了"生产种养在外地，经营管理在 S 区"的经济模式。如陈村花卉世界就有 300 余家企业将种植基地设在周边高明、三水、江门和英德等地。蔬菜种植企业也大多将生产基地迁往云南、湖南等地价便宜、自然环境优良的地区。部分养猪、养鸡企业和农资企业为避免环境污染或政策限制，将养殖加工外包到异地，将管理、营销和研发职能等留在 S 区的公司总部。

"大户带小户型"主要是农业企业把外延基地开发后分包给当地农户，通过大户带小户，加强利益联结机制，促进双方的共同发展。如大峰水产集团有限公司就是采用这种模式，通过在外延基地承包大片水塘，再分包给当地农户，提高了公司对养殖基地的管理效率。

"'公司＋农户'型"主要表现为农业企业与异地农户签订产销协议，由企业提供技术、种苗、销售等支持，农户按照企业要求进行生产。如 S 区冠羽实业有限公司就采取这种模式，将养殖点转移至清远等地区，通过跟当地农户签订合同，进行标准化生产。

"科技导向型"主要是农业企业在外地进行良种培育或者种养实验，通过技术联结形成产业融合。如乐从供销集团有限公司分别在高要、高明等地建设大规模养猪场，试验干式无臭环保养猪技术。还有部分花卉企业也采取这种模式，从国外引进名优花卉品种，在异地开拓生产基地，进行种苗培育。

(四) 行业协会作用明显

在 S 区农业总部经济发展过程中, 行业协会发挥了关键作用。调研数据显示, 被调研企业加入行业协会的占比为 78.8%。行业协会推动了产业集聚, 加快了农业总部经济的形成。S 区已形成 S 区大良农业协会、S 区生鱼养殖协会、广东省鳗鱼业协会、S 区水产商会、陈村花卉协会等各类农业协会。协会在产业的市场信息提供、市场推广平台搭建、人员培训、技术支持、市场拓展、品牌建设、市场秩序维护等方面发挥了积极作用 (见表 2)。比如, S 区生鱼养殖协会有会员 305 家, 会员单位涵盖育苗、养殖、饲料、渔药、流通等各个板块, 会员单位之间彼此交流, 互利互惠; 广东省鳗鱼业协会有会员 170 家, 为本行业提供技术交流、市场引导、组织协调和沟通产供销信息等服务, 积极推广健康养殖, 大力倡导"公司 + 基地 + 标准化"的经营管理模式, 精心打造广东鳗鱼地域品牌, 提升了品牌影响力。

表 2　S 区行业协会对农业总部企业的帮助概况

帮助形式	选择企业数/家	占比/%	排名
市场信息提供	25	71.43	1
市场推广平台搭建	24	68.57	2
人员培训	14	40	3
技术支持	13	37.14	4
市场拓展	12	34.29	5
品牌建设	12	34.29	5
市场秩序维护	7	20	7

数据来源: 根据调研问卷整理。

(五) 经济、社会绩效显著

S 区外出务农的农户有 1 100 多户、7 300 多人, 相当于区内 8 万个农业劳动岗位的 9.1%。表 3 的数据显示, 被调研的典型农业企业平均带动农户数约 4 197 户, 带动每户年均增收 7 131 元, 不少农户通过外延农业获得丰厚利润。外延农业为解决农民就业和增收提供了一条新路子, 对缓解 S 区工业化、城市化建设中凸现的农民失地、失业矛盾, 维护农村稳定, 发挥了积极作用。

表3　被调研的 S 区典型农业企业带动农户概况

企业名称	带动农户数/户	每户年均增收/元
××花卉世界	6 500	9231
××供销集团有限公司	13 533	2 498
××湾农业发展有限公司	2 507	7 970
××农业集团股份有限公司	4 170	3 645
××林园艺有限公司	3 300	10 606
×坛镇海陵花兰业	60	12 000
×益水产养殖有限公司	2 000	10 000
××园艺有限公司	1 510	4 099
平均值	4 198	7 506

数据来源：根据调研问卷整理。基于保护企业商业秘密考虑，对企业名称做了技术处理。

四、农业总部经济发展困境及成因分析

（一）农业总部经济发展困境分析

1. 总部功能发挥不足

一是农业总部经济功能没有充分发挥。S 区农业总部经济主要体现在生产和销售方面，其他功能发挥还不够，如市场交易、科研开发、休闲旅游和文化创意等功能有待完善。从调研情况看，大部分企业仍然分散在不同的区域，并没有形成产业集聚，即使是总部经济发展较好的陈村花卉世界，其总部发挥的功能也不足，仍然停留在传统的花卉交易市场层面，对于花卉的拍卖、研发、休闲和文化等功能开发仍显不足，急需适应新时代实现转型升级。

二是外延基地与总部的联结机制不紧密。从调研情况看，S 区农业总部与外延基地之间的联系还比较松散，只是单纯的生产和销售关系，并没有建立品牌、融资、股份等更深层次的联结机制，进一步制约了农业总部经济功能的发挥，难以形成集群优势并发挥集聚效应。

2. 产业融合程度较低

S 区第二、三产业发达，为农业与第二、三产业的融合发展奠定了良好的基础。但是从 S 区农业总部经济整体情况看，纵向产业链条延伸不够长，没能最大限度地发挥出六次产业的效益。从 S 区农业的产业结构看，主要包括花卉、水产、

畜禽三大产业，这些产业多数仍然停留在种养殖层次，即使是最具产业融合优势的花卉产业，其产业融合层次也不高，对文化传承等触及不多，特色化不足。另外，S区外延农业集约发展的总体水平不高。S区外延农业仍处于自发、无序的发展状态，其产业化经营和现代化生产、管理等方面的总体水平不高。

3. 政策支持体系不全

一是政策支持力度不大。S区外延农业发展面临着资金不足、土地连片开发难度增大、外延农户与当地农户矛盾难以协调等一系列需要政府扶持帮助才能解决的难题。但在被调研的S区农业企业中，很多企业在对外拓展过程中并没有享受到政府的政策支持，可见政府对农业企业对外拓展的整体支持力度不大。

二是政策针对性不够。调研时，S区相关政府部门还没有制定专门针对农业总部经济发展的扶持政策，更没有提供财政扶持资金。农业支持政策仍然停留在传统农业概念上，没有针对促进S区农业集聚的政策扶持措施，且政策落实困难。

三是政府总体规划未明确。调研时，S区针对农业总部经济还没有明确的发展规划和指引，在实际发展中仍然以企业的自我探索为主，这导致S区农业总部经济发展仍然处在自发阶段，不利于农业企业的集聚和总部功能的发挥。

4. 配套设施不够完善

一是外延基地配套落后。异地农业基地由于处于新开发状态，其农业生产经营配套设施不太完善，相对于S区本地，在农资供应、种子种苗培育等环节还很落后，需要从其他地方购进或引进，间接增加了生产成本。

二是科技支撑体系不完善，缺乏创新性、融合性。S区农业的主导产业如花卉、水产等大多以企业自主研发为主，来自政府科技开发创新的支持不多，因而S区农业总部经济在发展过程中技术创新不足，具有高科技含量、深加工、高附加值的产品不多。

三是专业性市场建设不足。以花卉拍卖市场建设为例，S区虽然是全国知名的花卉交易市场，但仍沿用传统的对手交易方式，花卉主产地市场层次低、交易方式落后。

（二）农业总部经济发展困境成因分析

1. 龙头企业缺乏

S区虽然拥有乐从供销集团有限公司、广东英农集团有限公司、巨扬园艺有限公司和生生农业集团股份有限公司等本地知名农业龙头企业，但是，相对于农业总部经济的集聚性和知识性等要求，S区的典型农业龙头企业还是比较缺乏，尤其缺乏具有强大辐射和集聚能力的综合性大型农业类上市企业。从调研情况看，年销售收入上亿的农业企业占比为 17.1%，获得省市级龙头企业称号的农业企业占比为 37.1%，没有农业类上市公司（见表4）。从总体上看，S 区农业龙头企业发展规模不大、质量不高，尤其缺少具有强带动能力的大型企业，严重制约 S 区农业总部经济的发展。

表4　被调研的 S 区农业企业分布情况

类别		企业数/家	占比/%
企业等级	省市级龙头企业	13	37.1
	一般企业	22	62.9
年销售收入	500 万元以下	21	60
	500 万~1 亿元	8	22.9
	1 亿元以上	6	17.1

数据来源：根据调研问卷整理。

2. 分散拓展力弱

S 区的种植、水产和养殖产业虽然已经占有相当份额，也形成了一些品牌，具有一定的竞争优势，向外拓展已经初具规模，但是，S 区的外延农业发展更多是农业企业在资源约束条件下的市场自发行为，各自为战。它们以勤劳、务实的态度和敢为天下先的精神，前往周边甚至远赴云南、安徽等地寻找农业生产养殖基地，推进 S 区外延农业的发展。但由于 S 区的农业企业是分散拓展，受自身企业品牌、技术及可调配资源等因素的约束，它们在外延地难以形成集聚优势，面对向外拓展中出现的难题也只能各自独立化解，难以形成合力。

3. 资金、信息匮乏

农业总部经济的发展需要强有力的资金支持，无论是农业龙头企业的发展、总部基地建设，还是农业科技创新、农户生产、农业产业化的各项建设，都需要大量资金来支撑。遗憾的是，S 区对农业的资金支持整体较少，也没有针对农业总部经济发展的专项资金，加之农业贷款风险大、农村金融服务体系不完善、农村储蓄资金外流等原因，S 区发展农业总部经济所需的资金难以得到保证。表5 的数据显示，在被调研的 35 家农业企业中，有23 家选择融资担保、贴息政策，占比为65.71%，排名第一，这表明企业对政策性融资担保、贴息需求最强烈。农业总部经济的发展需要大量资金投入，对于 S 区的大部分农业企业来说，资金是其发展的主要制约因素之一。

表5 S区农业总部经济政策需求情况

政策需求类别	选择企业数/家	占比/%	排名
融资担保、贴息	23	65.71	1
农业保险支持	19	54.29	2
地方政府间合作协调	15	42.86	3
放宽行业准入	13	37.14	4
交流、市场推广平台搭建	13	37.14	4
人员培训	12	34.29	6
放松农业设施建设审批限制	11	31.43	7
关键病虫害防治技术	8	22.86	8
列入"菜篮子工程"名录	7	20.00	9
检验检疫通关便利	6	17.14	10
行业协会联合发展	4	11.43	11

数据来源：根据调研问卷整理。

4. 土地、环保制约

土地制约方面，随着S区城市化快速发展，S区农业用地面积狭小且缺少连片土地，调研时农业用地总面积仅29万亩左右，农业总部经济发展缺乏相应的土地资源支撑。另外，现有的土地政策也制约着农业总部经济的发展，土地流转期限太短、设施用地指标紧缺等现有土地制度问题已成为企业扩张的掣肘。从调研情况看，S区的农业总部企业平均租地成本约为13 863元/亩，平均租期为21.6年，距租期到期平均年限为15.9年（见表6）。可见，S区的土地经营成本十分高，租期也相对较短，与农业发展需要的长周期不匹配，这将成为企业经营过程中的关键制约因素。

表6　S区农业总部企业土地租赁情况

企业名称	租地成本/（元/亩）	租期/年	距租期到期年限/年
××蔬菜种植场	2 000	10	0.5
××庄生态养殖科技有限公司	3 000	20	18
××园艺有限公司	18 000	30	20
××园艺景观有限公司	60 000	30	21
××园艺事业有限公司	2 000	28	20
××肉类加工有限公司	3 500	5	1
××现代农业科技有限公司	1 500	5	3
×山环境绿化有限公司	4 000	20	17
×林园艺有限公司	30 000	30	20
×极源农业种养有限公司	15 500	30	27
××农业种养有限公司	13 000	30	27
平均值	13 864	21.6	15.9

数据来源：根据调研问卷整理。基于保护企业商业秘密考虑，对企业名称做了技术处理。

环保制约方面，随着国家政策对于高污染产业的管制趋严，对以传统生产方式为主的农业企业提出了更高的要求，企业在环保、技术更新等方面的投入加大，无形中增加了运营成本。

五、农业总部经济发展优化路径：基于S区的思考

（一）培育典型企业，夯实发展基础

一是扶持一批龙头企业。扶持发展一批上规模、关联度大、科技含量高、带动能力强的典型企业，使农业总部经济朝着有序方向发展，提高农业总部的整体竞争力。

二是引进一批典型企业。围绕优势产业，发挥农业市场优势，加大农业企业招商引资力度。重点引进本区农业发展急缺的农业研发、物流、会展、电子商务等跨国企业和港澳台企业设立地区总部或职能性总部机构，积极引进国内优秀农业企业到S区设立分支机构。

（二）加强规划引导，科学合理布局

一是完善农业总部功能。以国家农业示范园区建设为契机，不断完善农业总部功能，从市场平台建设、总部大楼建设、品牌建设、科技研发等多个方面完善现有的农业总部经济。

二是提升特色产业发展质量。紧紧围绕区内特色产业，加强农业示范园、优质农产品生产基地的标准化生产，创新种养方式、营销方式，积极开发新特优品种，深度挖掘农耕文化创意、生产过程体验和农产品深加工等发展潜力，推动产业融合发展，让乡土文化的根继续发芽壮大。

三是突出休闲观光农业旅游。打响本地品牌，着力农耕文化的传承与创新，深度开发乡村旅游资源。

四是重视农民专业合作组织。积极发挥农民专业合作社、行业协会在农业总部经济中的带动作用，切实打造一批外延基地示范镇和示范村，不断提高农业总部经济的辐射和带动功能。

（三）统一思想认识，提高战略地位

S区应全面贯彻落实党的十九大精神，牢固树立新发展理念，以绿水青山就是金山银山的理念为指引，并贯彻落实到本地经济社会发展行动之中，统一认识，从思想和实践高度重视农业发展的重要意义，并提供实实在在的政策支持。必须明确，农业不仅有产品供应功能，还有生态环保功能，是实现生态文明的重要选择，尤其是在经济社会相对发达的地区，更要考虑农业的绿色、生态价值，必须像抓工业和服务业一样抓农业，为农业发展添砖加瓦。要从乡村振兴战略高度和可持续发展战略要求出发，真心思考农业发展之路，真正扶持农业发展，关心农业发展。要充分认识农业总部经济发展对本地经济发展的重要意义，既要明确农业总部经济发展是本地经济发展的重要组成部分，又要把发展农业总部经济作为贯彻落实"创新、协调、绿色、开放、共享"发展新理念的重要举措，这也是发扬光大农耕文化的重要路径。

（四）加大扶持力度，完善政策供给

一是加大财政扶持力度，建立农业总部经济产业发展基金。落实中央鼓励地方政府和社会资本设立各类农业农村发展投资基金扶持项目这一政策，成立农业总部经济发展引导基金理事会，设立农业总部经济发展引导基金。该基金的资金来源主要为财政扶持产业发展基金。

二是保障农业总部企业用地。利用特色小镇、现代农业示范区、现代农业田园综合体等特殊载体，积极申报国家农业可持续发展试验示范区、国家现代农业科技示范区等项目，争取相关部门给予建设用地指标支持。

参考文献

[1] 罗明忠, 唐超. 发展农业总部经济, 筑牢乡村振兴的产业基础 [N]. 南方日报, 2017 - 12 - 18.

[2] 赵弘. 总部经济: 拓展首都经济发展新思路 [J]. 投资北京, 2004 (5).

[3] 吴炜峰. 山东省农业总部经济的形成及发展对策 [J]. 理论学习, 2012 (5).

[4] 吴波, 郝云宏. 区位优势获取、内部资源锁定与总部迁移区位选择——来自中国上市公司的经验 [J]. 管理评论, 2018 (1).

[5] PAN F, LIU Z, XIA Y, et al. Location and agglomeration of headquarter of public listed firms within China's urban system [J]. Geographical research, 2013 (9).

[6] 王俊松, 潘峰华, 郭洁. 上海市上市企业总部的区位分布与影响机制 [J]. 地理研究, 2015 (10).

[7] 潘峰华, 杨博飞. 国家中心城市竞争力及其职能演变——基于上市企业总部的研究 [J]. 地理研究, 2018 (7).

[8] 张泽一. 北京总部经济的特点及提质升级 [J]. 经济体制改革, 2015 (1).

[9] 梁春阳, 马秀霞, 桑果果. 银川市发展清真产业总部经济的 SWOT 分析 [J]. 宁夏社会科学, 2014 (2).

[10] 赵卜文, 张泽一. 北京总部经济的现状与问题探讨 [J]. 改革与战略, 2014 (11).

[11] 宋丹, 姜琦刚. 总部经济园土地利用效益潜力分析及对策 [J]. 中国人口·资源与环境, 2015 (1).

[12] KALNINS A, LAFONTAINE F. Too far away? The effect of distance to headquarter on business establishment performance [J]. American economic journal: microeconomics, 2013 (3).

[13] 朱京燕. 北京发展总部农业的必要性及可行性分析 [J]. 中国农学通报, 2013 (29).

[14] 马俊哲. 对依托品牌农业会展打造农业总部基地的思考——以打造北京丰台种业总部基地为例 [J]. 中国农学通报, 2012 (17).

[15] 刘树, 等. 北京市农业总部经济发展研究 [M]. 北京: 中国农业科学技术出版社, 2014.

[16] 许蓝月, 黄凌翔. 境外总部经济的发展经验及对我国的启示 [J]. 科技管理研究, 2014 (16).

［17］毛翔宇，高展，王振．基于总部经济的服务业集聚动力机制探讨［J］．上海经济研究，2013（8）．

［18］刘敦虎，赖廷谦，王卿．农业科技投入与农业经济增长的动态关联关系研究——基于四川省2000—2015年的经验数据［J］．农村经济，2017（10）．

［19］杜辉，胡振虎．中国农村人口转移、农业国际竞争力与惠农政策调整［J］．农村经济，2017（11）．

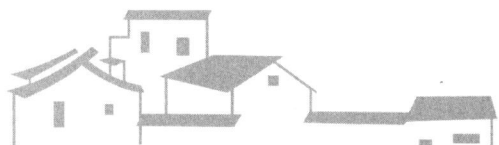

教学篇

交易成本约束下的 农地整合与确权制度空间

——广东省清远市升平村农地确权案例分析[①]

一、引言

沿袭长期以来的"均分"思想，中国家庭联产承包责任制中的农户土地承包基本是采取"均田制"，即肥瘦搭配、远近搭配、田地搭配，由此在体现公平的同时，致使人均耕地本就不多的农户家庭承包土地被进一步细分在不同的地块，成为农业规模经营的硬约束，阻碍农业的分工深化与拓展，进一步影响农业生产效率提升，成为当前制约农业生产发展的难题之一，被人们所诟病，愈益引起社会各界的关注。

在坚持家庭联产承包责任制的前提下，破解土地细碎化难题，推进农业经营规模化成为人们讨论的焦点之一。其中，可能的途径包括：一是通过政策引导并辅以必要的行政手段，引导并帮助农户通过承包土地的置换实现整合，达到单个农户家庭承包土地的相对集中与规模经营；二是进一步发挥农地三权分置的制度效应，助推农地市场发育，激励农户通过农地流转扩大农地经营规模。这两种方式体现的经济学含义不同，政策含义也不同。前者体现的经济学含义是：由于市场存在过高的交易成本，此时产权的重新界定可以提高效率。后者体现的经济学含义是：在产权无法重新界定或者界定的成本过高时，产权的细分交易和迂回交易是改善效率的有效途径（罗必良，2014）。对于当前正在进行的新一轮农地确权而言，采取哪一种确权方式能以更经济的方式完成确权任务，并促进农地规模经营？本文将以广东省清远市阳山县黎埠镇升平村农地确权实践为例，从交易成本视角分析农地整合与确权的制度空间。

二、背景

1982 年中国农村全面推行家庭联产承包责任制，1985 年允许农地转让、互

---

① 本文原载于《贵州社会科学》2017 年第 6 期，有改动。作者：罗明忠、刘恺。

换、转包，农户开始拥有对农地的转让权。由此，名义上农村集体拥有农村土地所有权，行使农地调控权，农户掌控农地的使用权、收益权与转让权。但由于不同农村集体对农地调控权的把握权衡和使用方式存在差异，形成了多样化的农地制度安排。从理论上看，不同的制度安排虽然都以农村集体福利最优化为目标，落实到农业生产上则是为实现生产效率最大化、土地租值极大化，但是暗含着不同的运作成本。一个重要的效率原则是将有限的资源权利配置给对产权价值评价最高的行为主体，也即将资源配置给能力最高的主体。一方面，将资源配置给具有技术、资本或体力优势的主体，这是要素匹配的基本逻辑；另一方面，将资源配置给具有经营管理优势的主体，实现规模经营，引入分工经济，这是生产分工的基本逻辑。传统的农业生产尤其是农户家庭承包土地的分配遵循的是要素匹配逻辑，按照家庭人口均分农地就是最典型的例子，但其显然不适应现代农业生产发展对农地规模经营的要求。

从农业发达国家的经验来看，现代化农业生产必须引入分工逻辑，分工经济效益的获得又在一定程度上对经营规模存在门槛要求。因此，在中国人均耕地面积不足 3 亩以及坚持家庭联产承包责任制基本制度内核的背景下，要实现农地规模经营，就必须采取有效措施将分散在不同农户手中的土地重新集中统一。为此，农户数量越多，谈判协商的运作成本就越高，对分工经济的租值耗散就越大。换言之，农村土地细碎化形成的在单块农田上拥有承包权的农户数量密度越高，为达成协商一致，实现农地整合，需要的运作成本可能越高，甚至可能完全耗散规模经营所能获得的分工经济效益。可见，土地细碎化不仅是阻碍农地规模经营的直接原因，还是抑制农地规模经营形成的关键因素。但是，如果通过农户之间的农地置换，对农户家庭承包土地进行重新整合，改变原有的土地产权结构，就可以降低单一地块的权属分散程度，从而减少集中同样面积土地所需接洽的农户数量，进而减少交易频率，降低规模经营的运作成本。

上述分析揭示的一个逻辑是，在目前的制度条件下，完全通过市场自发交易直接整合土地以实现农地规模经营，需要经营主体承担高昂的运作成本，在土地细碎化严重的地区，其显然是无利可图的，亟须通过其他路径改善农地配置效率。其中，通过政策引导并辅以必要的行政手段，引导并帮助农户通过家庭承包实现土地的置换整合，不失为一种可供选择的路径。广东省清远市阳山县黎埠镇升平村在农地确权中采取的置换整合再确权的实践方式，就给出了一个推进农地规模经营模式的新诠释。

三、清远市升平村概况及其面临的确权制度困境

（一）清远市升平村概况和制度实施背景

1. 清远市农地资源概况

清远市地处广州市北边，农村人口约占全市人口的 75%。全市有耕地面积 28.9 万公顷。清远市农户家庭承包经营农地面积户均 3.5 亩，土地户均规模小，分布分散，使用效率低。全市常年撂荒和季节性撂荒耕地面积约占常用耕地的 8%，全年只种一造的耕地占常用总耕地的 17.9%。全市农地流转面积占承包经营耕地总面积的 18.1%。其中，农民自发流转 20.6 万亩，占流转面积的 51.6%；委托村集体流转 19.3 万亩，占流转面积的 48.4%。

2. 升平村资源禀赋与农村劳动力配置状况

升平村位于广东省清远市，地处粤北地区，属阳山县黎埠镇管辖，距圩镇约 4.5 公里。设村民小组 18 个（分别是四新、前锋、联合、东风、中心、东方红、上车、河边、下车、前进、和平、光辉、永兴、永新、圳边、瓦潭、朝阳、红星），全村总面积约 17 486.56 亩，耕地面积为 3 369 亩（其中水田面积为 1 588 亩，水稻播种面积为 800 亩），山地面积为 6 670 亩，经济林面积为 1 000 亩；农地整合确权前的土地租金约为 150 元/亩。全村共有 712 户农户、约 3 500 人，共有 5 个祠堂，分属 5 个姓氏，2015 年（整合确权前）人均收入约 18 000 元。该村的资源特点是：地质好、土地肥沃、水源充沛。村里已铺设水泥硬底化公路，交通便利，地势平坦。村民主要经济来源是种植与养殖，从事农林牧渔业的劳动力比例达 70%，主要种植粮食和柑橘；在非农领域就业的劳动力占全村劳动力总数的 30%。

（二）农地确权的制度内涵及其影响

1. 农地确权的制度内涵

围绕新一轮农地确权问题，2014 年中央一号文明确指出，"可以确权确地，也可以确权确股不确地"。2015 年中央一号文又指出，"总体上要确地到户，从严掌握确权确股不确地的范围"，并要"引导农民以土地经营权入股合作社和龙头企业"。本轮农地确权从政策层面看有两层含义：一是强化人地关系。即在新一轮农地确权完成后，政策上要求农户承包土地实行"生不增死不减"，不再对农户承包土地进行调整。二是清晰界定产权。即鼓励农业经营主体利用市场配置资源，在坚持现行家庭联产承包责任制的前提下，通过新一轮农地确权，明确农地所有权归集体、承包权归承包农户、经营权归土地经营者，实现农地三权分置，为农地

流转大开方便之门。

2. 农地确权的施行难题

据既有文献而论：其一，农地确权作为"自上而下"的制度变迁，面临着确权成本、法律基础、村规民约、集体经济发展水平等多种条件约束（罗明忠、唐超，2018）。因此，农地确权可能打破农村几十年来相对稳定的土地承包格局和秩序，激发农村隐性矛盾，使得确权的变迁成本非常高（王海娟，2016；周春光，2016；李昌金，2017；罗明忠、刘恺，2017）。其二，确权后，由于农地承包权与经营权分离后两权各自负载的功能存在差异，会导致两权在归属不同主体时容易出现"两权角力，一权虚化"的窘境。一方面，有可能使得村集体权能进一步弱化，并可能部分甚至全部丧失农地调整和调控的权能，加剧农地细碎化格局，进而阻碍农地形成连片规模（刘恺、罗明忠，2018）；另一方面，如果农地承包经营权人通过让渡经营权所得到的收益与未来的经营没有任何关系，则必然会出现承包权人、所有权人与经营权人之间的利益分配问题，农地承包权与经营权分离所造成的租金和利润此长彼消的现象必然会存在，进而可能会导致机会主义行为、土地利益纠纷等问题（中国社会科学院农村发展研究所，2015；韦鸿、王琦玮，2016）。其三，即便通过农地确权实现了由家庭配置资源向市场配置资源的转换，由于人多地少水缺的农地现实，以及农业属于弱质产业的客观条件限制，农地产权的权能处分方式也难以摆脱小农经济的窠臼（秦小红，2016）。其四，在当前农地产权框架下，中国的农地经营权资本化依然面临着既有法律制度抑制、交易成本偏高、关联制度缺失以及农地流转市场清淡等现实约束（赵翠萍等，2016），即使放活经营权，容许经营权抵押，也依然面临现行法律法规的阻碍和实践操作的难题（郑志峰，2014）。

（三）升平村农地整合确权的实施背景和缘由

1. 农业发展中的细碎化制约

农地细碎化严重抑制中国农业生产效率的提升。就农户自身耕作而言，分散的地块使得农户耕作的交通损耗较高；细碎化农地格局使得部分农地的打田、收割机械都需要经过别人的田地才能进入，而且灌溉也要顾及邻近农地状况，非常容易引起纠纷；细碎化农地往往缺乏高标准的机耕道路和水利沟渠，田埂狭窄，沟渠容易损坏，农机进入和灌溉的成本非常高。就农地流转集中和规模经营而言，在细碎化情景下实现农地规模经营目标的运作成本较高，主要体现在以下三个方面：一是要依靠市场力量完成农地集中与整合，形成土地规模经营，需要付出极高的流转谈判成本；二是如果农地质量参差不齐，还需要付出极高的评估成本；

三是即使农业经营主体通过农地流转扩大了农地经营规模，由于农户拥有对土地承包经营的终极控制权以及在地理位置的垄断权，一旦农户实施机会主义行为，农地转入方还面临较高的合约执行成本。可见，在细碎化的产权结构下，利用"无形之手"集中农地达到农地规模经营的目的，交易成本明显较高。

升平村的实践展示了另一种实现农地规模经营的途径，提供了可以借鉴的经验。自 2005 年以来，升平村未曾对农户家庭承包土地进行过调整，每家农户承包的土地少则 5～6 块，多则 30 多块，每块土地面积大的仅一亩左右，面积小的只有 2～3 平方米，土地细碎化程度较为严重。直至 2015 年，为了最大限度地解决农地细碎化问题，阳山县借新一轮农地确权的契机，推行先进行农地置换整合再确权的农地确权实施方案。根据阳山县的农地确权方案，在征求广大农户同意的基础上，升平村决定对现有农户承包土地置换整合再确权，基本原则是每家农户的承包农地块数控制在 3 块以内（实际操作中是尽可能实现每家农户有 1 块承包地）。2016 年，升平村首先选择了村落最南边连片的 5 个村小组（前锋、四新、联合、东风、中心）作为试点，5 个试点村小组共有 175 户、845 人，共有总面积为 289.2 亩的承包土地。这些村小组前后耗时 6 个多月，将原来零散的 430 块整合为 224 块，每块农地的平均面积由原来的 0.67 亩提高到 1.24 亩，之后依据置换整合后的人地承包经营权属关系进行确权颁证。试点成功后，升平村于 2017—2018 年以同样的模式对剩余 13 个村小组实施农地整合确权。

2. 农地确权中的细碎化制约

在细碎化情景下，农地确权不仅面临非常高的界定成本和谈判成本，还会抑制农地流转。时任清远市委书记葛长伟早在 2014 年 5 月 8 日召开的全市农村工作会议上就指出，清远市存在农村土地细碎化、涉农资金零碎化、支农力量分散化等问题。因此，需要着眼长远，以承包经营权确权颁证为契机，改变农地细碎化格局，实现农业规模经营。他从阳山县确权试点的情况发现：其一，直接将农户的细碎化农地进行确权，既无法提高耕种效率，又不利于进行流转或抵押；其二，在细碎化情景下，土地丈量工作量大，一户的土地可能需要丈量几十次，导致土地确权的界定成本非常高。因此，他提出要从清远市的实际出发，在土地确权的基础上，坚持农村土地集体所有制不动摇，积极引导相对细碎化的地区实行农地整合确权。按照省农地确权办的要求，土地确权工作要在 2016 年全部完成，因此要争取在确权工作全面实施前先实行农地整合，以推动确权工作顺利开展。针对农地确权工作，葛长伟书记深刻理解到农地问题利益关系的复杂性，认为农地确权不能简单"一刀切"。他指出，当前农地确权面临人口变化大、农地自然条件变化、农地用途改变等问题。并且，农地确权还可能对已流转农地产生负面作用，特别是确权后使得农地增值，可能诱发承包者与经营者的利益纠纷，或者引发人少地多承包户与人多地少承包户的矛盾。

四、升平村农地整合确权中的核心掣肘和主要做法

（一）农地整合确权的核心掣肘

农地异质性是农地整合确权最核心的掣肘。在中国土地承包责任制建立之初，为确保村庄内每个成员公平拥有村内土地承包权，大部分村庄采用的是以村集体成员均分为基础，再参考农地肥瘦程度、离道路远近以及离村庄核心区域远近的多维度分配模式。这种分配模式实质是将村落农地分为不同类型，包括良田、瘦田、水田、旱地、平坦田地、不平坦田地（梯田、山地）、靠近路边田地、远离路边田地、村庄中心田地和村庄外延田地等，再将不同类型农地分割为若干块，分配给不同的农户。此分配模式引致了农地细碎化问题。可见，农地细碎化的主要原因是存在农地异质性，要解决农地细碎化问题务必首先解决或缓解村落农地异质性。

农地异质性对农地整合确权的影响主要体现在农地置换分配的谈判成本上。若以同面积置换整合为原则，农户必然更加偏好于土壤状况好、交通便利的连片农地，而土壤条件和交通条件较差的农地必然价值较低。由于农地异质性无法通过农地置换连片得到解决，因此农地异质性导致的农地价值不均衡在很大程度上会损害农地整合置换的公平性，必然成为农地整合确权实施的巨大阻碍。就农地整合确权而言，该制度实质上在挑战土地承包分配制度背景下已形成的公平性体系。以农地土壤、交通条件好坏作为公平分配依据的思想对于老一辈农户而言根深蒂固，而恰恰当下农村仅剩老一辈农户，因此如何打破固化的旧式农地分配思想，让老一辈农户理解农地整合确权的效益、接受农地整合置换改革，亦是该制度实施的关键。

（二）以农业公共基础设施建设为主要手段

为了解决农地置换整合中存在的农地质量、灌溉条件、交通条件差异和面积减少等普遍存在的难题，争取更广大农户的支持，升平村主要采取了以下措施：

1. 争取外部资金投入，搞好农业公共基础设施建设

为了最大限度地减少农地质量和交通条件差异，村委会通过多种渠道整合了各项涉农项目资金（阳山县也明确将各级财政支农资金集中使用）25.39 万元，村委会现金投入 5 万元，村民投工投劳折资 16 万元，总计投入 46.39 万元，在升

平村 5 个村小组中建成 11 条 2.5～3.5 米宽、总长 1 665 米、基本由村民自己规划设计的环村机耕道路，建成 15 条 0.7 米宽、总里程 3 180 米的环绕型"三面光"水利沟渠，且尽量拉直线，两项加总后，每百亩土地投入成本超过 16 万元，即每亩地的农业公共基础设施投入成本约 1 600 元。基于 5 个试点村小组的经验，升平村其他 13 个村小组也于 2018 年至 2019 年陆续修建环村机耕道路和水利沟渠。在农业公共基础设施修建完成后，升平村的农地基本不存在交通条件和灌溉条件的差异问题，农地异质性大幅度降低。

2. 合理解决农业公共基础设施建设公用面积的分摊问题

升平村经过测量确定，5 个试点村小组修建机耕道路及水利沟渠总共需要占用 7.2 亩土地，经过集体讨论决定，对于修建农业公共基础设施所占用的土地，采取平均分摊的办法解决，即每亩承包地平均分摊 0.03 亩。经过整理后，农户每亩承包土地实际到手的面积为 0.97 亩。在此基础上，当机耕道路和水利沟渠占用农户农地时，对于设施所占用的农户农地，村集体会按照同等面积在别处补足（村集体拥有一定的田地用于机动性分配）。由此，升平村有效解决了由于农业公共基础设施建设造成的农地面积减少的问题。

（三）科学合理的农地置换与分配

1. 解决"插花地"问题，坚持"三不变"原则

首先，村民商定要抓住这次"一户一地"的机遇，实现一村组一片地耕作，在村小组之间同样进行土地置换调整，解决村小组之间的"插花地"问题。其次，坚持"三不变"原则（即房前屋后地块不变、果园不变、鱼塘不变），以其为中心划分各户的地块，兄弟间的土地可连片分配。通过上述措施，到 2016 年 11 月底，升平村已基本完成农地确权工作。

2. 第三方抽签的农地再分配模式

在具体实施土地置换过程中，村农地确权小组首先将相关信息分为村落土地地块面积和农户承包地总面积两类。然后，为了避免本村"内部人控制"的嫌疑，专门邀请镇农地确权办工作人员作为第三方将土地地块与农户承包地进行关联匹配。镇农地确权办工作人员在完全不知每个农户身份信息的情况下，以类似拼图的方式，根据不同农户的承包地面积，找寻村中能够与其承包土地面积契合的地块（连片）进行关联匹配，这样农户分到的承包土地无论是好是坏，都必定是连片的，可实现每家农户的承包土地尽可能是一块。

五、升平村农地整合确权的制度效应

升平村在党总支书记班贤文带领下，通过农地置换整合实现了"一户三地"

的局面，极大地缓解了农地细碎化问题，实现了土地"由散到整"、机耕道路"从无到有"、水利沟渠"从曲到直"、村组间"插花地""从有到无"、土地产出效益"由低到高"、邻里纠纷"由多到少"六大变化，并进一步在此基础上顺利推行农地确权颁证。农地整合确权至少存在四个逐步响应的制度效应，按发生顺序进行排列依次为：农地运作效率提升效应、农地流转与集中效应、种植结构转变和产业升级效应、乡村建设和就业促进效应（见图1）。

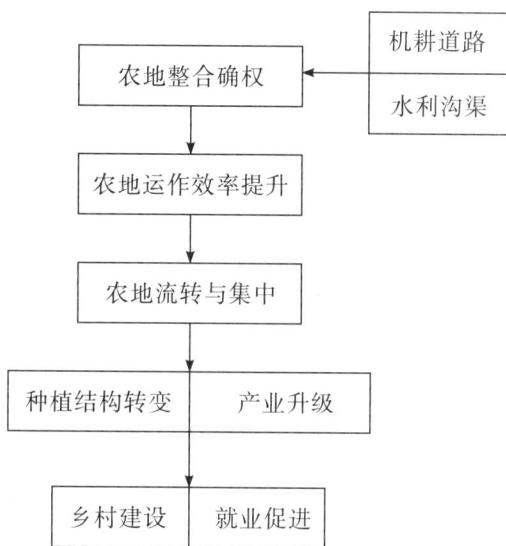

图1 农地整合确权的制度效应

（一）农地运作效率提升效应

农地整合确权后，加之修建了3米宽的机耕道路和修整了"三面光"水利沟渠，农业机械使用程度和农业生产效率大幅度提升。一是降低了运输成本。之前靠肩挑运输，平均每亩每造需要投入农用物资及收成作物的运输成本是60元，现在利用运输工具，每亩每造的运输成本下降为40元。二是降低了耕作成本。每亩每造土地的打田插秧成本从130元降至90元，每亩每造土地的收割成本从过去的130元降至90元，每年两造共节省200元/亩。三是提升了农地产量。之前由于农地细碎、排灌不畅和农业机械无法进入，平均每亩每造水稻产量仅有400公斤，整合确权后，平均每亩每造水稻产量增至425公斤，每年两造计增产50公斤/亩，折款150元/亩。可见，由于农地整合置换加之农业公共基础设施投入，粮食生产每年共可节省350元/亩。有当地村民表示："原来家里有2亩多田地，大大小小有20多块，四面八方都有，本来就只有两个老人在家忙活，春耕时要来回跑，人工都花不少，耕田划不来，现在好了，新规划出来的一户一田，解放了劳动力。"

（二）农地流转与集中效应

升平村的整合确权使得每家农户的承包土地块数从原来的 5 ~ 8 块减至 1 ~ 3 块，为农地确权后的农地流转与集中创造了更好的条件：

对于农地承包主体农户而言，农地整合连片加之机耕道路、水利沟渠建设使得农地运作效率大幅度提升。整合确权前的很多农地，尤其是地势偏远、远离主路、灌溉不便的农地，即使免费也没有人愿意承租，农地抛荒率非常高，农地流转率基本为零。农地整合确权后，农户的农地耕作更加便捷、收益更高，即使不亲自耕作，流转出去也可以获得 400 元/（年·亩）的收益。因此，农地整合确权后，抛荒农地基本消失，农地流转量由整合确权前的 0 亩上升至 1 300 亩，即整合确权后的农地流转率增长至 38.59%（升平村总耕地面积 3 369 亩）。

对于农业经营主体而言，农地置换整合后，不仅农地生产价值提升，而且流入同等面积农地所需要接触的交易对象显著减少。为了更充分地发挥农地价值，将村落农地集中规划利用，班贤文书记一方面号召在外创业成功的乡贤们回乡发展，另一方面召开农户代表大会，动员农户们将农地流出。此外，为了进一步吸引投资，班贤文书记决定实施土地入股制，即对大规模流入农地的经营主体首年免租，前 4 年中的另外 3 年虽不免租但亦不拿租金。4 年后，若经营主体获得盈利，那么盈利的 15% 作为农地租金，若经营主体亏损，则按照 400 元/（年·亩）的价格支付农户 3 年的农地租金。由此，经营主体的经营风险降低、资金负担减少、投资积极性提高。此外，为保证村集体具有更强的运营管理能力和保持行动持续性，村集体每年会按 50 元/亩从农地租金中收缴一定费用作为中介协商成本。这种模式激励了一批具有乡土情怀的乡贤回到升平村进行农业投资。以前在国外承包工程建设，现为黎埠镇政熠家庭农场负责人的江建青就是一个典型例子。他在班贤文书记的积极影响下，毅然决定将多年的储蓄投资到升平村的农业发展中。他从农户手中流转了 400 亩农地种植莲花、构树、猕猴桃、沙田柚以及黄金蜜柚等经济作物。升平村 1 300 亩流转农地中，有 90% 都是这种由乡贤主导的集中连片大规模流转。

（三）种植结构转变和产业升级效应

成功实现农地整合确权后，班贤文书记为进一步利用置换整合后的农地，通过鼓励农户转出农地、号召乡贤回村发展，促进升平村种植结构转变和产业升级。

1. 种植结构转变

升平村在整合确权前主要种植水稻、玉米、花生、红薯这类技术要求和附加价值不高的粮食经济作物。整合确权后，由于农地经营主体由传统小型农户向大规模经营主体演化，种植作物也逐渐从低技术含量、低附加值作物向高技术含量、高附加值作物转变。升平村大规模流转农地主要种植沙田柚、黄金蜜柚、莲花、构树、猕猴桃、火龙果等，虽然经济效益显现慢，但不可否认整合确权后的种植结构具有更强大的经济潜力。

2. 产业升级

升平村在整合确权后的产业升级主要围绕新兴作物莲子和构树进行。升平村的莲子销售主要有两种方式：一是当作"水果莲"直接销售，二是进行加工和包装后再销售。为了第二种方式，江建青设立了莲子加工包装车间。此外，为了避免莲子和其他果类作物可能存在的因季节性供应过量导致的滞销问题，江建青还进一步建设冷藏储存车间，使蔬果作物不易腐烂，少受销售季节限制。升平村的构树销售亦存在两种方式：一是当作药材直接销售，二是加工成为茶叶进行销售。为了将构树加工成为茶叶，江建青等几个升平村的合作社人员购置了茶叶制作、烘干和包装设备，致力于将构树打造成为一款具有养生功能的茶叶进行销售。

（四）乡村建设和就业促进效应

1. 乡村建设

随着整合确权后引发的机耕道路修建、水利沟渠修整、农地规模连片、种植结构转变和产业升级等一系列变化，升平村的村落样貌得到大幅度改善。又恰逢国家乡村振兴战略、建设美丽乡村的大幅度补贴，村民纷纷集资建设农村基础设施，升平村的道路、路灯、公共洗手间、娱乐锻炼设施以及跳舞广场等都因之变得更加完善和现代化。原先散乱的农田现在坐落有序，一片片莲花、柚子树、猕猴桃树等吸引了许多游人参观。此外，升平村还借势大力发展旅游产业，与碧桂园合作，沿着河边建设了绿道，供村民和游客休憩、散步和观光。

2. 就业促进

升平村农地整合确权前，由于耕地成本较高，收益较低，许多村民都不愿意种田，或只耕作一小部分良田。由于留居农村的绝大部分为老一辈农民，平均年龄大于55岁，故绝大部分留村劳动力缺乏外出务工能力，终日无所事事，村落整体风气较差。在整合确权后，一方面，农地运作价值提升，农户值得投入更多时间进行农业耕作。另一方面，因种植结构转变和产业升级，合作社需要大量劳动力从事种植和生产工作。如江建青合作社雇佣50~60岁的劳动力从事莲子和果树种植和采摘工作，工资一般为100元/天，雇佣其他较为弱质的劳动力从事剥离莲子等简单工作，工资一般为50元/天，此外，还雇佣贫困户从事莲子加工工作。种植结构转变和产业升级极大地带动了村落老龄化和弱质化劳动力的就业。升平村现阶段的民风民俗已得到极大改善。

为了验证农地整合确权对农户产生的积极效应，笔者于 2019 年带着"既然农地整合确权是一种好制度，是否会产生示范效应被效仿？"的问题再次到阳山县黎埠镇进行调研。调研发现，至少在黎埠镇"农地整合"已经发挥了示范效应。以与升平村一河之隔的保平村为例，许多村小组组长表示，自己所在村小组原来没有实行"置换整合再确权"，是按照第二轮农地承包时的土地承包方式进行确权，现在许多农户要求村小组组长找村党支部书记、村委会主任反映：即使农地确权已经完成，还是想让村委会帮助推进农地置换整合，由农户承担部分农地置换整合的成本也可以。这就真正从原来的"你要我推进农地置换整合"转变为"我要你推进农地置换整合"。

六、结论

（一）农地细碎化是阻碍中国农业现代化发展的重要因素

土地整合的效率来源于规模经济性。规模经济的本质是分工经济，分工程度受交易成本约束。阳山县黎埠镇升平村抓住新一轮农地确权的机会，通过农地置换整合破解土地细碎化难题，极大降低了农地规模经营推进过程中的农地流转交易成本。但是，农地置换整合也带来了相当高昂的尺度成本，因而需要引入效率装置（即机耕道路）和平衡装置（即水利沟渠）等一系列农业公共基础设施，以大幅提升农地置换整合后的规模经济性，降低置换过程中的制度变迁成本。此外，应借助政府的政策导向，充分利用政策红利，积极争取财政资金及其他外部资金的投入，建设农业公共基础设施，在弱化不同地块间质量差异的同时，使农户以最小的成本获得稳定的规模经济预期，进而激励农户支持并主动参与农地置换整合。农地整合确权又进一步促进了农地规模集中、种植结构转变、产业升级、乡村建设以及劳动力就业。可见，制度变迁成本是约束制度变迁的重要变量，如何降低制度变迁成本成为促进制度结构优化的关键。总结升平村的案例可知，改制手段的运用，一方面提供了效率装置，通过提高新制度运行效率，以更优制度取缔现存制度；另一方面提供了平衡装置，通过平衡各主体的利益损害，降低其抗拒程度，减少谈判成本，为制度变革铺平道路。

（二）农地整合确权存在的约束条件

首先，农地整合确权对农业生产性公共服务与设施和精英人物具有较大的依赖性。如果升平村不进行土地置换整合，仅仅进行农业公共基础设施建设，是否有可能通过市场交易实现土地整合和规模经营？一个可能的答案是，面对规模经营产生的潜在收益的刺激，人们也许会考虑通过农地流转和置换扩大农地经营规模。于是，为了分担或降低农地流转市场产生的高昂交易成本，类似土地股份合作社这样的交易装置便应运而生，其通过合约安排，配套相应的公共基础设施，可有效引入分工经济的经营模式，在降低交易成本的同时，实现规模经营。

此外，假如没有财政对农业公共基础设施进行投入，那么村组织会自发筹资建设农业公共基础设施吗？答案显然更可能是否定的。农业公共基础设施具有鲜明的共用品特征，不计损耗折旧，其使用的边际成本为零，因此每个人都期望"搭便车"，除非允许收费，否则很难出现独立出资人。如果是由农户共同集资，不同地块的收益面存在差异，村头受益少，村尾受益多。就如同大厦安装升降梯，高层受益多需多付费，低层受益少便少付费，但升降梯损益容易计算，农地耕作的收益不易度量，空间位置是权重，耕作面积是权重，种植类型也是权重，种植水稻、玉米可获得收割机进入的好处，种植蔬菜、水果则受益于水利建设。即使土地已置换整合，修路整水利后的规模收益亦不可准确预期，农户并不一定愿意承担此收益风险。可见，在农户家庭联产承包责任制下，集资建设农业公共基础设施的谈判成本和信息成本都高，难以达成合作契约，试图通过农地置换整合再确权，进而推进农地规模经营的难度相当大。也就是说，引入外部资金建设农业公共基础设施，承担农地整合的建设成本，降低交易成本，成为农地置换整合再确权的基本要件。

参考文献

[1] 罗必良. 农地流转的市场逻辑——"产权强度—禀赋效应—交易装置"的分析线索及案例研究 [J]. 南方经济，2014 (5)：1-24.

[2] 张五常. 经济解释：卷四：制度的选择 [M]. 北京：中信出版社，2014：292-294.

[3] 胡新艳，朱文珏，刘凯. 村落地权配置的效率来源：产权匹配逻辑 [J]. 江西财经大学学报，2014 (3)：76-85.

[4] 付江涛，纪月清，胡浩. 新一轮承包地确权登记颁证是否促进了农户的土地流转——来自江苏省3县（市、区）的经验证据 [J]. 南京农业大学学报（社会科学版），2016 (1)：105-113，165.

[5] 程令国，张晔，刘志彪. 农地确权促进了中国农村土地的流转吗？ [J]. 管理世界，2016 (1)：88-98.

[6] 马贤磊，仇童伟，钱忠好. 农地产权安全性与农地流转市场的农户参与——

基于江苏、湖北、广西、黑龙江四省（区）调查数据的实证分析 [J]. 中国农村经济，2015（2）：22 - 37.

[7] 胡新艳，罗必良. 新一轮农地确权与促进流转：粤赣证据 [J]. 改革，2016（4）：85 - 94.

[8] 邹宝玲，罗必良，钟文晶. 农地流转的契约期限选择——威廉姆森分析范式及其实证 [J]. 农业经济问题，2016（2）：25 - 32，110.

[9] 胡新艳，朱文珏，罗锦涛. 农业规模经营方式创新：从土地逻辑到分工逻辑 [J]. 江海学刊，2015（2）：75 - 82，238.

[10] 亚当·斯密. 国民财富的性质和原因的研究 [M]. 郭大力，等译. 北京：商务印书馆，1974.

案例使用说明

一、教学目的与用途

（一）适用课程

本案例适用于"现代农业创新与乡村振兴战略""制度经济学""农业经济管理""农村组织与制度"等课程。

（二）适用对象

本案例适用对象包括农业经济学、制度经济学以及农业管理学等经济类或管理类专业的本科生、硕士研究生和博士研究生。

（三）教学目的

掌握一定理论知识，训练相应分析能力：

（1）知识点：农地确权政策；交易成本理论；制度选择理论（合约选择理论）。

（2）能力训练点：第一，判断不同制度或合约的交易成本差异，从而推断制度、合约的选择逻辑和产权主体的行为逻辑。第二，学习"产权特性—产权对象—合约选择"的逻辑分析框架。

二、启发性思考题

本案例的思考题主要对应案例教学的知识传递目标，思考题与案例阅读应同时布置，另外，要让学生尽量在课前阅读制度经济学相关知识点，特别是关于交易成本理论的知识点，重点阅读科斯、威廉姆森、德姆塞茨、张五常等作者的经典文献。

（1）升平村为什么要选择农地整合确权模式？

（2）农地整合确权模式有哪些实施约束条件？这一模式在哪些情景或条件下实施的可能性更大？

（3）农业公共基础设施建设对农地整合确权模式具有怎样的意义和作用？

（4）如果升平村不进行土地置换整合，只是进行农业公共基础设施建设，是否有可能通过市场交易实现土地整合和规模经营？

（5）假如没有农业公共基础设施的财政投入，村组织会自发筹资进行农业公共基础设施建设吗？

三、分析思路

教师需要根据自己的教学目的灵活使用本案例，本案例的分析视角非常多元，此处的分析思路主要针对升平村实行农地整合确权的经济均衡，仅供参考。

首先，构造一个农地整合确权效益函数：

$$\gamma = R - D\left(\frac{p_1}{M}\right) - G\left(w, e, l, \frac{p_1}{M}, d, r, i\right) - I - F(M, k, h, r, i) \text{ ①}$$

从中推导出影响农地整合确权的因素，除了农地整合确权的制度收益，还包括制度变迁内含的界定成本、谈判成本、讯息成本以及辅助性手段农业生产基础设施建设可能带来的建设成本。函数中还推导出可能影响农地整合确权的各种客观因素和变量。然而，还有诸多影响农地整合确权的主观因素无法量化以及通过函数进行表达。通过对案例的深入分析，可以对各种影响农地整合确权的主观因素和客观因素进行阐述，以此说明农地整合确权是如何发生的，以及这些因素具体如何影响农地整合确权。在主观因素方面，主要阐述精英人物对农地整合确权的推动作用。在客观因素方面，主要阐述机耕道路和水利设施建设对农地整合确权的推动作用。

（一）精英人物的推动作用

农地整合确权在升平村的顺利实施离不开精英人物的推动作用。制度变迁是具有讯息成本的，实施者和制度的涉及方（即村集体和农户）并不知晓农地整合确权是否能够带来效率提升，以及能够带来多大程度的效率提升。即使能够确定农地整合确权必然带来效率提升，执行过程也依然极其烦琐和存在各种不确定因素。因此，农地整合确权的实施除了需要利用农业生产基础设施降低农地异质性和制度执行的谈判成本外，还需要政策制定者具有较强的创新意识、分析能力以及洞察能力，需要政策执行者具有较强的执行意志、沟通能力以及协调能力。时任阳山县委书记李欣自 2013 年开始进行新一轮农地确权试验，就力推借鉴湖北沙洋的做法，探索符合山区实际的土地整合置换模式，在阳山县宣传、鼓励和推动农地整合确权模式。2014 年底，阳山县已有 668 个村小组超过 6 万亩土地在确权

---

① R 为农地整合确权的制度收益，D 为农地整合确权的界定成本，G 为农地整合确权的谈判成本，I 为农地整合确权的讯息成本，F 为金融服务，$\frac{p_1}{M}$ 为农地整合确权前的农地细碎化程度，w 为村落外出务工人员比例，e 为村落中的宗族数量程度，l 为村落干部的领导能力，d 为农地异质性，r 为机耕道路投入，i 为水利设施投入，M 为每一块连片农地，k 和 h 分别为机耕道路和水利设施的建造单位成本或每亩农地对应的建造成本。

过程中完成调整置换。

农地整合确权实施的难点在于措施的落实和执行。由于升平村属于阳山县实施农地整合确权的第一批村落，缺乏相应的示范案例和实施经验，因此农地整合确权中烦琐复杂且重复的游说、协商和谈判所引致的讯息成本和谈判成本是整合确权实施的最大桎梏。整合确权制度变迁的讯息成本和谈判成本主要表现为让每一个村民都参与进来，使其接受和支持农地整合确权的实施，以及化解农地整合过程中的各种矛盾纠纷所付出的代价和成本。具体而言，农地整合确权中的讯息成本是指让每个农户了解和获知农地整合确权的制度收益，使得每个农户都愿意支付参与到农地置换整合中所需的代价和成本；谈判成本是指农地整合确权中的地块分配协商谈判所付出的代价和成本。

整合确权的高额制度成本使得大部分村落的村干部望而却步。因此，村干部的执行意志力、协调能力、办事能力及其为人民群众服务的意识对于农地整合确权的执行至关重要。升平村党总支书记班贤文经常以"做官先做人，万事民为先"的人生格言时刻勉励自己，坚持"从群众中来，到群众中去"的办事原则，努力维护村内平安稳定。班贤文为群众解决了许多矛盾纠纷，真正做到"小事不出村，大事不出镇"，努力将矛盾纠纷解决在萌芽状态。因此，他在村内具有较高的威望，为后来升平村农地整合确权的顺利实施打下坚实的人际基础，成为启动和推进农地整合确权的关键。

（1）班贤文的经济基础和乡土情怀。班贤文是升平村本村人，1999 年至 2006 年在香港从事商业经营，年收入达到几十万元。2006 年，由于父亲生病，班贤文放下生意回到升平村。由于村支书这个职位工资低、事情杂而且吃力不讨好，除去部分人员有谋私利的动机，实质并没有很多人愿意任职。班贤文回到升平村后，看到家乡的贫穷与破败，希望为村落做一些贡献，让家乡脱离贫穷、走向富裕。正是这种"造福家乡，服务乡亲"的情怀，激励他在 2015 年不顾家人的反对，坚持竞选升平村的村支书并成功当选。上任之初，其工资仅有 490 元一个月，直到 2019 年也仅上升为 2 000 多元一个月。班贤文早年在村里务农时发现村里细碎化、分散化的农地耕作的不利和不便，早已萌生将农地连片的想法，加之遇上农地确权契机，因此班贤文上任后施行的第一件大事就是农地整合确权。

（2）农地整合确权措施的启动和游说工作。班贤文在外工作多年，拥有较为广阔的见识，更能理解和预期农地整合置换的好处。然而，对于大部分农户尤其是老一辈农户而言，他们仅知道哪一块田肥、哪一块田瘦，并不理解农地整合确权所能带来的潜在效率提升，而且农地整合确权又恰好与农户们的传统农地分配认知相违背。因此，升平村的农地整合确权制度变迁暗含非常高的讯息成本。在升平村农地整合确权启动宣传伊始,几乎所有村民都反对班贤文所提出的农地整合置换,参与积极性不高,甚至有部分村民存在抵触情绪,对农地整合确权这个新生事物抱着不理解、不支持、不配合的态度。更有甚者天天跑到田间地头,对着正辛苦丈量土地的班贤文及其他村干部大声谩骂,并弄坏、捣毁地块标志物。这种反对意见不仅来自村民,还来自许多村干部的家属。班贤文带领下的村干部班子不仅要面对村民的责备谩骂,还要忍受家庭中其他成员的不理解和反对。

对此,班贤文的做法主要有二:一是基于外出务工年轻一辈接受新鲜事物能力强和在外见过世面,更加能够理解农地整合确权可能带来的好处,班贤文就想办法借助这一群体的力量,先做通年轻一辈的思想工作,让他们认识到农地整合确权可能获得的收益,再让他们回来劝说家庭中在村内居住的老一辈农户支持农地整合确权工作。二是对于部分思想观念难以转变的群众,班贤文利用晚上休息时间,带着村干部们深入农户家庭,逐户耐心地做思想工作,解答农户的质疑。

其间,为了让村民明白农地整合确权的利益所在,让村干部树立推进农地整合确权工作的信心,并表明其推进农地整合确权的决心,班贤文甚至在村组会上明确向大家表示,如果升平村的农地整合确权最后无法推进,他个人将承担整合过程中高达几十万元的所有成本。通过村干部们日夜不断的沟通工作,推进农地整合置换以实现共同致富的观念深入每个农户心里,升平村的农地整合置换工作终于得以顺利开展。

(3)置换整合中的农地再分配工作。农地异质性导致农地整合后的分配需要高昂成本进行谈判协商。通过机耕道路和水利设施建设可以大幅度减少农地异质性进而降低谈判成本。然而,机耕道路和水利设施建设的资金来源成为一个关键问题。升平村的做法是:一方面,将农业综合补贴整合用于农业生产基础设施建设;另一方面,游说上级政府部门,争取部分资金扶持,剩下不足部分组织村民进行筹集。最终,升平村整合了各项涉农补助资金25.39万元,村委会现金投入5万元,村民投工投劳折资16万元,总计投入46.39万元。在组织村民集资过程中,大部分村民不愿意分摊,担心一旦农地整合措施失败,这些投入将无法收回。此时,班贤文对村民承诺全部承担农地整合置换的风险,若整合置换失败,那么前期所投入的全部成本将由他一力承担。因此,村民才毫无顾忌地参与到农业生产基础设施建设和农地整合置换中。

虽然农业生产基础设施建设可以解决农地的交通条件和灌溉条件差异问题,但是农地的肥瘦质量差异依然存在。瘦的田块即使连片亦没有村民愿意接手。班贤文的做法是:除了自己承担别人不要的田地外,还动员党员发挥先锋模范作用,勇于接手别人不要的田地,吃一点亏只为了完成大事。其中最为典型的例子是,他把曾经担任过村干部的发小江建青也动员回村。江建青早年在村里担任村干部，后来出外打工、经商，还作为外派人员到国外公司工作，有丰富的经历，积累了一定的财富，对村里有深厚的感情，也希望把村里建设好，自己将来可以在村里安度晚年。所以，一接到班贤文的邀请，江建青就辞去了外面的工作，回到村里开始了莲子种植，还为村里的工作出钱出力。当个别农户不愿意接收所谓的"距离远、土地肥力差"的土地时，江建青第一个表示把全村所有人挑完后剩下的那块地留给自己，帮助村干部一起化解了土地肥瘦等原因带来的矛盾。与此同时，江建青在村里筹建农业企业，种植莲子、猕猴桃并从事加工销售，努力从农户手中按照统一租金流转土地，让农户看到农地不存在肥瘦差别，关键取决于在地上种什么作物。另外，江建青还主动设立了"扶贫车间"，接收村里50岁以上甚至70多岁、有一定劳动能力的劳动力到企业来上班，做一些力所能及的劳动，比如剥莲子（虽然也可以用机器剥莲子，但他为了让村里的老人有活干，按先人工后机器的原则安排相关工作），让村里的老人有了一份有收入的工作，赢得了村民的支持，也帮助村干部分担了相关工作。由此，农地置换整合中的农地异质性问题基本得到解决。

总之，农地整合确权暗含的讯息成本、谈判成本及相应风险在很大程度上由班贤文及其带领下的村干部们独自承担。若从经济学理性人的角度分析，班贤文行为的成本收益很有可能是负值。可以说，若不是班贤文等村干部为了一份责任和情怀而愿意承担一部分农地整合置换的成本，升平村农地整合确权实施的可能性将变得非常低。升平村在农地整合置换再确权中所取得的丰硕成果凝聚着班贤文及其带领的村干部们的辛劳和付出，他们为升平村的发展所作的贡献有目共睹。班贤文勇于奉献的精神、较强的执行能力和在群众中较高的威信是农地整合确权在升平村成功实施不可或缺的条件，他本人也因此获得2019年广东省百名优秀基层党组织书记荣誉称号。

（二）农地整合确权模式的选择逻辑

面对新一轮农地整合确权的要求，升平村存在三种可能的选择：一是不采取任何土地整合措施，直接依据第二轮土地家庭承包时每家农户的承包地面积、位置等信息进行确权；二是在没有农业生产基础设施投入的前提下，实施农地置换整合再确权；三是争取外部资金投入，在建设农业生产基础设施（机耕道路、水利沟渠）的基础上进行农地置换整合再确权。假设村落人口数量、土地面积相对不变，不同确权模式隐含着不同的改制成本。

1. 不改变原有产权格局的农地确权确地模式

在农地确权的制度变迁成本中，由于农地在确权中重新界定的成本（即确权的外业测量成本）主要由政府承担，故村集体在确权中主要承担的是解决产权纠纷的协商谈判成本。在细碎化产权格局下，农地确权并不能产生任何收益，还可能造成农地细碎化固化和抑制农地集中。此外，在细碎化格局下的农地确权存在较多产权纠纷，表现为较高的谈判成本。因此，对于农地细碎化较为严重的村落而言，虽然农地确权界定成本由政府承担，但村集体依然需要承担产权重新界定引致的谈判成本，其显然是不经济的。这也可能是许多地方村级组织对于农地确权缺乏积极性和消极对待，确权工作进展缓慢的主要原因之一。

2. 无农业生产基础设施投入下的农地整合确权模式

由于直接的确权确地不经济，许多村落选择另辟蹊径，期望利用确权确股模式降低谈判成本。在阳山县开展农地确权初期，许多不符合条件的村落都选择确权确股模式。因此，阳山县政府严控确权确股模式，故县内村落无法实施该模式。农地整合确权便成为县内各村的另一选择。假设机耕道路和水利设施的投入为 0，那么农地整合确权制度效益表达为：

$$\gamma_1 = R_1 - D\left(\frac{p_1}{M}\right) - G_1\left(w, e, l, \frac{p_1}{M}, d\right) - I ①$$

其中，R_1 为没有投入农业生产基础设施即 r 和 i 皆为 0 时的农地整合确权的制度收益，G_1 为没有投入农业生产基础设施即 r 和 i 皆为 0 时的农地整合确权的谈判成本。

下面利用农地整合确权制度效益与农地异质性的关系图（见图 2）解释在没有投入农业生产基础设施的前提下进行整合确权的可能弊端。设 d_1 为一个村落整合确权前的农地异质性程度，在 d_1 农地异质性程度下，农地整合确权制度收益不随其变化为 R，农地整合确权的谈判成本为 G，总制度成本为 $G + D + I$，整合确权的效益为 γ_1。若农地异质性较高，其农地整合的谈判成本和总制度成本亦相对较高，故可能导致制度收益低于制度成本，制度变迁的总效益为负的不经济状况。可以推导出，在没有投入农业生产基础设施的前提下，农地整合确权的制度成本会非常高，这主要源于不同片区的农地耕作环境存在巨大差异，如村头与村尾存在差异、地势平坦与地势不平存在差异、靠近水源与远离水源存在差异、靠近主路与远离主路存在差异等。对于异质化权的调整，村民反对情绪之深、抗拒力度之大可想而知，村组织和村民需付出大量时间和成本进行谈判和协商，要说服

---

① R_1 为农地整合确权的制度收益，D 为农地整合确权的界定成本，G_1 为农地整合确权的谈判成本，I 为农地整合确权的讯息成本，$\frac{p_1}{M}$ 为农地整合确权前的农地细碎化程度，w 为村落外出务工人员比例，e 为村落中的宗族数量程度，l 为村落干部的领导能力，d 为农地异质性。

村民接受置换整合再确权几乎没有可能。事实上，笔者在阳山的调研也证明，大部分村落都要求必须在投入农业生产基础设施的前提下才愿意接受置换整合再确权的农地确权方式，不然就要保持原有的农地分散确权方式。

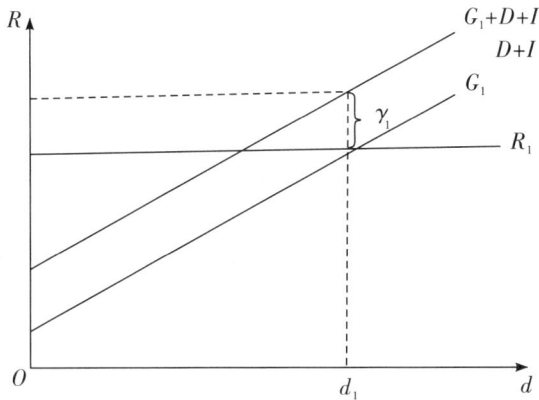

图2　农地整合确权制度效益与农地异质性

3. 建设农业生产基础设施，置换整合再确权

农业生产基础设施建设是实现土地置换整合再确权的关键。投入农业生产基础设施的农地整合确权制度收益函数可以表达为：

$$\gamma_2 = R_2 - D\left(\frac{p_1}{M}\right) - G\left(w,e,l,\frac{p_1}{M},d(r,i)\right) - F(M,k,h,r,i) - I$$

其中，R_2 为投入农业生产基础设施前提下即 r 和 i 皆为 1 时的农地整合确权的制度收益。当投入农业生产基础设施的农地整合确权的制度收益大于没有投入农业生产基础设施的农地整合确权的制度收益时，农业生产基础设施才有投入的必要性，其可以表达为：

$$\gamma_2 - \gamma_1 = R_2 - R_1 - \left(G\left(w,e,l,\frac{p_1}{M},d(1,1)\right) - G\left(w,e,l,\frac{p_1}{M},d(0,0)\right)\right) -$$

$$F(M,k,h,1,1)$$

令 $\gamma_2 - \gamma_1 > 0$ 得：

$$R_2 - R_1 > \left(G\left(w,e,l,\frac{p_1}{M},d(1,1)\right) - G\left(w,e,l,\frac{p_1}{M},d(0,0)\right)\right) + F(M,k,h,1,1)$$

当上式成立时，证明投入农业生产基础设施的农地整合确权更加可以带来效率改进。农业生产基础设施具有两方面作用，而且不同基础设施在农地整合确权中的作用机理也不同：

其一，修建机耕道路和水利设施，可平抑地质差异，降低谈判成本。异质化产权的分配存在较高的制度成本，而机耕道路和水利设施的建设使得农地耕作环境差异大幅减少，产权价值趋同，故争夺资源可能引致的租值耗散会随之减少，农地置换中农户的纠纷也会随之减少。此外，当农户能够预见基础设施建设带来的租值提升时，其置换意愿和配合程度必然显著增加，从村组织的"求你置换"转变成农户的"我要置换"。特别是在农业生产基础设施主要由财政出资建设时，农地置换对升平村的农业生产促进作用更是产生显著示范效应，使其他村的农户参与农地置换的积极性提高，农业生产基础设施建设的财政资助甚至成为农户参与农地整合确权的必要条件。

其二，修建机耕道路和水利设施，可降低经营运作成本，提升整合确权制度收益。机耕道路不仅可以平抑村落农地交通运输条件上的差异，还有利于现代化生产机械的进入，从而降低农地经营运作成本。在缺乏机耕道路的耕作环境下，即使连片规模经营，大型机械亦难以进入，进入作业的时间耗散相对较大，故而增加经营成本，约束规模化的实现。机耕道路的投入可以有效降低经营运作成本，进而转化为土地租值。而水利设施的建设不仅可以大幅度降低农业浇灌成本，还可以提升农地经营潜在产出。

基于以上两点，农业生产基础设施建设不仅可以降低整合确权制度变迁中的谈判成本，还可以提高整合确权后的农业经营效率。可见，以政府为主导投入建设的农业生产基础设施是一种改制装置，发挥着推动产权结构改变和制度变迁的作用。具体来看，机耕道路和水利设施不仅是改制的效率装置，还是改制的平衡装置，两者共同促进更优制度安排的形成。

农业生产基础设施是需要建设成本的，如图3所示，农业生产基础设施建设对整合确权具有三个影响：一是整合确权制度收益增加，由 R_1 升至 R_2；二是整合确权谈判成本降低，由 G_1 降至 G_2；三是农业生产基础设施建设成本 F 的增添。当投入机耕道路和水利设施的效益提升 $\gamma_2 - \gamma_1$ 大于 0 时，投入农地生产设施进行整合确权的效益更高。在升平村的案例中，基于升平村属于贫困村，政府提供的扶持资金较多。其农业生产基础设施的建设资金中，54% 来源于政府、34% 由村民分摊、12% 来自村委会。因此，升平村投入农业生产基础设施的建设成本较低，这是推动整合确权顺利实施的重要因素。

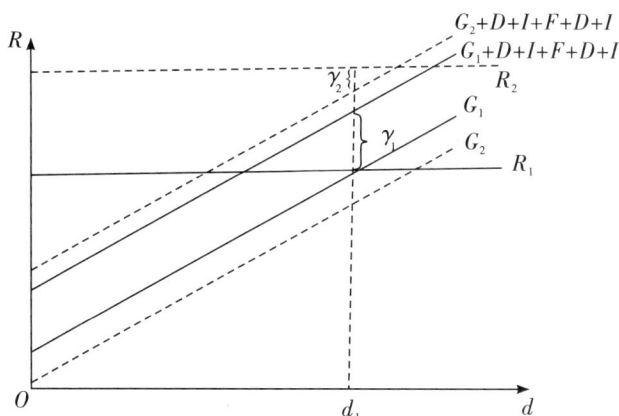

图 3　农地整合确权制度收益与农地异质性（投入农业生产基础设施）

四、理论依据

（一）交易成本理论及其构成

利用价格机制是有代价的，要实现交易和保障合约的履行务必进行谈判、缔约以及监督（Coase，1937，1960）。Arrow（1969）将其定义为市场制度的运作成本（即交易成本）。茅于轼（2014）同样认为交易成本就是生成价格的代价。为了使交易成本具备可操作性，Williamson（1985）将交易成本分为缔约前和缔约后两部分：缔约前的交易成本包括合约缔约成本、谈判成本以及保障合约执行所付出的成本；缔约后的交易成本分为四种形式：合约偏离的应变成本、合约偏离的争执成本、纠纷机制建立成本以及保障合约完全兑现的约束成本。他还提出了关于交易成本的三个维度：资产专用性、不确定性以及交易频率。Dahlman（1979）则将交易成本分为三部分：缔约前双方评估交易物需要耗费的时间和资源、缔约时需要谈判决定交易所产生的成本、缔约后需要监督合约执行所付出的代价。但张五常（2014）在此基础上将改制成本（即改变产权结构所需要付出的代价）纳入交易成本的范畴，丰富了交易成本体系。张五常的理论框架是交易成本理论的一个突破，以往交易成本完全集中于考量现行制度的交易成本（即现行合约的执行成本、监督成本以及谈判成本），并未考虑两种制度或合约替代所产生的代价。

当需要制度比较或合约对比时，经典交易成本理论往往束手无策。因此，制度改制成本的引入，使得交易成本理论可适用于研究制度或合约的比较替代问题。制度改制成本包括三个方面：一是界定成本，新制度或新合约对产权或权利重新界定、分配或划分所付出的代价；二是谈判成本或抗拒成本，为了制度或合约的更替，应对抗拒执行或谈判所付出的代价；三是讯息成本，为提高不同制度或合约的施行效率所付出的代价。

（二）制度变迁中的交易成本架构

基于上述交易成本理论文献，可以提炼出一个较为完善的交易成本理论框架（见图4）。交易成本包括现存制度的运作成本、制度变迁的改制成本。其中：现存制度的运作成本可以分为合约的执行成本（如交通成本）和进行交易的定价成本，定价成本包含缔约前的评估成本、缔约时的谈判成本以及缔约后的监督成本。其实监督成本亦是评估成本的一部分，因为在很多情形下，评估交易价值需要在合约执行时或完成后才能实现，但为方便区分，将缔约前的成本称为评估成本，而对应缔约后的成本则称为监督成本。制度变迁的改制成本可分为三类：一是讯息成本，即获知其他制度安排的运作方式及运作效果的成本；二是抗拒成本，即说服或强迫认为改制会损害自身利益的人，尤其是现存制度既得利益者的成本，也是制度变迁的谈判成本（基于谈判成本更便于理解，故后文提及的谈判成本均为抗拒成本）；三是界定成本，即产权重新界定所付出的成本。由此，当改制成本为零，运作成本最低的制度将被采用；当改制成本不为零，运作成本较低的制度可能不被采用，且改制成本越高，现存制度越受保护；若存在较低运作成本的制度，那么是否采用则取决于改制成本与改制后的运作成本的比较权衡。

结合本案例研究内容，分析视角重点基于现存制度的运作成本，以及基于现存制度的运作成本和制度变迁的改制成本之权衡比较。

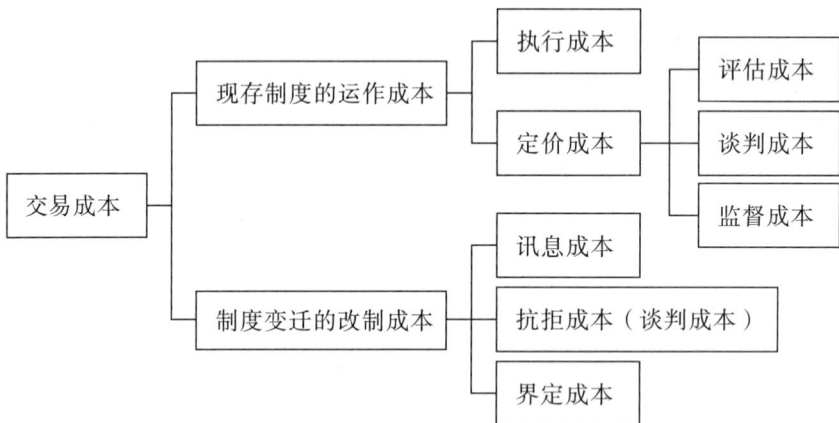

图4　交易成本的构成

五、关键要点

本案例要点有四：

一是关于农地确权，建议阅读程令国、张晔、刘志彪的《农地确权促进了中国农村土地的流转吗?》和罗必良的《农地确权、交易含义与农业经营方式转型——科斯定理拓展与案例研究》，有助于了解中国新一轮农地确权。

二是关于农地整合确权，建议阅读胡新艳、陈小知、米运生的《农地整合确权政策对农业规模经营发展的影响评估——来自准自然实验的证据》，有助于了解阳山县农地整合确权模式。

三是关于新制度经济学的基本观点，必须阅读科斯的两篇经典文献：The Nature of the Firm，The Problem of Social Cost。

四是关于交易成本理论和制度选择理论，阅读张五常的《经济解释（卷四）》之《制度的选择》，有助于理解本案例的分析视角。

六、课堂教学建议

本案例可以用于专门的案例讨论课，以下是按照时间进度提供的课堂教学建议，仅供参考。

整个案例讨论课的课堂时间控制在60—90分钟。为保证讨论质量，按学生数量分组，控制在8个小组以内，每个小组成员数量控制在6人以内。

（1）课前计划。

需要学生在课前阅读案例和文献，从而对案例细节和分析理论有初步认识。

（2）课中计划。

由教师选择需要学生思考的问题，尽量让学生深入讨论每一个问题，一节讨论课最好不要讨论超过2个问题。

明确主题，分组讨论（30分钟）：根据小组讨论得出论点，准备发言大纲，小组派出代表面向全体进行发言（每组5分钟），其他学生可提出质疑，现场进行讨论辩驳，全程根据学生分组数量控制在小组数量×10分钟左右，最后由教师进行归纳总结（5分钟）。

（3）课后计划。

布置一道思考题，让每个学生写出案例分析报告（不设字数要求，需要有自己的独特观点），建议学生尽量使用制度经济学理论或其他经济学理论进行论述。

七、案例后续进展

在升平村 5 个试点村小组成功实施农地整合确权后，班贤文书记进一步推动余下 13 个村小组进行农地整合确权。在模范作用带动下，其余村小组推进农地整合置换工作的开展十分顺利。其后，升平村在置换整合的基础上，统一进行确权颁证。近年来，升平村更是利用置换整合后的农地，鼓励、引导合作社通过"三变"改革种植福建蜜柚、观赏性珍贵名木、观赏莲花，打造现代农业公园，以及开发江心岛、红色古道石寨等发展乡村旅游，增强了集体经济实力，拓宽了经济收益渠道。

农业社会化服务的现实约束、路径与生成逻辑

——江西 LN 公司例证[①]

一、引言

健全农业社会化服务体系，实现小农户与现代农业发展的有机衔接，是中国现代农业发展的重要命题。农业社会化服务的具体含义已在国家政策文件中得到清晰界定，且这一概念在学术研究中也获得一致认同，是指为农业产前、产中、产后各作业环节提供的优质、高效、全面配套服务，贯穿于整个农业生产链条，有助于促进农业分工与专业化水平提升，提高农业生产效率。小农户的弱质性与生俱来，物质以及人力资本相对匮乏，导致其难以融入现代农业发展轨迹，而农业社会化服务则为小农户与现代农业搭建起有机衔接的桥梁。在现有土地、劳动力以及技术等约束条件下，各类新型农业经营主体开展的农业社会化服务能够有效缓解小农户面临的成本高、劳力缺、技能低、品牌弱以及质量忧等问题。其中，农业龙头企业在农业社会化服务体系建设方面扮演了重要角色。如何进一步发挥农业龙头企业的生产服务功能，破解小农户融入现代农业的难题，急需从理论上予以阐释，从实践中寻求答案。

实践中不乏成功案例，江西 LN 公司（以下简称"LN 公司"）即其中的典型代表。LN 公司作为集土地流转、水稻种植、种植技术推广、大米加工生产及销售为一体的综合性农业企业，直接带动农户 6 700 余户，给区域农民人均增收 2 500元左右，间接推动安义县及周边地区的土地流转租金每亩提高 250 元以上。2016年 LN 公司大米年产值 8 000 多万元。其中，互联网销售额达 600 多万元，公司年纯收入 620 万元，平均每年向农户颁发奖金 200 万元以上。LN 公司连续多年被评为"南昌市农业产业化龙头企业""江西省农业产业化龙头企业""全国农机合作社示范社"等，公司董事长也先后当选为江西省人大代表及党的十九大代表。然

---

① 本文原载于《学术研究》2019 年第 5 期，有改动。作者：罗明忠、邱海兰、陈江华。

而，LN 公司在成立初期曾连续三年出现亏损并形成大量负债，直到 2014 年才得以扭亏为盈。LN 公司从负债经营到盈利丰厚，从名不见经传到声望日隆，离不开其独特而又贯穿整个生产链条的农业社会化服务，这种经营模式不仅为 LN 公司的生产经营保驾护航，而且有效带动小农户走向农业现代化，实现"双赢"。为此，本文以 LN 公司为典型案例，探寻农业社会化服务的可行路径及其背后的生成逻辑。

二、文献回顾

工业化和城镇化深入推进带来的人地依存关系松动，理论上可以诱导土地流转集中，进而催发农业现代化，但实践中土地流转严重滞后且呈恶化趋势，小农户作为农业经营主体将长期存在。小农户天然具有的弱质性和外生的经济制度环境，使其难以达到现代农业发展的要求，生产经营面临诸多约束。尽管多数小农户拥有丰富的农业生产经验，但文化程度偏低、技能水平较差，无法适应和应用新技术，由此引发农业生产成本上涨、农产品竞争力下降等问题。同时，土地分散化、细碎化以及化肥、农药等生产要素价格普遍上涨，驱动农业生产成本攀升，进而影响农业生产效率和质量的提升。在农业比较收益劣势不断凸显的情形下，农村青壮年劳动力持续向非农产业转移，引致农业劳动力以妇女和老年人为主，呈现明显的弱质化趋势，导致优质劳动力短缺，制约了农业产业化发展。基于此现实判断，促进小农户与现代农业发展有机衔接已成必然。现代农业的核心要求在于保障农产品质量，而小农户缺乏质量安全意识和统一的生产经营标准，导致产品质量参差不齐，市场竞争力弱。

鉴于以小农生产为主的农业现代化发展面临诸多约束，学界主张构建农业社会化服务体系，以此搭起小农户与现代农业有机衔接的桥梁，解决小农户做不了、做不好与做了不划算的问题，破解"小生产与大市场"的症结。现有文献多从供给和需求两方面阐释农业社会化服务的生成与发展，形成"供给论""需求论""供需平衡论"三类各异的观点。"供给论"主张培育多元服务主体，强调政府与市场的共同作用，将龙头企业置于核心地位，坚持公益性服务与经营性服务相结合，创新服务机制。"需求论"侧重考虑农户自身的异质性，剖析不同类别农户的社会化服务需求差异，辨识影响农户需求差异的因素，进而提出优化建议。"供需平衡论"突出服务供给与需求间相互依存、匹配的关系，主张将二者放在统一的框架下研究，探寻其内在的平衡结构。既往研究从农业社会化服务角度对小农户与现代农业有机衔接的探讨，为本文提供了良好的借鉴。但这些研究对农业社会化服务的具体实施路径及其生成逻辑涉及尚浅，且较少以案例形式呈现。基于不同案例背景，农业社会化服务路径选择及其生成逻辑存在一定差异，有必要对其做进一步延伸，拓展相关理论空间和经验事实。

三、农业社会化服务一般生成逻辑：产权细分—分工深化—交易装置

在"三权分置"制度框架下，农地产权细分为所有权、承包权、经营权。囿于现有土地制度，土地经营权作为唯一可运作和配置的农地产权，如何盘活土地经营权成为小农户参与社会分工的关键。盘活土地经营权取决于产权可分性，农地经营权细分为多元生产服务主体进入农业提供制度可能，构成农业分工的前提条件。但交易成本会随农业分工程度的上升而增加，交易装置的生成将成为有效保障分工效率并降低交易成本的重要机制。

（一）产权细分与分工深化：逻辑基石

产权作为经济行为主体对财产的权利，实质为一项权利束。异质性行为主体在资源禀赋、行为能力以及收益偏好上具有明显差异，由此形成不同的比较优势。任何资产都可能存在多种价值属性，显然，如果这些有价值的属性均被同一行为主体所占用，其结果往往是损失效率。而将价值属性进行分割并分配给具有不同比较优势的行为主体，能够极大地改善产权实施效率，减少租值耗散。按此逻辑，产权权利与行为主体的比较优势应互相匹配，以充分发挥个体的效用，其中暗含产权细分的重要性。异质性行为主体借助市场竞价机制开展产权权利的竞争，进而实现比较优势主体与产权权利匹配。产权细分拓展了产权配置及其效率改进的潜在空间，同时为分工深化提供制度可能。

一般意义上的分工从实物形态视角展开，将"分"代指为行为个体分化，"工"意味着不同生产活动。实际上，物品价值依赖于其内含的权利价值，因而分工的本质在于产权权利细分与交易。分工程度取决于市场范围的大小，市场范围同时也受分工程度影响。在产权细分下，产权交易范围、规模和类型得以拓展，引入更多异质性行为主体参与协作生产，从而提升分工的细密程度。异质性行为主体行使细分权利，从事不同的生产活动，将全能型生产过程分解为既独立又关联的专业化环节，由此促进分工深化。分工深化通常涵盖三层含义：个人的专业化水平、不同专业的种类数、生产的迂回度。产权权利束通常附着于某种有形的物品或无形的服务上，权利分解意味着生产链条的可延性和迂回度增加，因此产权细分程度越高，分工越深化。

（二）交易装置：路径选择

分工并非可以无限深化，而是存在边界。分工越深化，交易频率及交易规模

越随之增长，从而内生出高昂的交易成本。在产权细分和分工深化过程中，交易成本会损耗分工产生的经济收益，从而抑制分工进一步拓展。分工边界取决于交易成本，当分工带来的交易成本大于其产生的经济收益时，分工就会停止。当交易成本过高时，重新分配已界定的产权尽管在一定程度上能够提高交易效率，但容易引致利益调整不公和机会主义行为，因而选择恰当的交易装置进行匹配更为可行，能够在改善分工效率的同时降低交易成本。特别是当某项资产产权具有禀赋效应并附着产权主体的人格化特征时，产权调整往往难以实施或表现出低效率，阻碍分工深化。要改善人格化财产的分工效率，提升潜在收益，匹配恰当的产权交易装置无疑是更好的路径选择。交易装置涵盖三层含义：一是借助 B 交易改善 A 交易，即迂回交易；二是将交易成本高的 A 交易替换为交易成本低的 B 交易，即替代交易；三是选择 B 交易与 A 交易相匹配，改善交易效率，即匹配交易。拓展而言，交易装置指以某种交易为中介来改善最终交易，抑或是替换某种交易费用高的交易或匹配多种交易以提升交易效率，化解分工演进过程中交易成本过高的症结并寻求突围。

（三）农业社会化服务：生成机理

农地的人格化财产特征使其内含的禀赋效应抑制土地流转，阻碍土地规模经营，而农业服务规模经营在不触动农户在位控制权以及剩余索取权的根本利益前提下，为农业规模化、现代化发展提供可行路径。农地价值的多维属性和农业生产环节可分离，决定了土地经营权具备进一步细分的可能性。在尊重农户土地承包权的基础上，土地经营权细分无疑会促进农业产业内分工，拓展新型经营主体进入农业空间，催生农业社会化服务市场发育。经营权细分与交易将农业生产环节进行肢解重组，部分原本由农户自给的生产活动转为由其他经营主体提供，衍生出专业化服务市场。因此，农业生产环节的可分离性为农业社会化服务市场形成创造了条件。在农村劳动力转移引致农业劳动力弱质化的背景下，农户对农业社会化服务的需求不断增加，使农业社会化服务规模经济效应显现。为捕捉土地经营权细分内含的潜在获利机会，获取农业社会化服务规模经济效益与农业服务收益，各类专业性农业社会化服务如雨后春笋般涌现，促进农业技术分工和迂回生产效率的改善。农户通过购买专业服务的迂回方式，将新技术和新要素引入农业生产经营，达到改造传统农业和提升生产质量的目的。在此分工经营格局下，小农户不再受制于资源禀赋劣势，仅专注于核心生产操作，通过农业社会化服务这座桥梁走上通往现代农业之路。

农业社会化服务的本质为分工，将小农户卷入分工经济，由此实现农业生产报酬递增。分工产生的交易成本促使农业经营主体选择适宜的服务路径（即交易装置）进行匹配，以降低交易成本，提高生产效率。农业社会化服务作为整体性概念，主要涵盖三种服务交易装置：管理性服务交易装置、生产性服务交易装置、市场性服务交易装置。管理性服务交易装置向小农输出先进的农业管理知识或者直接提供管理服务，如聘请或培训新型职业农民。生产性服务交易装置为小农供应生产环节所需的各种生产资料、机械设备以及技术指导等，如生产资料合作社提供的种子、化肥、农药等，农机服务合作社提供的机械作业服务以及统防统治合作社提供的病虫害和火灾防治技术服务。市场性服务交易装置旨在解决小农生产质量安全以及销售风险问题，构建农产品品牌，提升产品质量和价值。管理、生产、市场服务交易装置"三管齐下"，覆盖小农生产经营全过程，构筑起小农与现代农业有机衔接的桥梁。基于上述分析，本文的分析思路如图1所示：

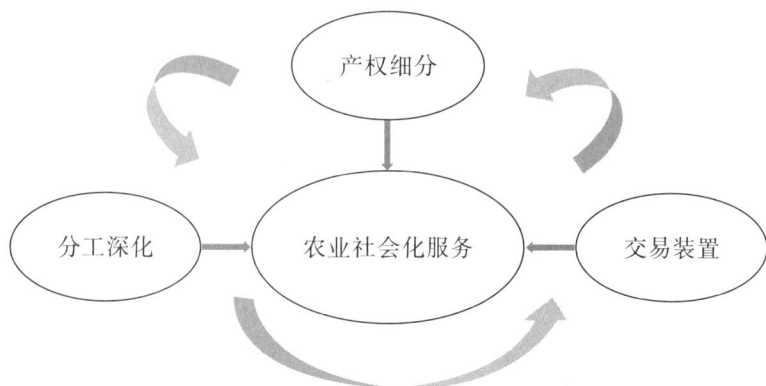

图1　理论分析逻辑

四、搭起小农户与现代农业有机衔接的桥梁：LN 公司例证

（一）案例背景

　　江西省安义县属于传统农业县，也是劳务输出大县。自20世纪90年代以来，80%的农村人口选择外出务工或经商，从事铝合金建材等行业，导致农村空心化、老龄化问题日益严重，土地撂荒现象突出。安义县遭遇了与全国大部分地区相同的现实困境："谁来种地""如何种地"。LN 公司在此背景下应运而生，最初由村中能人领头，通过与当地村民签订土地流转合同和劳动雇佣合同，整合农业资源，逐渐发展成为集水稻种植、蔬菜种植、畜禽养殖、休闲旅游、农产品加工、销售等产业于一体的农业龙头企业。截至2017年1月，LN 公司直接经营和托管的土地分别为1 267公顷和2 067公顷，拥有186名员工，实际生产经营主要依靠签订

雇佣合同的农户负责。其中，直接经营的土地通过雇佣 64 对农民夫妻完成，通过对这些职业农民进行专业化培训，提高其农业生产技能，有效降低农业经营管理成本。托管的土地则由种粮大户、家庭农场、普通农户自主经营，企业负责提供产前、产中、产后的耕作、加工、销售等服务。企业利用自身组织经营规模、信息、技术以及资金等优势，结合农户土地、劳动力等资源要素，高效整合农业资源，实现农业产业化经营。2015 年，企业总收入超过 9 930 万元，纯收入达到 330 万元；2016 年，企业总收入超过 11 412 万元，纯收入达到 620 万元。LN 公司已成为农业产业化经营的典型企业，开拓了农业社会化服务的新路径。

（二）案例分析

LN 公司已建立完善的内部专业化服务体系，集产前、产中、产后于一体的粮食生产、加工、销售服务系统，以水稻种植部门为中心，开展管理性服务、生产性服务以及市场性服务。其中，管理性服务主要向小农户输出农业管理知识，通过培育农业职业经理人市场，聘请或培训新型职业农民，转变农业发展理念。生产性服务由四大专业服务合作社共同协作完成，分别是土地流转合作社、生产资料合作社、农机服务合作社和统防统治合作社。其中，土地流转合作社主要负责流转小农户分散化与细碎化的土地，为农业规模化生产以及其他生产性服务的开展奠定基础。生产资料合作社为小农户供应农业生产所需的各种资料，提供种子、化肥、农药等一站式农资服务。农机服务合作社针对小农户机械化程度低、人工成本高等问题，提供用于整地、灌溉、收割等的机械设备以及机械维修服务。统防统治合作社开展农业病虫害及火灾防治服务，有效解决了小农户生产的弱质性问题，降低了农户生产经营风险。市场性服务有助于破解"小农户与大市场"的结构性矛盾，通过严格把控产品质量安全和标准化的加工、运输流程以及创新的销售方式，打造产品品牌，克服小农户"产品难卖"及"丰产不丰收"的问题，实现农户增收。

LN 公司"三位一体"的专业化服务体系（见图 2）搭建起小农户与现代农业有机衔接的桥梁，有必要对其具体的实施路径及生成逻辑进行深入剖析。

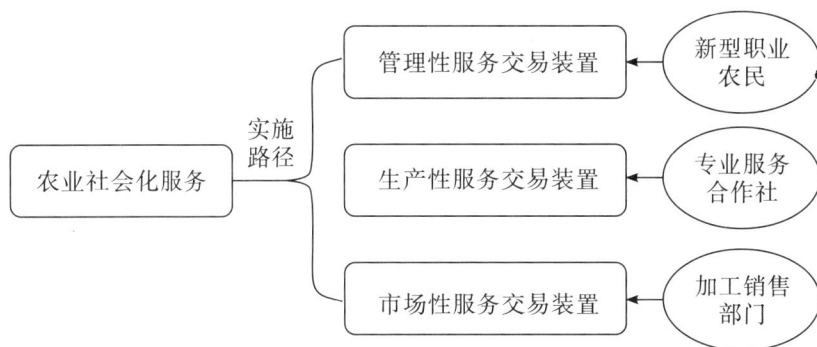

图2　LN公司"三位一体"的农业服务体系及其实施路径

1. 管理性服务交易装置：新型职业农民

（1）现实约束。

在务农劳动力弱质化趋势下，小农户市场信息把控能力偏低，经营能力欠缺，农业生产面临较大的风险。小农户普遍面临的问题是，农业劳动力老龄化、妇女化和弱质化，缺乏规模经营管理能力。农业生产周期长、抗风险能力弱的产业特性要求农业生产经营者必须具备对市场信息的敏锐度，而这种能力需要后天的培养和一定的知识积累。小农户文化水平偏低，对市场信息掌控程度弱，容易陷入经营决策错误的困境，造成不可挽回的损失。不仅如此，在农地确权政策引导下，对于一些愿意流转土地、扩大经营规模的农户，决策管理能力的欠缺无疑会放大其经营风险。小农户受制于有限的资源禀赋和行为能力，缺乏长远发展的眼光，经营决策短期化，农业发展面临管理能力不足的严峻约束。LN公司在开展农业经营中首先面临的难题就是要化解"谁来种地"的约束，迫切需要培养合格的新型职业农民。

（2）路径选择。

应培育新型职业农民，以农业科技支撑现代农业发展。伴随企业经营规模扩张，LN公司领导层意识到"50后""60后"虽经验丰富，具备吃苦耐劳的品质，但在知识结构、农田管理以及新技术运用等方面远不能满足现代农业发展的需要，培育新型职业农民成为小农户走向现代农业的必然趋势。为此，LN公司从当地选拔"种田能手"，将其送往相关农业高校、科研院所，有针对性地对其进行培训，使其掌握发展现代农业所需的知识与技能。同时，LN公司与江西农业大学、湖南农科院以及南昌农科院等建立长期合作关系，邀请相关领域专家到企业来对员工进行培训，将传统种植经验与现代管理知识相结合，引导传统农民向职业农民转变。

在此基础上，LN公司更加注重培养新一代职业农民，向现代农业注入新鲜血液。LN公司通过聘请一批农科专业的高校毕业生，建立"底薪＋奖金＋股金"的薪酬奖励制度，并为毕业生提供学习的机会，使其真正融入现代农业发展，充分发挥其先进的农业管理理念、经营技能，逐步培育出知识型现代农民。新型职业农民是现代农业可持续发展的关键，也是农民从"身份"向"职业"转变的重要跳跃。

（3）生成逻辑。

土地经营权细分内生的盈利机会被企业家发现并利用后，促进了"管理知识"分工深化，并逐渐形成提供"管理服务"这一中间产品的主体（服务交易装置），从而改善了农业知识分工，提高了决策管理效率。土地经营决策权、管理权及操作权的分解，有助于将农业管理知识从农业生产经营中分离出来，形成农业产业内分工格局，诱导管理性服务交易装置产生。新型职业农民作为管理性服务交易装置，能够有效克服小农户经营决策能力不足的约束和降低管理服务的搜寻、谈判等交易成本，推动农业社会化服务和现代农业发展。

2. 生产性服务交易装置：专业服务合作社

（1）现实约束。

目前小农生产普遍面临土地分散和细碎化、优质劳动力短缺、生产成本上涨、抗风险能力弱等约束。农地确权旨在保障和激活农户土地使用权，但现实情况却是固化土地细碎与分散的经营格局，加大土地交易成本，进一步阻碍现代农业发展。农地并非某种简单的可交易财产，而是象征农户身份属性的人格化财产，具有强烈的禀赋效应，这造成土地流转严重滞后与土地资源错配。与此同时，新型农业经营主体适度规模经营的发展易受到家庭务农劳动力不足的约束，而且伴随农村劳动力转移出现的农业劳动力弱质化，农业经营主体对农业社会化服务的需求大量增加。

此外，近年来农业生产资料价格日益上涨，以及普通农户受制于技术原因难以科学施肥用药，进一步抬升农业生产成本，使农产品缺乏市场竞争力，形成价格倒挂现象。生产要素价格上涨驱动农业生产成本攀升，挤占农业盈利空间，影响农业生产效率提升及农民收入增长，小农户发展现代农业动力不足。种子、化肥以及农药等生产资料质量关乎农产品产量和品质，小农户难以甄别或获取优质的生产资料，不利于农业生产，从而导致产品品质参差不齐。

农业生产周期长、易受病虫灾害影响以及抗风险能力弱等产业特性，致使小农户面临高经营风险。病虫害具有显著的负外部性，单独行动效果不佳，小农户分散经营难以抵抗病虫害的大面积传播。可见，小农户发展现代农业面临土地、劳动力以及生产资料、技术等诸多方面的生产性约束。LN 公司在开展农业经营中面临的关键难题是如何破解"怎么种地"的症结并寻求突围。同时，小农户面临诸多生产性约束，隐含对农业生产性服务的需求，为 LN 公司开展规模化生产性服务提供了现实可能。

（2）路径选择。

应建立土地流转合作社、农机服务合作社、生产资料合作社以及统防统治合作社四大专业服务合作社，为公司农地直接经营和托管服务提供支撑。四大专业服务合作社能有效破解小农户面临的土地、劳动力以及生产资料、技术等诸多约束，为农户提供全方位、一体化的生产性服务。作为生产性服务交易装置的专业服务合作社，是搭建小农户与现代农业有机衔接桥梁的关键环节。

土地流转合作社主要面向村集体，直接与村集体谈判，并支付村集体服务费用 20 元/亩。它使流转租金由原先的 200 元/亩/年增加到 500 元/亩/年，大大提高转出户农地流转收益，有效削弱农地流转中的禀赋效应，降低搜寻与谈判等费用，促进农地流转交易顺利达成。与此同时，农户群体逐渐出现分化。首先，一部分农户通过合作社将土地流转给 LN 公司，获取土地租金。对此类农户而言，土地流转合作社提供的土地流转服务一方面促进农地供需信息匹配与对接，减少搜寻、谈判等交易费用，不仅发挥了土地的财产性功能，还盘活了土地经营权；另一方面进一步释放家庭剩余劳动力，并为其提供多样化的就业选择，既可选择外出务工，也可前往 LN 公司实现就近择业，从而增加工资性收入（前往 LN 公司工作的农户，每年可获得 3 万元工资性收入）。同时，LN 公司坚持让利于民，尽管小农户已将土地流转，但每年国家种粮补贴仍归承包户所有。其次，还有一部分农户通过土地流转合作社对其土地实行托管，与 LN 公司签订托管协议。土地托管分为半托管和全托管，半托管依据农户个人需求提供有针对性的社会化服务，全托管则由 LN 公司提供一站式服务，覆盖农业生产、加工、销售全过程。

农机服务合作社主要向小农户提供农耕机械、灌溉设备和收割机械，用于农田开垦、灌溉和稻谷收割，重点推广机械翻耕、播种、插秧、开沟、打药、收割等技术。LN 公司利用农机补贴和规模农户支持政策，购置各类机械设备 430 余套，其中，大型拖拉机、收割机及插秧机 140 余台，全年可完成机耕面积 9 万亩、机插面积 1 万亩、机收面积 9 万亩。LN 公司投资 110 万元新建省一级农机维修服务中心和维修服务站（车），中心占地面积 1 350 平方米，其中，农机维修工作区域 460 平方米，农机库房 400 平方米。农机服务合作社实现粮食种植的全程机械化，机械化率高出当地规模农户的 20%，并为周边 7 万亩农田提供机械化服务。

农机服务合作社提供早、中、晚稻机械插秧服务的费用均为 60 元/亩。由于规模经济效应，农机合作社向不同规模的服务对象收取差异化的服务费用。其中，针对散户的机械耕作服务费用为 100—110 元/亩，种粮大户的机械耕作服务费用则为 70—80 元/亩，费用相比散户减少 30% 左右。种粮大户的灌溉费用相比散户减少 20%，分别为 8 元/亩和 10 元/亩。种粮大户的机械收割费用相比散户减少 37% 左右，分别为 50—70 元/亩和 80—110 元/亩。尽管普通散户相比种粮大户在获取农机服务合作社提供的机械服务中花费更高，但仍然低于市场价格 20%—30%，平均每亩节省人力成本 30 元以上。农机服务合作社所收取的费用普遍低于市场上其他主体收取的服务费用，对小农户采用机械化生产具有较强的吸引力，有效解决了农户家庭生产中面临的农业劳动力供给不足的问题，提升了农业生产效率。

生产资料合作社主要承担向小农户提供种子、化肥、农药等生产资料的服务功能。LN 公司与江西农业大学、国家杂交水稻研究中心等院校及科研机构开展合作，建立新品种示范孵化基地，以生产资料合作社为中心，面向小农户推广种植优质稻种。种子由公司以优惠价格进行集团化采购，减少了中间流通环节，小农户每亩可节省成本 20—50 元，良种推广率达 100%，其中优质稻品种比例占60%。合作社积极引进优质品种，经过试验示范后再种植。合作社在优质稻种种植推广的基础上，改"中稻 + 油菜"两熟制为"中稻 + 再生稻 + 油菜"新三熟制，占总耕作面积比例 20% 以上，每亩增产 10% 以上。优质稻种的种植推广和熟制模式的创新，有效增加了小农户的水稻产量和经济收益，大米质量得到进一步保障。此外，生产资料合作社以 110—120 元/亩的价格向散户提供化肥，向种粮大户提供化肥的价格为 110 元/亩，同时推广测土配方施肥和秸秆还田，降低化肥使用量。通过测土配方施肥，小农户每亩可以节约成本 30 元。农药也是农业生产中不可或缺的组成部分。生产资料合作社以 80 元/亩的价格向散户提供农药，低于市场价格 20%—30%，向种粮大户提供农药的价格为 100 元/亩（包含除草药和治疗病虫害的费用）。

统防统治合作社主要向小农户提供病虫害防治服务。为进一步提高病虫害防治效果，合作社依据县植保站提供的病虫害数据，并结合近年病虫害发生和防治情况，预先对试验田进行农药测试，筛选出农药的最佳配方，最后由技术人员制订防控方案。另外，合作社严格把控防治服务效果，妥善协调与农户的关系。防治结束后，由农户进行验收，测评农户对防治效果的满意度。对未达到农户要求的，及时采取补救措施，重新制订防治方案。合作社会采取定期抽查的方式，对防治效果进行评估，以防出现偏差。此外，合作社注重向农户宣传和普及病虫害防治知识，加强与农户的联系，经常走访农户，交流统防统治知识，并及时反馈农户意见，提出合理化建议。合作社承担起为公司收集整理病虫害发生和防治信息、建立病虫害防治信息档案的功能。县农业局为合作社提供大量技术支持，组织农业部门技术人员定期到农田现场进行病虫害防治知识培训，每年安排科技培训不少于 5 次。通过统防统治和科学用药，小农户每亩生产成本节约 50 元，有效降低农业生产的自然风险。同时，统防统治合作社向农户积极推广绿色植保统防统治技术，减少农药使用量，确保大米绿色无公害。

（3）生成逻辑。

土地经营权细分分离出农事操作权，同时农事活动的可分性进一步提高农业生产活动各环节的独立性，促进农业生产性分工深化。农业生产活动各个环节由不同的生产性服务交易装置完成，形成专业化分工体系。专业化生产性服务交易装置有助于降低交易成本，提高生产效率，将小农户卷入现代农业发展浪潮。土地流转合作社提供的土地流转服务在整个生产服务体系中具有基础性地位，可有效规避农户资源禀赋效应，同时为农户增收和其他生产性服务交易装置工作的开展创造有利条件。对农户而言，农机服务合作社提供的机械设备服务在整个生产服务体系中具有核心地位，能有效避免资产专业性投资锁定，并利用政府在农业机械装备购置等方面的融资和补贴，改善迂回投资，降低生产成本。生产资料合作社提供的一站式农资服务，在保障农产品产量和品质以及降低农业生产风险上扮演着关键角色。统防统治合作社能克服病虫害防治外部性强、农户个别行动效果差的缺陷，有效减少农业生产的自然风险。四大专业服务合作社既相互独立又相互协作，共同组成生产性服务交易装置，推动小农户走向现代农业发展道路。

3. 市场性服务交易装置：加工销售部门

（1）现实约束。

产品质量忧和品牌建设弱是小农户发展现代农业面临的关键约束。小农户分散经营，生产技能水平参差不齐，农产品生产、加工、运输、仓储等流程缺乏统一的标准，加之小农户缺乏产品质量安全意识，难以监督其农业生产过程，在经济利益驱使下，易出现以牺牲农产品质量为代价的机会主义行为，使农产品质量存在隐忧。农产品品牌建立需要匹配相应的资金、经营规模、技术等条件，但单个农户难以达到要求。同时，农产品区域公共品牌的俱乐部产权性质使普通农户缺乏建设农产品品牌的动力。品牌塑造与维护成本远超出普通农户所能承担的能力范围，集体行动困境加大了农产品品牌建设与维护的难度。LN 公司采取订单形式，所经营的农产品大部分由小农户提供，小农户的产品质量以及品牌问题关乎 LN 公司能否长远发展。如何建立产品品牌，保障产品质量以及增强市场竞争力，化解销售风险约束，是小农户乃至 LN 公司面临的一大难题。

（2）路径选择。

LN 公司会参与农产品加工、销售等环节，并提供市场性专业服务。加工部门主要向小农户提供大米深加工、粮食仓储、配送运输等服务。加工部门分别投资 300 万元、370 万元购置安装日处理能力 240 吨和 400 吨的粮食烘干机，向小农户提供稻谷烘干服务，每亩可节约人力成本 10 元。加工部门有效仓容 20 000 吨，在建粮库 15 000 吨，足以为小农户提供专业化仓储服务。销售部门负责向农户收购稻谷，与农户签订订单合同，以每斤高于市场价 1 毛多的价格收购，稳定销售渠道，降低农户经营风险。LN 公司注重打造绿色产品品牌，从田间到餐桌实现全程绿色运作。源头灌溉用水主引山泉和水质达标的水库水，对已经使用的可能污染的二次用水进行严格控制，2016 年 LN 早稻谷在广东顺德国家储备粮收购中成为众多经营户中唯一免检的品牌。

LN 公司先后打造"LN 大米""凌××大米"两大品牌，而且"LN 大米"已取得绿色食品认证。LN 公司创新销售模式，应用物联网技术，实现线上线下统一销售和产品质量的可追溯。互联网销售主要有三大电商模式：私人订制模式、家庭会员宅配模式、B2C 模式。LN 公司借助新媒体微信的宣传力量，推广"LN 再生稻米"。同时，LN 公司在安义县城开设集产品展示、体验品尝、直销配送于一体的"LN 九米空间体验配送中心"，创新销售渠道，推广 LN 大米的绿色生产理念，扩大品牌影响力。LN 大米品牌的建立和推广，带动了 LN 大米溢价，平均高出市场价 10% 左右。越来越多的小农户选择与 LN 公司签订销售协议，由销售部门代理销售。小农户借助 LN 大米品牌的影响力，实现产品增值和收入增长。

（3）生成逻辑。

土地经营权细分带来的分工深化，将农业生产链条不断向外延伸和拓展，分离出市场性专业化服务交易装置。加工部门统一向小农户提供粮食加工、仓储、运输等专业化服务，避免小农户生产操作不规范等问题，节约交易成本，同时增加农业生产加工的迂回程度，有效改善小农户生产效率。销售部门负责向小农户提供销售服务，有助于破解"小生产与大市场"的困境。小农户借助 LN 公司打造的 LN 大米品牌，稳定销售渠道，提升大米的附加值，实现产品增值和收入增长。市场性专业化服务交易装置将小农户与大市场紧密联结，搭建起小农户与现代农业发展有机衔接的桥梁，为农业发展注入新动能。

五、结论与启示

产权细分将农地经营权分割为一组具可交易性和操作性的权利，促进了农业管理性、生产性以及市场性环节分工，各纵向生产活动进一步分化，拓展新型经营主体进入农业的空间，提升生产效率。分工深化内生的高昂交易成本，需要匹配相应的交易装置以改善分工效率，降低交易成本。本文基于"产权细分—分工深化—交易装置"的理论分析框架，剖析 LN 公司农业社会化服务的路径选择及其生成逻辑。研究发现：小农户在管理决策能力、土地规模、劳动力质量、生产资料、农业技术以及市场竞争力上面临现实约束。LN 公司建构管理性服务交易装置、生产性服务交易装置与市场性服务交易装置"三位一体"的农业社会化服务体系，为小农户提供全方位、一站式服务，并基于农地经营权细分和分工深化形成的农业社会化服务交易装置，有效破解"小生产与大市场"的症结，搭建起小农户与现代农业有机衔接的桥梁。

作为探索性案例研究，本文以 LN 公司为例探讨小农户与现代农业有机衔接面临的现实约束，从企业视角重新解读农业社会化服务的实施路径及其生成逻辑，拓展现有农业社会化服务促进小农户与现代农业有机衔接的理论空间和经验事实，具有一定的启发性。农业社会化服务促使小农户卷入农业产业内分工，将生产、加工、销售一体化引入产前、产中、产后的专业化服务交易装置，破解小农户生产经营困境。LN 公司构建"三位一体"的农业社会化服务体系，融合管理性服务、生产性服务以及市场性服务，为小农户提供全方位、专业化服务，加速促进小农户参与社会化大分工，发展现代农业的路径模式，具有一定的借鉴意义。农业社会化服务体系构建应以农户的实际需求为导向，厘清农户发展现代农业面临的约束，有针对性地建立专业化服务交易装置，注重服务载体落实。

当然，本文仅以 LN 公司为例进行讨论，实际上农户群体分化严重，地区间经济发展水平、人文地理差异明显，因此在引导小农户进入现代农业发展轨道时，应采取合适的社会化服务方式，同时结合农业的产业特征，考虑农户社会化服务需求与服务供给主体相互协调、匹配的动态关系。

参考文献

[1] 农业部农村经济体制与经营管理司. 农业部　国家发展改革委　财政部关于加快发展农业生产性服务业的指导意见，2017 – 08 – 23.

[2] 孔祥智，穆娜娜. 实现小农户与现代农业发展的有机衔接 [J]. 农村经济，

2018 (2).

[3] 陈江华, 罗明忠. 农地确权对水稻劳动密集型生产环节外包的影响——基于农机投资的中介效应 [J]. 广东财经大学学报, 2018 (4).

[4] 仝志辉, 侯宏伟. 农业社会化服务体系: 对象选择与构建策略 [J]. 改革, 2015 (1).

[5] 罗明忠. 着力培育生产性服务主体 提升农业发展质量 [N]. 南方日报, 2018 - 07 - 30.

[6] 罗必良. 农地确权、交易含义与农业经营方式转型——科斯定理拓展与案例研究 [J]. 中国农村经济, 2016 (11).

[7] 王亚华. 什么阻碍了小农户和现代农业发展有机衔接 [J]. 人民论坛, 2018 (7).

[8] 贺雪峰. 保护小农的农业现代化道路探索——兼论射阳的实践 [J]. 思想战线, 2017 (2).

[9] 林小莉, 等. 重庆农业社会化服务体系建设的现实困境与对策 [J]. 农业现代化研究, 2016 (2).

[10] 周娟. 土地流转背景下农业社会化服务体系的重构与小农的困境 [J]. 南京农业大学学报 (社会科学版), 2017 (6).

[11] 罗明忠. 以生产性服务搭起小农户和现代农业衔接的桥梁 [N]. 南方日报, 2018 - 07 - 02.

[12] 苑鹏, 丁忠兵. 小农户与现代农业发展的衔接模式: 重庆梁平例证 [J]. 改革, 2018 (6).

[13] 王定祥, 李虹. 新型农业社会化服务体系的构建与配套政策研究 [J]. 上海经济研究, 2016 (6).

[14] 赵晓峰, 赵祥云. 新型农业经营主体社会化服务能力建设与小农经济的发展前景 [J]. 农业经济问题, 2018 (4).

[15] 蒋永穆, 刘虔. 新时代乡村振兴战略下的小农户发展 [J]. 求索, 2018 (2).

[16] 李容容, 罗小锋, 等. 种植大户对农业社会化服务组织的选择: 营利性组织还是非营利性组织 [J]. 中国农村观察, 2015 (5).

[17] 罗小锋, 向潇潇, 李容容. 种植大户最迫切需求的农业社会化服务是什么 [J]. 农业技术经济, 2016 (5).

[18] 张宗毅, 杜志雄. 农业生产性服务决策的经济分析——以农机作业服务为例 [J]. 财贸经济, 2018 (4).

[19] 孔祥智, 徐珍源. 农业社会化服务供求研究——基于供给主体与需求强度的农户数据分析 [J]. 广西社会科学, 2010 (3).

［20］ BARZEL Y. Economic analysis of property rights ［M］. Cambridge：Cambridge University Press，1989：20.

［21］ 亚当·斯密. 国民财富的性质和原因的研究 ［M］. 郭大力，等译. 北京：商务印书馆，1974.

［22］ YOUNG A A. Increasing returns and economic progress ［J］. The economic journal，1928，38（152）：527－542.

［23］ 杨小凯，黄有光. 专业化与经济组织 ［M］. 北京：经济科学出版社，1999：20.

［24］ 罗必良. 论服务规模经营——从纵向分工到横向分工及连片专业化 ［J］. 中国农村经济，2017（11）.

［25］ 胡新艳，朱文钰，罗必良. 产权细分、分工深化与农业服务规模经营 ［J］. 天津社会科学，2016（4）.

案例使用说明

一、教学目的与用途

（一）适用课程

本案例适用于"现代农业创新与乡村振兴战略""农业经济管理""农业经济""农村与区域发展"等课程。

（二）适用对象

本案例主要为研究生开发，适合具有一定农业经济管理知识的学生学习。此外，也可以用于农业经济管理本科专业相关课程。

（三）教学目的

基于"大国小农"的基本国情，农业社会化服务被认为是破解小农生产困境，实现农业现代化的可行路径之一，现实中不乏成功案例。有必要以案例研究的形式，厘清小农生产面临的实际困境，探讨农业社会化服务如何在搭建小农户与现代农业有机衔接的桥梁中发挥作用及其背后深层次的理论逻辑。农业企业在为小农户提供社会化服务中扮演着重要角色，LN 公司就是其中的典型代表。本研究以LN 公司为例，解析了农业社会化服务的现实约束、路径与生成逻辑。

案例先总结了小农户进行农业生产面临的具体困境，再具体分析 LN 公司为其提供的农业社会化服务如何逐一破解这些困境及其背后的理论逻辑，可为实现小农户与现代农业的有机衔接，充分发挥农业企业在现代农业经营中的正向作用提供有益启示与借鉴。具体目标分为以下三个方面：

（1）介绍"LN 模式"，总结"LN 模式"的经验、成效以及相关启示，使学生对"LN 模式"形成基本认知，了解"LN 模式"的发展历程，便于进一步探讨 LN 公司提供农业社会化服务的操作模式。

（2）基于产权制度理论和分工理论，探讨农业社会化服务形成和发展的逻辑基石。对此问题的探讨，有助于深化农地产权制度改革，进一步拓展农业分工的政策空间，为农业社会化服务体系构建奠定良好的理论基础。

（3）基于交易装置理论，明确农业社会化服务产生的理论依据，将农业社会化服务划分为不同的服务交易装置，并探究不同的服务交易装置在破解小农生产困境中的作用，细化农业社会化服务的概念内涵。

二、启发性思考题

（1）"LN 模式"指的是什么，包括哪些内容？其为乡村产业振兴提供了哪些有益的经验？

（2）农业社会化服务产生的理论基础是什么？

（3）小农户进行农业生产面临的实际困难有哪些？LN 公司提供了哪些农业社会化服务以破解小农户的生产困境？LN 公司的农业社会化服务模式的经验启示是什么？

（4）LN 公司董事长凌××在"LN 模式"的形成过程中扮演了何种角色？其如何影响"LN 模式"的创建？

（5）转出农地后又被农地流入方聘请的农户，既是公司员工，同时作为农地流转的转出方又具备生产要素的剩余索取权。这类农户与传统意义上的订单农户在劳动合约及其治理上具有何种差异，其背后的理论逻辑是什么？

三、分析思路

（1）了解"LN 模式"主要的实践做法对农户改善生产生活具有何种作用。

（2）基于产权制度理论和分工理论以及交易装置理论分析农业社会化服务如何形成，厘清农业社会化服务产生的理论逻辑。

（3）按照农业生产经营环节进行划分，厘清不同生产经营环节下农户面临的不同问题；分析针对这些问题 LN 公司提供了哪些社会化服务。

（4）了解 LN 公司的创建历程，基于声誉机制理论，解读 LN 公司董事长凌××对于"LN 模式"获得成功所发挥的作用。

（5）基于合约治理理论和产权制度理论，明确既是流转户又是公司员工的这类农户与传统订单农户的差异，有助于更好地缓解资本与劳动的冲突，破解工商资本下乡困境，促进乡村振兴和农业现代化。

四、关键要点

本案例分析的关键点在于了解 LN 公司如何通过提供农业社会化服务的方式有针对性地解决小农户面临的生产难题。在此基础上，运用相关理论，进一步探究农业社会化服务的生成逻辑，深化农业社会化服务的理论内涵。教学中的关键要点包括：

（1）LN 公司的发展历程和"LN 模式"的内容。

（2）小农户的生产经营困境。

（3）LN 公司的农业社会化服务方式和内容。

（4）产权制度理论、分工理论、交易装置理论。

五、课堂教学建议

本案例可以用于专门的案例讨论课，以下是按照时间进度提供的课堂教学建议，仅供参考。

整个案例讨论课的课堂时间控制在 80—90 分钟。

（1）课前计划。

提出思考题，请学生在课前完成案例阅读和初步思考。

（2）课中计划。

导言（2—5 分钟）：简明扼要，明确主题。

分组讨论（30 分钟）：要求学生准备好发言大纲。

小组发言（每组 5 分钟，总时长控制在 30 分钟）：幻灯片辅助。

讨论总结（15—20 分钟）：引导全班进一步讨论，并进行归纳总结。

（3）课后计划。

请学生上网搜索该企业的相关资料，尤其是最新信息，采用报告形式给出更加具体的解决方案，或写出案例分析报告（1 000—1 500 字）。如果有学生对此案例有兴趣跟踪，可建议其联系案例作者或企业负责人进行深入研究。

农村电子商务促进农民创业致富

——以淘宝村"广东揭阳军埔村"为例①

"三农"问题一直是党和国家工作的重中之重，也是全社会关注的焦点。互联网技术的普及，促进了电子商务等新兴领域的迅猛发展，为解决"三农"问题提供了一条重要途径。农村电子商务是植根于中国农村发展的新型电商模式，它是转变农业发展方式的重要手段，是精准扶贫的重要载体。近年来，基于电子商务的创业活动在中国农村如雨后春笋般涌现，逐渐在农村地区产生具有中国特色的淘宝村。淘宝村作为一种独特的创业集群，是传统产业与电子商务有效融合的独特现象。

一、农村电子商务

（一）发展概况

（1）全国农村网络零售额全面实现突破。全国农村网络零售额自 2014 年以来一直在千亿元以上；2015—2016 年呈爆发式增长，而后增长率开始下滑，保持在 30%—40%；2017 年首次突破万亿大关，达到 12 448.8 亿元，同比增长 39.10%。2018 年，农村地区网络零售规模不断扩大，全国农村网络零售额达到 13 700 亿元，同比增长 30.40%。

---

① 本文完稿时间：2019 年 12 月。作者：林顺芝、林家宝。

图1 2014—2018 年中国农村网络零售概况

资料来源：中华人民共和国商务部。

（2）农村网络零售额虽然每年都在增长，但与城市网络零售额仍有一定差距。

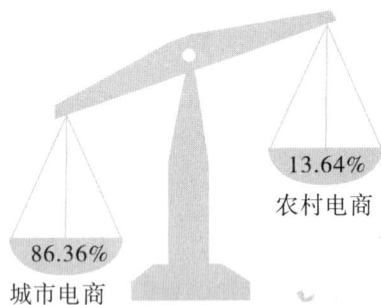

图2 中国城市电商与农村电商零售额占比

资料来源：欧特欧咨询。

（3）从地区分布来看，东部地区农村网络零售市场份额远远领先于其他地区。

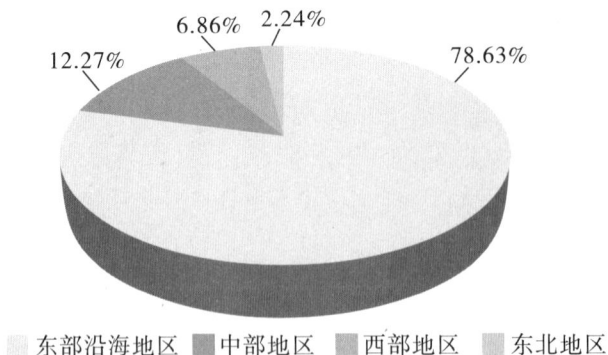

图3 中国农村电商零售额地区分布

资料来源：欧特欧咨询。

（4）农村网店数量不断增加。2017 年的农村网店数量和 2016 年同期相比增长 20.7%，一年时间，带动就业人数增长率达到 40%。农村网店大多集中在淘宝、拼多多、云集等平台，平台的发展会不断推动农村电商进一步发展。

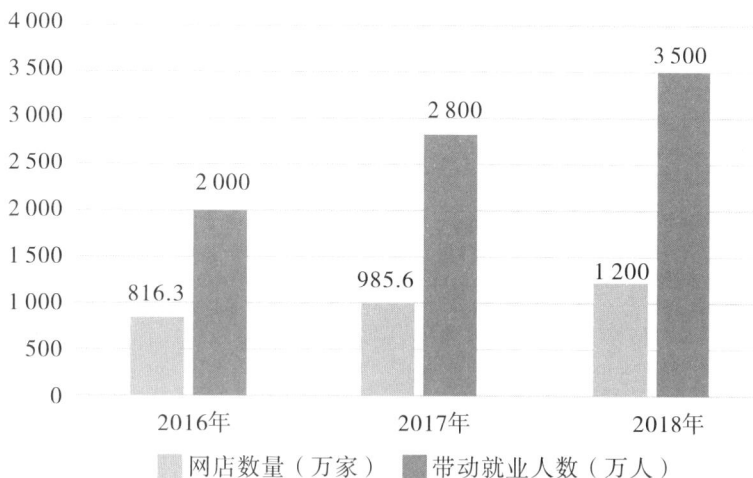

图4　农村网店规模及带动就业人口

资料来源：中商产业研究院。

（二）概念与特征

农村电子商务是指利用互联网等信息技术，为从事涉农领域的生产主体提供在网上完成产品或服务的销售、购买、电子支付和信息交流等业务交易交流的过程。它是在传统电子商务的基础上，将城市的商品和农村的农产品通过互联网进行销售，使农民买卖东西更加方便快捷。

农村电子商务主要包含三个层面：一是农产品的电商化形式：主要表现是农民利用网络对产品进行销售。二是农业的信息化形式：在农业生产过程中，通过信息获取促进农业的生产、销售和运输，实现农产品的包装、运销，而且能有效减少风险，获取相应利润。三是农民消费网络化形式：通过推动农村电子商务的基础建设，帮助农民运用网络手段获取相关技能，增加农村人均纯收入，提升农村购买力，引导促进消费。

（三）主要进展

1. 政府支持力度加大

2014—2019 年，连续 6 年的中央一号文件均明确提出发展农村电商。按照中央一号文件的总体部署，国务院、商务部等部委近年来围绕农产品电商、电商扶贫、农商协作、物流配送等农村电商的重要领域，提出了一系列促进农村电商发展的政策措施，下发相关文件超过 120 份，农村电商政策体系日趋完善。

表1 2017—2019年我国颁布的部分农村电商相关政策文件

颁布时间	政策文件	相关内容
2017年1月	中共中央、国务院《关于深入推进农业供给侧结构性改革加快培育农业农村发展新动能的若干意见》	深入开展电子商务进农村综合示范工作,推进"互联网+"现代农业行动
2017年1月	《国务院关于印发"十三五"促进就业规划的通知》(国发〔2017〕10号)	推动发展"互联网+现代农业",大力发展农产品电子商务、休闲农业、创意农业、森林体验、森林康养和乡村旅游等新业态
2017年1月	商务部等五部门印发《商贸物流发展"十三五"规划》	加强农村物流网络体系建设,支持建设县、乡镇综合性物流配送中心和末端配送网点
2017年2月	商务部等七部门印发《关于推进重要产品信息化追溯体系建设的指导意见》	到2020年,初步建成全国上下一体、协同运作的重要产品追溯管理体制、统一协调的追溯标准体系和追溯信息服务体系
2017年5月	财政部、商务部《关于开展2017年电子商务进农村综合示范工作的通知》	以示范县创建为抓手,在总结前一阶段工作的基础上,深入建设和完善农村电商公共服务体系,进一步打牢农产品上行基础
2017年5月	《国务院办公厅关于印发兴边富民行动"十三五"规划的通知》(国发办〔2017〕50号)	实施"互联网+"产业扶贫、科技助力、精准扶贫、电商扶贫、光伏扶贫、乡村旅游扶贫工程,拓宽边民增收致富渠道
2017年8月	商务部会同农业部发布《关于深化农商协作大力发展农产品电子商务的通知》	加快建立线上线下融合、生产流通销售高效衔接的新型农产品供应链体系
2017年12月	商务部等五部门印发《城乡高效配送专项行动计划(2017—2020)》	完善城乡物流网络节点,降低物流配送成本,提高物流配送效率
2018年1月	中共中央、国务院发布《关于实施乡村振兴战略的意见》	提出要实施数字乡村振兴战略,大力建设具有广泛性的促进农村电子商务发展的基础设施,深入开展电子商务进农村综合示范工作
2018年5月	工业和信息化部印发《关于推进网络扶贫的实施方案(2018—2020年)》	进一步聚焦深度贫困地区,更好地发挥宽带网络优势,助力打好精准扶贫攻坚战,促进产业兴旺、生活富裕

（续上表）

颁布时间	政策文件	相关内容
2018 年 5 月	商务部印发《关于推进农商互联助力乡村振兴的通知》	进一步加强产销衔接，发挥农产品流通对促进农业生产和保障居民消费的重要作用，推进农业供给侧结构性改革
2019 年 2 月	中共中央、国务院《关于坚持农业农村优先发展做好"三农"工作的若干意见》	实施数字乡村战略，深入推进"互联网＋农业"，继续开展电子商务进农村综合示范工作，实施"互联网＋"农产品出村进城工程

2. 服务体系建设进一步加强

农村电商的核心是农产品电商，农产品上行的复杂化加大了服务的难度。只有建立适应农村实际需要的服务支撑体系，才能保证农村电商在当地的可靠运作和持续发展。

自 2014 年以来，商务部联合多部委开展了电子商务进农村综合示范工作，重点支持和引导电子商务示范县的基层站点、县乡物流、人才培训、电商园区和农产品上行等服务体系建设。到 2017 年底，电子商务进农村综合示范工作覆盖全国 756 个县，建设了 1 051 个县级运营中心、5 万个村级电商站点。此外，农业系统的益农信息社、邮政系统的村邮站、供销系统的供销 e 家服务网点都延伸到了乡村，阿里巴巴、京东等大型平台类电商以及赶街网、乐村淘等专业农村电商不断加密乡村网点。这些网点集网络销售、信息服务、便民服务、物流服务、农村金融服务等功能于一身，逐步打造出线上线下相结合的"一站式服务"平台。随着活动的深入开展，县级运营中心和乡村服务站的覆盖面将进一步扩大。现在很多农村都在通过电子商务融合第二、三产业，全面开发农业产业链，提高农业的信息化服务水平，深度挖掘农村的生态价值和文化价值，增加农民收入的多样化程度，形成在政府领导下供应商、网商、服务商三位一体的现代化农村电商综合服务体系。

3. 农村电商与扶贫工作全面结合

2018 年电子商务进农村综合示范工作进一步聚焦脱贫攻坚，向深度贫困地区倾斜。2018 年的《综合示范工作》文件引导地方以符合条件的建档立卡贫困村、贫困户为服务重点，在农产品供应链、人员培训和公共服务等政策安排上向其倾斜，提升贫困地区产销对接能力。2018 年新增示范县 260 个，其中国家级贫困县 238 个（含三区三州深度贫困县 64 个）、欠发达革命老区县 22 个。电子商务已被贫困地区党委政府纳入扶贫开发工作体系，成为精准扶贫、精准脱贫的重要抓手，越来越多农民通过电子商务实现了脱贫致富。

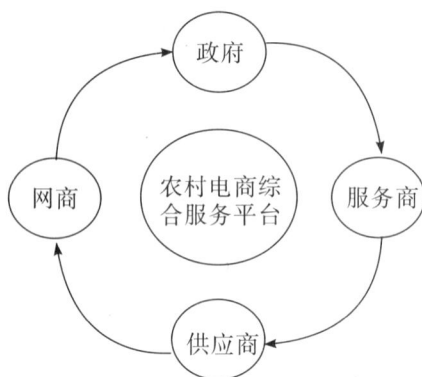

图 5　农村电商综合服务体系

4. 向农产品上行转变

我国工业品下行已经基本成型，而农产品上行才初有起色。2014—2017 年，农产品网络零售额在农村网络零售额的占比不断下降，到了 2017 年已经低于 20%（见表2）。这说明农产品上行的规模还是偏小，农村电商的上下行业务比例达到 1∶10 甚至更高差额比例，可以看出农产品上行还有很长的一段路要走。

表 2　2014—2018 年农产品网络零售额占农村网络零售额比重

年份	农村网络零售额/千亿元	农产品网络零售额/千亿元	占比/%
2014	1.8	1	55.56
2015	3.5	1.51	43.14
2016	8.9	2.2	24.72
2017	12.4	2.44	19.68
2018	13.7	3.26	23.80

资料来源：中华人民共和国商务部。

5. 农产品网络零售模式五花八门

表 3　农产品网络零售模式

模式类别	主要内容
B2C	农产品网站对消费者
C2B	集合竞价订购模式（订单）

（续上表）

模式类别	主要内容
B2B2C	农产品供应链模式
C2C	农民对消费者
B2F/F2C	生产者（农民）对家庭
ABC	代理商—商家—消费者
娱乐竞拍	农产品秒杀
P2P	点对点、渠道对渠道、人对人、伙伴对伙伴
B2S	分享式、体验式电商（俗称众筹）
O2O	线上线下结合
C2F	订单农业
B2M	农产品企业根据客户需求建立网站
M2C	农产品加工企业对消费者
BMC	企业＋中介平台（网络）＋终端客户
SoLoMo	农产品社区化模式
CSA	社区支持农业
P2C	生活服务平台
SNS – EC	农产品社交电商
跨境	海代、海淘、海批（批发）

资料来源：《2018 年中国农产品电商发展报告》。

二、淘宝村

（一）定义与分类

自 2009 年以来，随着农产品电商的兴起，电商逐渐向农村覆盖，出现了一个新的经济现象——淘宝村。

根据阿里研究院的定义，"淘宝村现象"是指聚集在某个村落的网商，以淘宝为主要交易平台，以淘宝电商生态系统为依托，形成规模和协同效应的网络商业群聚现象。

认定标准包括以下三条：第一，交易场所、经营场所在农村地区，以行政村为单元；第二，在交易规模方面，电子商务年交易额达到 1 000 万元；第三，在网商规模方面，本村注册网店数量达到 50 家，或者注册网店数量达到当地家庭户数的 10%。

一个镇、乡或街道出现的淘宝村大于或等于 3 个，就成为淘宝镇，这是在淘宝村的基础上发展起来的一种更高层次的农村电子商务生态现象。

发展趋势：产业要素不断聚集，有出村入乡进城趋势；正在从农民的自发行为转变为政府的行政推动；经营网店的农户开始分化和分工协作；由单纯的经济行为向经济社会生活转型；由单纯的卖出去向有卖有买转型。

阿里新乡村研究中心根据经济地理的两个基本维度——空间区位和产业特色，对全国的淘宝村进行了分类。根据已发现的淘宝村的空间区位可分为：城市边缘淘宝村、城镇近郊淘宝村、独立发展的淘宝村；根据淘宝村的产业特色可分为：农贸型淘宝村、工贸型淘宝村、纯贸易型淘宝村。两个维度所构成的矩阵呈现了淘宝村可能的九种分类，然而真实世界中有两类（矩阵的两端）是不大可能出现的，即城市边缘的纯农贸型淘宝村和独立发展的纯贸易型淘宝村，于是得到淘宝村的七种类型（见表 4）。

表 4　基于空间、产业维度综合考量的淘宝村分类矩阵

	城市边缘淘宝村	城镇近郊淘宝村	独立发展的淘宝村
农贸型淘宝村	—	城镇近郊的农贸型淘宝村	独立发展的农贸型淘宝村
工贸型淘宝村	城市边缘的工贸型淘宝村	城镇近郊的工贸型淘宝村	独立发展的工贸型淘宝村
纯贸易型淘宝村	城市边缘的纯贸易型淘宝村	城镇近郊的纯贸易型淘宝村	—

（二）发展概况

自 2009 年第一代淘宝村出现以来，到 2019 年已经整整 10 年时间，在这 10 年之中，淘宝村呈井喷式发展。如图 6 所示，2009 年全国仅有 3 个，2018 年已经增长至 3 202 个，而且可以看出，淘宝村的增加量一直保持增长趋势，这说明淘宝村在中国具备相当大的发展空间。

从地域分布来看，排在前五名的都是东南沿海省份（见表 5）。自 2017 年以来，东南沿海地区的淘宝村数量超过总量的 95%，说明我国沿海地区的淘宝村发展较为兴旺。

数量/个

3 500 ┤
3 000 ┤
2 500 ┤
2 000 ┤
1 500 ┤
1 000 ┤
500 ┤
0 ┤

2009年 3　2013年 20　2014年 212　2015年 779　2016年 1 311　2017年 2 118　2018年 3 202

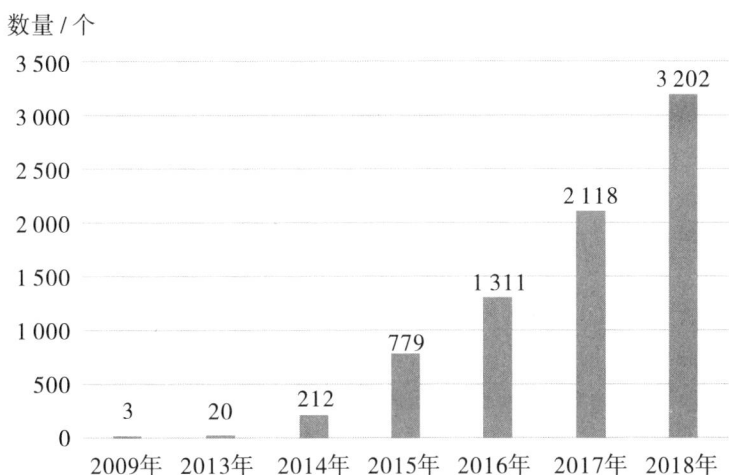

图 6　2009—2018 年淘宝村总体数量变化趋势

资料来源：阿里研究院《中国淘宝村研究报告（2018）》。

表 5　2014—2018 年中国淘宝村和淘宝镇分布情况

单位：个

省/自治区/直辖市	2014 年		2015 年		2016 年		2017 年		2018 年	
	淘宝村	淘宝镇	淘宝村	淘宝镇	淘宝村	淘宝镇	淘宝村	淘宝镇	淘宝村	淘宝镇
浙江	62	6	280	22	506	51	779	77	1 172	128
广东	54	5	157	20	262	32	411	54	614	74
江苏	25	2	126	11	201	17	262	29	452	50
福建	28	2	71	7	107	13	187	24	233	29
山东	13		63	6	108	12	243	36	367	48
河北	25	2	59	5	91	8	146	16	229	27
河南	1		4		13		34	2	50	3
四川	2		2		3	1	4	1	5	
湖北	1		1		1		4		10	
天津	1		3		5		9	1	11	2
辽宁			1		4	1	7	1	9	1
江西			3		4		8		12	
湖南			3		1		3		4	
云南			2		1		1		1	

（续上表）

省/自治区/直辖市	2014 年		2015 年		2016 年		2017 年		2018 年	
	淘宝村	淘宝镇	淘宝村	淘宝镇	淘宝村	淘宝镇	淘宝村	淘宝镇	淘宝村	淘宝镇
北京			1		1		3	1	11	1
吉林			1		1		3		4	
山西			1		1		2		2	
安徽					1		6		8	
广西							1		1	
贵州							1		1	
陕西							1		1	
宁夏							1		1	
新疆							1		1	
重庆							1		3	

资料来源：阿里新乡村研究中心《中国淘宝村发展报告（2014—2018）》。

从全国淘宝村的分布来看，淘宝村在东部沿海地区是绝对集中，并且以浙江省为中心向外辐射，先向沿海地区扩散，然后向中部地区，进而向西部、东北地区，东部沿海区域的集群特征十分明显。淘宝村在中西部地区的发展则相对落后、零散。

浙江省拥有淘宝村的数量处于遥遥领先地位，2018 年占全国的比重为 36.6%，几乎是位于第二名的广东省数量的两倍。2018 年全国淘宝村最多的 10 个城市，以及十大淘宝村集群，均有一半多位于浙江省内。紧随浙江省之后的省份是广东省、江苏省、山东省、福建省和河北省，淘宝村数量均超过 200 个，且都位于东部沿海地区。位于中部的河南省近年来增长速度极快，已经成为东部沿海六省以外第一个也是唯一的淘宝村数量达到 50 个的省份。位于中部地区的江西、湖北和安徽三省以及位于东北地区的辽宁省，近年来淘宝村的发展也开始进入加速期。除此之外的广大中西部省份淘宝村数量普遍较少，地理区位、交通条件、技术水平以及政府治理等要素的限制，使这些地区的农村电子商务发展水平明显滞后于东部沿海地区。

（三）发展模式

1. 自发成长模式

最早在乡村地区涌现出的淘宝村基本是由自下而上的草根力量推动形成的。

江苏省徐州市睢宁县沙集镇东风村和山东省菏泽市曹县大集镇丁楼村就是淘宝村自发成长模式的典型代表。

2. 政府推动模式

政府推动模式主要指各级政府通过多种手段直接培育淘宝村的模式。通常政府在农村电商发展初期就主动介入，通过一系列强有力的行政手段全方位地推动产业快速发育，并针对淘宝村成长过程中所出现的各种阶段性问题提供有针对性的服务，持续为淘宝村的发展保驾护航。在政府推动模式中，政府不只是支持者和监管者，而且是淘宝村产生和发展的主动参与者和直接推动者。这一模式的典型案例有广东省揭阳市揭东区锡场镇军埔村。

3. "政府＋服务商"模式

随着中国县域电商进入"多方协同发展"新阶段，淘宝村发展的第三条路径——"政府＋服务商"模式开始浮现。"政府＋服务商"模式是指以县级政府为主体向市场购买公共服务，电子商务服务商通过陪伴式服务有效配置公共资源，二者共同推动淘宝村形成和发展的新型模式。"政府＋服务商"模式常见于中西部经济相对欠发达地区。由于产业基础和创新观念弱于东部沿海地区，中西部地区难以依靠农村自身力量自下而上地推动电商产业发展，因此不仅需要政府营造电子商务氛围，推动产业专业化与规模化，还需要专业化机构进行全程陪伴式培训、引导与扶持，构建良性发展的生态系统。

三、案例分析：广东揭阳军埔村

揭阳市揭东区锡场镇军埔村原本是一个"食品专业村"，20世纪80年代末90年代初，军埔人把食品产业做得有声有色，经济总量迅速跃居锡场镇前列，2003年还被广东省科技厅评为"食品及食品机械"专业镇。但之后，军埔村的食品厂跟很多传统产业一样面临着生存困局，产品档次低、销量下滑以及恶性竞争都导致了该地区食品行业的衰败。由于食品行业没落，不少本应继承父业的年轻人将阵地转向电子商务，将淘宝店开得风生水起，实现了军埔村向"电商村"的转型，成为广东第一个有据可证的"电商村"。2013—2015年，该村几乎所有年轻人都投身到电商中去，还吸引了700多位外地入村创业者，小小的村子里分布着大大小小1 500多家网店。凭借揭阳市委、市政府一系列政策的扶持，军埔村将不仅是一个淘宝村，还将被打造为"电子商务第一村"。①

---

① G20《中国方案》宣传片——揭阳军埔村. https://v.qq.com/x/page/m0326inj3cg.html；特色小镇系列之锡场镇军埔电商村. https://v.qq.com/x/page/p0555xymuyk.html.

（一）军埔村发展历程

1. 起步阶段（2012 年下半年至 2013 年 12 月）：欠发达地区的新经济形态萌芽

军埔村自 20 世纪 80 年代末开始以副食品生产加工为主，并在千禧年左右遭遇到转型危机，生产经营出现滑坡。然而，以黄伟鸿、许壮滨等为代表的军埔村在外年轻人紧紧把握住了电子商务发展的机遇，自 2009 年左右在广州十三行等地先后开启了对电子商务的探索。后来，由于在一线城市的生活成本和经营成本不断攀升，他们将自身的电商生意搬回家乡。于是，2012 年下半年，第一批 12 位怀揣着热情和经验的电商青年将电商火种带回了军埔村。

2013 年 6 月，经历了一年左右的自发发展后，军埔村形成了网店 100 多家、实体店 14 家的电商雏形。此时，军埔村的发展也引起了揭阳市委、市政府的重视，相关部门积极借助国家、省推动"互联网＋"行动的政策力量，成立了统筹全市电子商务发展领导小组及其办公室，集中优势资源打造电商人才、电商服务、电商产业、电商文化、电商制度"五大高地"，致力打造"电子商务第一村"。

通过汲取一系列政策的引导和扶持力量，军埔村的电子商务呈现了破土而出并迅速成长的发展态势。2013 年底，军埔村网店数量增长 1 倍，达到了 200 多家。12 月，军埔村入选了阿里巴巴集团评选的首批 14 个"中国淘宝村"，成为全省仅有的两个之一、粤东地区唯一的淘宝村。军埔村由此率先抢占了粤东乃至华南农村电子商务发展的先行地位。

阶段特点：属于自发萌芽阶段，以军埔村入选首批 14 个"中国淘宝村"为标志。经营主体单位形态为个体户，存在小、散、弱的劣势，整体电商发展基础条件不完善；政府提出的"五大高地"等扶持政策开始全面铺开，培训等手段对电商的引导效应明显；周边群众对电商的认识从疑惑观望逐步向接触参与转变。

2. 扩容发展阶段（2014 年 1 月至 2016 年 7 月）：在"量"变中螺旋前进的军埔电商

2014 年，军埔电商进入了高速发展阶段。在培训方面，军埔村成立了电商培训大联盟，全面铺开了普惠型、精英型、涉外型、实战型四类培训；在产品销售方面，军埔村网店数量激增，实现了 5 倍增长，产品种类数量增长 10 倍以上；在产业配套方面，政府出台了贴息政策，帮助电商解决融资难题；此外，军埔电商全面开启了产品品牌化进程。这一年，广东省委副书记、省长朱小丹来到军埔村，提出要将该村打造成电商的"黄埔军校"；在全球颇具影响力的英国《经济学人》杂志对军埔村的创富故事进行了专题报道；"双十一"前后，央视的《第一时间》《经济信息联播》等多个栏目对军埔村进行了滚动式报道。

2015 年，军埔电商进入了在蜕变中前行阶段。揭阳市委、市政府对军埔村提出了"一基地两大赛三工程"的工作定位，推动军埔电子商务园区成为"广东省电子商务示范基地"，加速军埔电商升级发展。一方面，由于对产品质量、网店品牌等要求日益增加，军埔电商开启了大浪淘沙的过程，有一定品牌知名度的电商企业逐步做大做强，不注重发展质量的网店被逐步淘汰。另一方面，军埔村先后举办了中国好讲师大赛、电商擂台赛等活动，吸引了来自全国各地的电商从业者入驻。

2016 年，军埔电商进入了蓄势再发的新阶段。军埔村正式成为广东省首批"互联网＋电商"试点小镇之一，这标志着军埔的电商销售量、区域影响力对产业的带动效应基本形成。在电商销售量方面，军埔电商整体销售进入了稳定上升阶段，村销售额年累计达到了 35 亿元。在区域影响力方面，军埔村作为唯一的淘宝村入选 G20 杭州峰会《中国方案》纪录片，成为中国助力世界经济转型的"良方"之一。随着试点小镇范围和内容的增加，以军埔村为核心的试点小镇规划建设四个功能区和五个产业园，全面推动军埔电商升级发展。

阶段特点：围绕农村电商生态圈建设，打造以全产业链条为特色的农村电商"军埔模式"，以军埔村成为全省首批"互联网＋电商"试点小镇之一为标志。这一阶段是军埔村高速发展的三年，实现了军埔电商从线上销量、线下主体、品牌建设到影响辐射能力的全面提升，实现了"激增—适应—升华"渐进式发展历程，更实现了从物理的城镇化到人的城镇化再到制度的城镇化的更高层面建设。

3. 全面发展阶段（2016 年 8 月至今）：在"质"变中寻求突破的军埔电商

在军埔电商形成区域电商集聚中心之后，全面铺开电商小镇建设及品牌塑造成为军埔全面发展阶段的重要课题。在电商小镇建设上，军埔村正围绕跨境电商、移动端、技术研发等领域的电子商务服务性企业，突出招引电子商务销售、项目运营、跨境、技术研发、人才的电子商务服务业链条的服务商；同时，结合高铁北站、广梅汕铁路改线工程、疏港铁路、城际轨道"四站合一"落户锡场的优势，以现代物流企业、涉外物流和快件通关平台的综合服务商、快递物流中心和分拨中心为重点，发展区域仓储物流业。在电商小镇品牌塑造上，军埔村提出了借助电商物流大数据建立区域电商品牌，并继续弘扬"诚信、开放、创新、共享"的电商精神，提升军埔电商企业的品牌意识，培育淘宝商户向天猫商户等更高层次经营主体提升转化，擦亮军埔电商品牌。

阶段特点：围绕军埔电商作为区域电商中心的定位进行全面提升，以全面启动"互联网＋电商"试点小镇建设为标志。这一阶段是军埔电商继续发展的十字路口，重点是规划以军埔村为中心，带动物流区域中心、电商总部经济等的电商核心区。

（二）军埔村电商脱贫的发展模式

军埔村引导农民加入电商行列，通过互联网连接的大市场发展特色产业，形成繁荣的商品交易，从而扩大了本地就业，带动了军埔"产业生态圈"的不断完善，被媒体称为"军埔模式"。

1. 网络普及化，带动电商快速发展

揭阳市通过搭建电商服务中心，以及在军埔村普及移动、电信、联通光纤，让淘宝村的电商足不出户就可以轻松进行网络交易。电商服务中心嫁接上游的农产品生产基地、工业产业园和下游的企业、商店、批发商，在宣传上可以天天推广，相对成本低，也不需要太多复杂的投放技巧。电子商务模式的高速发展，使得军埔村原有的农产品可以通过电商平台（如淘宝、京东等）推广到全国甚至是国外，加上军埔村与电信、移动、联通建立了战略合作伙伴关系，极快的网络速度也为电商们进行交易提供了良好的环境。

2. 经济金融化，降低电商发展风险

军埔村出台了一系列优惠补贴政策，如《2013 年军埔村电子商务企业贷款风险补偿暂行办法》《2013 年军埔村电子商务企业贷款贴息暂行办法》等，主要有以下内容：一是创业担保贷款贴息。在创业初期自筹资金不足者，可申请创业担保贷款，个人最高 20 万元，时限 2 年，而且据实给予全额贴息。二是租金补贴。符合条件租用经营场地的创办人或者法定代表人，可申请每年 3 000 元补贴，累计不超过 3 年。

揭阳市政府和揭阳市普惠金融服务中心为从事电商的创业者们提供了一个良好的创业发展环境，为淘宝村的发展提供了一条就业本地化的新路径。

3. 物流便利化，搭建电商配套服务体系

军埔电商与各大快递公司（如中通、圆通、申通、顺丰、韵达等）合作，达成互惠互利协议，最低 4 元/件起送，成本大大降低。军埔电商和阿里巴巴、京东等企业合作，打造完善的物流配套服务体系。冷链物流的市场需求，促使军埔村完善冷链设施，建立以玉湖润丰、埔田青源冷库为基础的冷链企业，实现了鲜活农产品代储、代发、代递业务，大大方便了军埔村生鲜品产业的发展之路。

4. 电商人才培养，发展战略人才

针对农村电商人才不足、配套服务设施不完善的制约情况，揭阳市电商协会组织了免费的电商人才培训：一是面向受过高等教育的毕业生和创业青年，主要

针对他们缺少电商从业经验进行授课；二是面向受教育程度不高的农村居民（如失业青年、妇女等）开展电商知识培训，帮助他们借助这些知识和自己的社会实践能力，在电商之路上谋得发展；三是为电商企业培养人才，一般是针对已经具有电商知识基础的人士，帮助他们通过更深层次的学习，从而成为电商企业发展所需人才。

（三）军埔村发展优势

军埔村能够成为淘宝村主要得益于四大优势：一是具备一定的电商创业基础，无论是人才，还是网店规模，都已经有了一定积累；二是国家对电商行业的支持和大力推进，一系列鼓励政策给电商行业的快速发展提供了有力的保障；三是珠三角的优越地理位置为电商的发展提供了相对成熟的商业环境，无论是老百姓的思想与创业环境，还是相关配套设施与商业体系，都较为先进；四是具有成熟的产业配套，揭阳当地就有强大的产品生产能力，而军埔村更有产业协会进驻其中。促进军埔村电商崛起的因素还有以下四点：

1. 大力发展：政府助攻

军埔村能快速走上规范化、产业化道路，得益于揭阳市委、市政府对新业态的敏锐捕捉。市局领导经调研决定，不仅将军埔村作为淘宝村，还把它作为"电子商务第一村"来打造。政府部门制定了一系列扶持措施，主要内容有：成立协会，利用协会把零散的从业者聚集起来并强化培训，以提高他们的综合素质与业务能力，把从业主体培育起来并形成规模，使其迅速成为市场主体；推动各大制造业企业与电商村合作供货，建立产品供应链；完善通信、交通、教育、文化等配套设施，实行覆盖策略，做好基础服务；发放贴息贷款，建立诚信基金，提高资金活跃度，突破资金瓶颈。政府密集出台扶持政策所取得的成效显著，使军埔村完成了一般淘宝村需要几年才能走完的自发成长过程，大大促进了当地农村电商的发展。

2. 以青年为重点：注重人才

电商是互联网技术与商务的结合，不属于传统商业范畴，无法遵循传统商业思维去建设与实施。因此，培养具有互联网思维的年轻人成为电商发展的重点，因为电商发展的决定性因素是专业人才。在军埔村的电商发展进程中，不论是外出求学的学子、外出打工的年轻人，还是外来的创业者，都可以成为军埔村淘宝事业的先行者和生产主力军。本村人才均可享受比正常商业贷款低一半的利率，部分外地人才甚至可以享受免费租房三年和宽带网络优惠政策。政府对人才培养的大力扶持，使军埔村快速聚集了一大批以青年为主的高素质、高技能人才。

3. 培训和资金：重点扶持

农村电商是个新业态，需要良好的创业理念、清晰的创业思路和具体的实践技能，更需要专业的培育指导。培训和资金是淘宝村发展中最需要扶持的两项。2013 年 8 月 23 日，在揭阳市政府的号召和组织下，为期两个月的电商人才精英培训正式开班，对军埔村的淘宝店主在网店运营、网店设计、市场营销以及融资等多个方面存在的问题进行相应的指导。在此之后，政府还陆续组织了多次类似的培训课程，甚至请电商业界的专家来村为淘宝店主们答疑解惑，军埔村的"淘宝教室"更是美名远扬。在资金扶持方面，政府部门考虑到绝大多数返乡创业青年相对来说经济条件较弱，便协调金融机构拿出 1 000 万元贷款，并实施财政贴息50% 的金融政策，从而使电商创业者们利用快速贷款机制赶上了"双十一"的销售高峰，获得了可观的收益。

4. 代工搞生产：营销突出

品牌商、经营网店的村民和代工厂三者相互依存，相互关联，紧密合作。在军埔村的运营模式中，村民就如同分销商，自己不承受任何经济负担，而将商品积压的风险转嫁给批发商。村民们将品牌商的信息登记在网上后就可以等待接单，接到订单后再从品牌商处拿货，按需采购，然后包装邮寄给顾客。这样一来，村民便可以"零风险、低成本"地进行电商经营，因而积极性被极大地带动起来。

"零风险、低成本"是电商创业的理想状态，农村电商要实现真正发展，仍然需要打通生产、销售的链条。军埔村也意识到了这一重要性，开始将规划产业园区和品牌化提升提上日程。

（四）"军埔模式"对开展农村电商扶贫的借鉴与启示

1. 立足本土，因地制宜，培育特色主导产业

发展农村经济必须结合农村实际，立足本土，因地制宜。军埔电商的特点有：其一，符合市场规律。从村民外出打工到回乡创业再到吸引他人模仿，以及军埔村入选"中国淘宝村"，都是市场行为导致的结果，当地政府再在适当时机以适当力度推动了"军埔模式"的形成。其二，立足本土，因地制宜。军埔村依托本土及周边服装、五金、塑料、农产品等主导产业，实现产品与产业对接，在推动电商发展的同时实现了传统产业转型升级，做到了因地制宜，顺势而为，提高村民收入，促进区域经济的发展。

2. 尊重农民主体地位，激发农村经济发展活力

激发农村经济发展活力，离不开农民以主体地位参与其中，并真正释放农民热情和发展潜力。揭阳市政府在军埔村电子商务发展过程中充分认识到尊重农民

主体地位、释放农民热情的重要性，采取"自愿加鼓励，典型作示范"的方式，通过提供免费培训、免费服务等方式降低农民进入门槛，激发农民的参与欲望。由于军埔村农民是自愿参与，因此在学习探索、实践攻坚阶段能够积极克服各种困难，取得比较理想的结果。

3. 发挥教育培训功能，提升农民技能水平

经济新常态下的产业转型迫使农民通过提升自身技能来适应现代化的农业生产、生活方式。军埔村通过对农民进行应用型电子商务技能培训，提升农民技能水平，一方面可以转移农村富余劳动力，促进农业现代化进程，另一方面可以繁荣农村第三产业，优化农村经济结构，推动产业升级。中央和地方政府不断加大农民培训扶持力度，探索多元化的有效培训方式，通过提升农民素质以达到精准扶贫目标不失为有效途径。

4. 政府明确职能定位，全力做好社会服务

《广东省电子商务"十二五"发展规划》明确指出，"政府引导、市场运作"是电子商务发展过程中应遵循的四个基本原则中的首要原则。揭阳市政府通过做好农村用地规划，制定和实施农村电子商务发展战略，建设农村信息网和物流网，提供政府贴息贷款，减免电商房屋租赁及网络宽带费，免费提供电商技能培训等措施，发挥了"社会服务提供者"的职能。由此可见，地方政府在发展农村经济工作中，应明确职能定位，发挥农民的主体作用，运用市场化手段干预农村经济。

案例使用说明

一、教学目的与用途

（一）适用课程

本案例适用于"现代农业创新与乡村振兴战略""数字农业""电子商务概论""数字技术创新"等课程。

（二）适用对象

本案例适用对象包括农商管理、电子商务、农业经济学等经济类或管理类专业的本科生、硕士研究生和博士研究生。

（三）教学目的

掌握一定理论知识，理解农村电子商务在促进农民创业致富中的重要作用。

二、启发性思考题

（1）淘宝村的内涵及发展模式是什么？

（2）军埔村发展农村电子商务的主要动因是什么？

（3）军埔村成功的关键影响因素是什么？

电商扶贫

——以江西省寻乌县为例①

寻乌县位于江西省东南部，居赣、闽、粤三省交界处，山川秀美，资源丰富。在全国电商迅猛发展的大背景下，寻乌县发展农村电商的氛围浓厚，发展势头良好，取得了一定成效。2015 年全县登记注册电商企业共 262 家，发展网店 1 000 多家，产品网销额达 5 亿元以上，比 2014 年同期增长 160%；开办各类电商培训班，培养了大批电商人才；荣获 2015 年"江西县域电商十大领军县"荣誉称号，被列为国家第二批电子商务进农村国家综合示范试点建设县，后发优势明显。2015 年，寻乌已有快递企业 35 家、物流专业人才 200 人，县级电商运营中心已投入运营，已开放 O2O 网货中心"农特产品体验馆"，收集各种农特产品 67 类、单品 726 个。

一、寻乌县电商扶贫的可行性分析

（一）政府高度重视

在政府的大力支持下，寻乌县电商发展氛围良好。为促进脱贫攻坚工作的有效开展，寻乌县依次举办了农业电商发展论坛、电商生态共建高端研讨会和电商扶贫产品上行推介会等高级会议，出台了各类扶持电商发展的政策，为电商扶贫工作打下了良好基础。寻乌县以县、乡、村三级网络建设项目、大型网上平台、各类电商培训、政策利导和电商扶贫宣传为抓手，引导贫困户通过电商脱贫致富。从表 1 可看出政府采取的各种扶贫措施所取得的实施成效，电商扶贫已经成为农业产业之外的又一种重要扶贫方式。从 2015—2016 年的扶贫成效来看，电商扶贫的贫困户覆盖率已经达到 45.1%，共拨付资金 2 150 万元，带动脱贫人数 2 225 人。

---

① 本文完稿时间：2019 年 12 月。作者：韩飞云、林家宝。

表1　2015—2016年寻乌县产业扶贫政策实施成效

扶贫措施	贫困户覆盖率/%	拨付资金/万元	带动脱贫人数/人
农业产业扶贫	81.5	3 300	9 080
电商扶贫	45.1	2 150	2 225
光伏扶贫	2.1	1 200	632
旅游扶贫	2.1	312	198

资料来源:《寻乌县扶贫脱贫工作调查报告》,寻乌县政府网。

(二)产业资源优势

寻乌县自然条件优越,物产丰富,农业产业规模不断扩大,种养结构合理,具体见表2。在种植方面,形成了以赣南脐橙种植为主导,蔬菜、猕猴桃、葡萄、百香果、茶叶种植等为特色的产业布局;在养殖方面,生态肉鸡、肉鹅、肉牛、肉羊等畜禽产量保持较快增速。寻乌县根据每个村的产业特色,重点打造了留车镇飞龙村蔬菜种植及三黄鸡养殖基地、晨光镇溪尾村罗汉果种植基地和龙图村药材种植基地、文峰乡双坪村蔬菜种植基地、三标乡堆禾村猕猴桃种植基地、吉潭镇赖地村猕猴桃种植基地、澄江镇大墩村茶叶种植基地、丹溪乡高峰村红薯种植基地、桂竹帽镇龙归村蜜蜂养殖基地等产业基地。丰富的农产品为寻乌县的农村电商发展奠定了扎实的基础。

表2　2017年寻乌县主导产业发展情况

种植产业	种植面积/亩	养殖产业	养殖数量/头、只、吨
脐橙	300 000	生猪	229 110
猕猴桃	10 000	肉羊	17 580
甜玉米	8 000	肉牛	17 000
鹰嘴桃	6 000	家禽	3 500 000
罗汉果	4 065	蜂蜜	100

资料来源:寻乌县农业和粮食局。

(三)脱贫的迫切性

寻乌县贫困人口已由2013年的65 728人下降到2016年的14 432人,但仍占很大比重,还属于国家扶贫开发重点县。相比赣南地区其他县市,寻乌县的农村贫困程度较深,扶贫资金的投入难以满足需求,脱贫攻坚仍是该县面临的迫切任务。加之寻乌县历来是个农业大县,第二、三产业对经济的带动作用不明显,吸纳就业的能力十分有限。随着农业比较效益的下降，越来越多劳动力向周围县市转移，特别是大量年轻劳动力向广州、深圳等吸收劳动力较多的地方流动，使得寻乌县的经济社会发展缺乏人才。此外，以往农户以种植赣南脐橙为主，收入较高，但近几年柑橘黄龙病肆虐，脐橙种植面积不断缩减。大多数贫困农户对政府力推的百香果、油茶、猕猴桃、蔬菜等替代产业仍持观望态度，脱贫主观能动性不够。面对贫困人口基数大、人才外流严重和农业产业急需转型等问题，寻乌县急需创新脱贫致富方式，拓宽扶贫开发路径。

二、寻乌县电商扶贫存在的问题

近年来寻乌县的电商扶贫工作取得了较大成效，但其发展前期也存在一些问题，主要体现在农业产业转型、"赶街模式"、贫困户脱贫能力、电商扶贫服务体系等方面。

（一）主导产业受挫带来电商扶贫困境

寻乌县电商产业的发展很大程度上得益于赣南脐橙产业的壮大，在 2016 年以前，脐橙产量持续增加，赣南脐橙品牌价值连年上升，种植户借助网络平台出售赣南脐橙，网店数量增速加快，政府也顺应农村电商发展大势和网销赣南脐橙所营造出的电商氛围开始大力扶持电商的发展。2016 年以后，赣南脐橙受黄龙病肆虐影响，县域南部种植面积急剧下降，原以赣南脐橙为主导产业的寻乌县不得不加快农业产业转型的步伐。赣南脐橙黄龙病问题所引致的产业转型无疑给正开展得火热的农村电商一个重击，给电商相关主体带来较大困境。一是贫困户方面，脐橙黄龙病使得产量骤降，种植户积极性不高，对其他农产品的种植处于观望状态，很大一部分网销脐橙的贫困户又因收入减少返贫；二是网店方面，原以经营赣南脐橙为主的淘宝店、微店等因缺乏脐橙产品盈利下降，经营的其他农产品如猕猴桃、香菇、百香果等则由于没有品牌支撑，盈利不佳；三是电商企业方面，像颍川堂食品有限公司这样的电商企业主体，它们的加工出口产品缺乏脐橙这一原材料，获利大幅减少；四是电商产业园方面，由于赣南脐橙数量减少，正在构建的橙色电商生态受阻，扶贫项目形同虚设，消贫力度随之下降；五是政府方面，需要另找产业着力点，打造新的农产品品牌的难度升级，还需引导原靠赣南脐橙脱贫的贫困户通过其他方式脱贫，但类似旅游扶贫的扶贫方式不如电商扶贫方式有效。

（二）"赶街模式"有待优化

寻乌赶街成立于 2015 年 9 月，主要建设内容包括本地化的电商人才理念培训、县乡村三级电商服务网络、农产品标准建设体系。2015 年，寻乌赶街已建成

11 个乡镇分中心电商服务站、72 个村级电商服务站，站点覆盖范围较大。笔者通过走访调研发现，寻乌县"赶街模式"还存在这些问题：

（1）政府扶持力度不够。笔者通过调研访谈得知，赶街站点运营的最大问题在于资金不足，寻天下公司作为寻乌赶街的总部，成立时间有限，得以成立也是靠政府力量。政府方面在站点起步阶段对其所需设备如电脑展销柜等有一些资金扶持，在后期则基本没有扶持。虽然镇级站点都挂起了寻乌电商扶贫建设项目服务站点的牌子，但政府并未针对该项目设立专项资金，加之公司总部缺乏资金，处于亏损经营状态，并未很好地开展电商扶贫等项目。

（2）企业总部规划不完善。企业总部寻天下公司主要是通过对浙江遂昌电商发展经验的学习，将"赶街模式"引入寻乌县，但对引入后如何更好地帮村民致富、帮贫困户脱贫并没有很好地规划。同时，寻乌电商发展缺乏本土化特色，如在农产品上行方面，对如何营造一个适合本地良性发展的电商生态圈，如何打通本地特色农产品特别是贫困户所种植特色农产品的销路等，并未作出良好的规划。

（3）各级站点联动机制不健全。虽然村镇两级服务站点建设数量多，但村民—村—镇—县的联系不强。原因有三：一是由于缺乏对站点的宣传，很多村民不知道站点的功能，更无法谈及站点对贫困户的帮助；二是站长服务周期长，收入偏低，在很多活动如赶街年货节中积极性不高，在贫困户和更高级别站点中发挥的联动作用不强；三是各级赶街服务站未能与政府联动，不能很好地通过农产品上行的方式让贫困户发挥他们的种养优势来脱贫，解决村里贫困户的脱贫问题。

（三）贫困户脱贫能力弱

寻乌县是国家级贫困县，要打赢脱贫攻坚战，贫困户脱贫能力是个极为重要的因素。在对冠洲坝村、满坑村、下廖村、磷石背村等村落的一些贫困户实地走访之后，笔者发现他们自身脱贫能力很弱，大多习惯了政府"输血式"的扶贫方式，不能融入"造血式"的扶贫方式进行脱贫。随着城镇化率的提高和寻乌县产业转型的加快，寻乌县的很多村都成了"空心村"，贫困家庭中老弱病残所占比例较大，他们受教育程度偏低，有些还存在智力缺陷。部分贫困户思想观念较为落后，安于现状，在赣南脐橙产业衰退之后找不到正确的脱贫方向，走一步算一步，同时缺乏经验技能，盲目跟从其他农户种养，收入偏低，对政府所建设的一些扶贫项目持观望态度。总体来说，当地贫困人口科学文化水平低，电商参与观念不强，村民缺乏从事农村电商的技能，使得电商扶贫工作的开展遭受阻力。如何建立良好的电商人才就地培训机制，帮助贫困户提高自身脱贫能力，使得贫困户能够通过电商扶贫项目加快脱贫步伐，是寻乌县电商扶贫项目中面临的一大难题。

（四）电商扶贫服务体系不完善

一是缺乏明确的电商扶贫规划。寻乌县的电商扶贫各层次设计缺失，政府层面关于电商扶贫的规划缺乏，产业园等行业主体对如何构建一个良好的电商扶贫生态圈等也没有作出具体的规划，顶层设计的不明确导致各级部门、相关主体工作实施方向不明确。

二是相关人才培训机制不完善。寻乌县虽然在培养电商人才方面花费了较多财政资金，但接受培训人员特别是贫困户对农村电商的认识层次不同，有些人在一些贫困户专题培训班能够很好地接收和理解培训内容，而大多数人由于受教育程度有限，对知识的接收程度相对较弱，加之培训是分期进行，时间短，培训的实际内容并不多，后期缺少跟进，导致电商培训过于形式化。

三是电商产业园配套服务水平不高。各类优惠政策虽能吸引大批企业入驻产业园，但空间上的集聚并未形成良好的电商生态圈。在农产品上行方面，电商展示推广平台还不够成熟，农户、网商、服务平台和政府之间缺乏有效互动，导致县域特色农产品上行受阻；在物流方面，寻乌快递的收发基本集中在产业园，村镇级物流点并未很好地整合，物流的不方便不仅影响工业品下乡，对农产品上行也产生较大影响；产业园提出的"1＋3"脱贫计划进展情况不佳，在与贫困户资源对接如农副产品供应方面缺乏有效机制，不利于电商扶贫工作的开展。

三、寻乌县电商扶贫创新路径

寻乌县面对前期电商扶贫发展过程中出现的一系列问题，通过构建特色产业，完善电商扶贫联动机制，探索"农家书屋＋电商"模式，激活电商扶贫服务生态等一系列举措，有效地推动了寻乌县电商扶贫工作顺利开展，使寻乌县摘掉了贫困县的"帽子"。同时，寻乌县探索出的电商扶贫路径，也为欠发达地区通过电商脱贫提供了一些实践经验借鉴，可进一步促进我国电商扶贫减贫事业的发展。

（一）持续推动农业产业转型，构建贫困地区特色产业

农产品品牌知名度不高和标准化程度低是寻乌电商扶贫发展的一大困境，原以赣南脐橙为主要收入来源的贫困户在政府的引导下开始种植猕猴桃、蓝莓、蔬菜、百香果、甜柿等，但其种植的农产品零散、标准不一、品牌化程度低等，并没有像赣南脐橙一样形成产业集聚效应。为了更好地利用农村电商帮助贫困户致富，寻乌县坚持农业产业集聚发展原则，因地制宜发展特色产业集聚，有力地推动了当地的农业产业转型。

1. 加强农业产业规划

寻乌县坚持规划先行的原则，加强农业产业顶层规划设计，根据当地优势对

县域农业产业转型作出合理规划，构建农业特色产业，帮助贫困人员利用产业优势得以脱贫。具体做法有：一是作出有关农业的总体发展规划，包括发展方向的确立、主导产业的选择、产业结构的优化等；二是作出具体农业产业规划，根据乡镇资源建立合理的产业空间结构，制定扶贫产业重点建设项目的地区安排，依据"北保南改"的原则对赣南脐橙产业进行规划，根据实际情况对其他产业进行多元化设计。

2. 培育新型农业经营主体

寻乌县充分发挥新型农业经营主体如合作社、家庭农场、种养大户、龙头企业等的示范作用，帮助贫困人员找到脱贫方向，提高自身经营农业的素质，为农村电商提供更高标准的农产品，从而提高收入，实现了如期脱贫。通过这些新型主体的拉动和引领，寻乌县在加快构建贫困地区特色产业和为现代农业建设提质增效的同时，加快农业产业的集聚发展，产生了集聚效应，为贫困户脱贫提供了更大可能。

3. 完善农产品"三化"建设

首先，面对贫困户所种植的农产品零散、标准不一、品牌化程度低等问题，寻乌县大力推广项山乡"珍硒中稻"高山大米的种植管理模式，不断提高农业生产经营中的信息化程度，完善食品安全溯源体系建设。其次，寻乌县通过大力推进现代农业示范区建设，降低差异性，扩大相似性，提高寻乌县农业生产的标准化水平。再次，寻乌县以赣南脐橙品牌为依托，优化品牌营销模式，培育区域公用品牌，有力地促进了区域品牌建设。

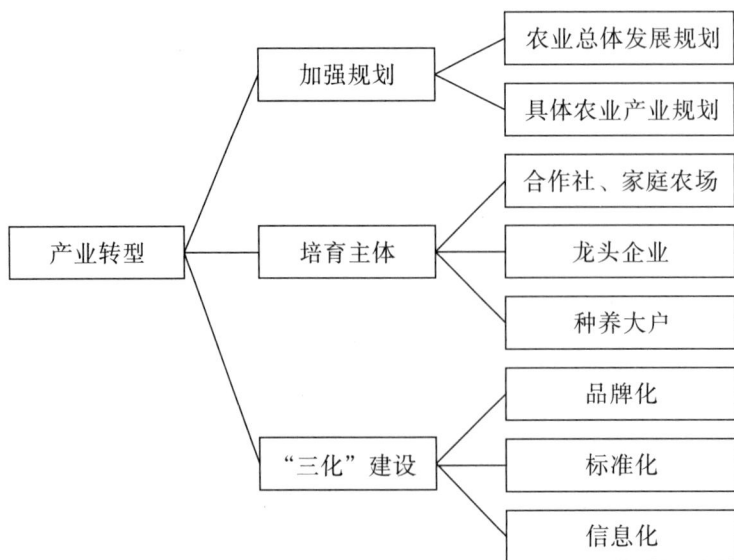

图 1　寻乌县产业转型路径

（二）优化"赶街模式"，完善电商扶贫联动机制

"寻乌赶街"作为寻乌县的农村电商服务平台，是发展寻乌县农村电商的重要抓手，在农户、网商和政府等主体之间起着重要的关联作用。针对"赶街模式"存在的一系列问题，寻乌县对该模式进行优化，赋予其本地特色。同时，寻乌县围绕"赶街模式"探索当地电商扶贫的联动机制，梳理了寻乌县农村电商发展的资源优势和约束因素，推动了电商扶贫工作的顺利开展。

1. 加大政府扶持力度

寻乌县致力于改善农村电商发展的基础设施，特别是集中精力攻克农村物流这个难点，推动农村电商顺利发展，为电商扶贫打下了良好基础；同时，设立了与电商扶贫相关的专项扶持资金，持续跟进电商扶贫项目的开展，避免了电商扶贫项目过于形式化。寻乌县还加强了对电商扶贫的管理监督，实施电商扶贫政策监测评估，建立了一系列考核评价体系，杜绝了电商相关主体打着扶贫的旗号"跑马圈地"。

2. 加强公司顶层设计

寻天下公司在套用当下主流电商发展模式的同时，充分考虑当地的实际情况，因地制宜制定出符合寻乌县的电商扶贫模式：加大力度改造升级村镇级赶街站点，在原有运营内容的基础上，把脉贫困户意愿，积极宣传"赶街模式"，让贫困户在面临农产品滞销、消费品下行受阻时找得到依靠。各级站点联合企业总部做好农产品上行的设计，形成了"点—轴—面"发展格局，大致围绕"引导贫困户生产优质农产品—村级站点收购、镇级站点汇集—县级加强网销平台建设和展示特色农产品资源"这条主线，有效地帮助贫困人员打通了农产品销售渠道，增加了收入，向脱贫又迈出了一大步。在此过程中，寻乌县还落实了赶街站点"1＋N"扶贫计划（一个站长联系多个贫困户），进一步实现了与贫困户的精准对接。

3. 与其他扶贫模式协同配合

寻乌县建立了电商扶贫联动机制，除了与农户、政府和企业等主体配合外，还利用电商可以突破时空限制等优势，与其他扶贫方式如产业扶贫、旅游扶贫等相配合，让寻乌县在各类产业扶贫的背景下融入电商扶贫的发展，更加有力地促进了该县扶贫工作的顺利开展。寻乌县以聪坑坝尾"美丽老家"这种"互联网＋农旅山水田园林"模式作为样板，各乡镇因地制宜，发挥区域优势，积极探索与电商扶贫融合的扶贫方式，通过电商扶贫和其他扶贫方式的有效结合，促进了该县脱贫攻坚工作的开展。

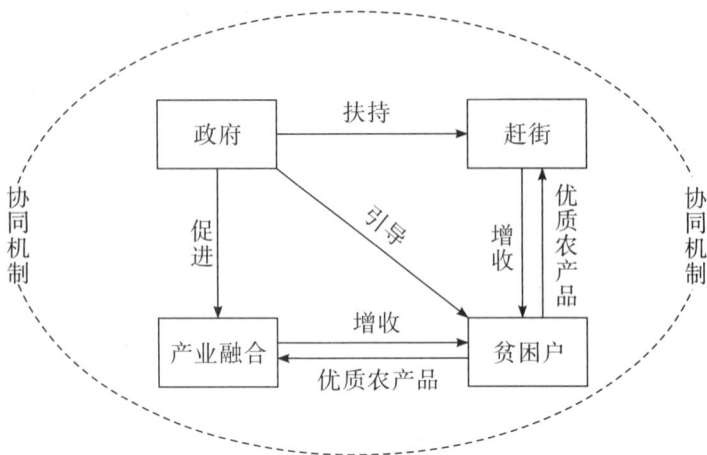

图 2   寻乌县电商扶贫联动机制构建路径

（三）探索"农家书屋+电商"模式，发挥基层组织扶贫作用

扶贫不能只管经济、忽视文化，经济与文化应该齐头并进。针对贫困人员脱贫能力不足、受教育程度低的问题，寻乌县除了安排一些专题培训外，还充分利用农村现有文化资源，通过潜移默化的方式，提升他们自身脱贫致富的能力。寻乌县三分之二的村子都设有农家书屋，但大多数农家书屋的设备和书籍等都是闲置状态，为使贫困人员更好地提升自身素质，各级部门特别是基层组织利用现有资源打造了现代化的农家书屋，并引入电商，积极探索"农家书屋+电商"的发展模式，实现了"工业品下行，农产品上行"的良性循环。

1. 发挥农家书屋优势

贫困人员一般扎根在农村，获得外界信息的途径少，加之自身知识水平有限，获得信息的能力有限。农家书屋作为一种基层资源被人熟知，缘于其文化传播、便民功能。立足于这一点，寻乌县充分发挥农家书屋人气聚集、资讯传播快的优势，有效利用闲置资源和及时更新资源，为贫困人员提供了更多有利于脱贫的信息资源。

2. 引电商进农家书屋

寻乌县鼓励公共文化服务与电商融合发展，将电商引入农家书屋；同时，创造了有利的硬件和软件，硬件包括服务场地、网络系统、货柜、站点管理员等，软件包括交易平台、相关网站、管理制度等，通过软硬件的有机结合，进一步增强了农家书屋的服务功能，发挥了农村电商的优势。在"农家书屋+电商"模式下，贫困人员可以了解最新信息（如涉农政策、农情资讯等），获得种养信息技术，把握供求信息、市场价格，明确生产方向；通过农村电商这个平台，做好特色农产品推介工作，为贫困户提供了网上交易平台，有力地解决了贫困户网购网销难题。

3. 做好保障工作

要使"农家书屋＋电商"模式给贫困户带来成效，必须强化保障措施。寻乌县的保障措施包括：一是加强舆论宣传。基层组织要做好宣传工作，加强沟通协调，使贫困户认同这一模式。二是加大财政扶持力度。安排专门资金，整合资源，加强相关基础设施建设。三是完善机制建设。定期检查站点的资金状况、运行状况、站长业务能力等，跟进对贫困人员的电商培训情况。

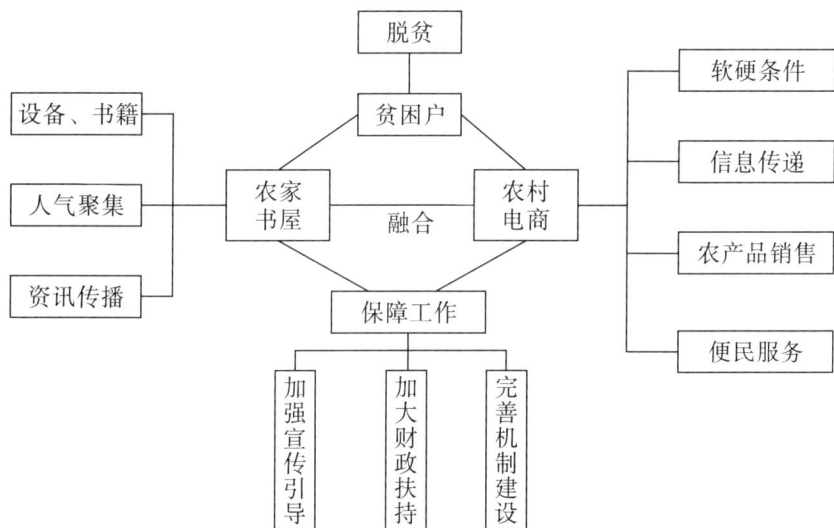

图3　寻乌县"农家书屋＋电商"模式构建路径

（四）构建"活力鲶鱼"模型，激活电商扶贫服务生态

针对电商扶贫服务体系不完善的问题，寻乌县提出"电商扶贫服务生态"的理念，在任其自然生长的同时，通过外部引导来激活电商扶贫服务生态。寻乌县借鉴了"活力鲶鱼"理论和模型来激活和构建寻乌电商扶贫服务生态系统。"活力鲶鱼"是指一条能激活并孵化本地电商服务生态，最终构建出本地电商生态闭环的"鲶鱼"。该理论原本应用于打造县域电商生态，通过改造将其应用于打造电商扶贫服务生态，进一步完善了寻乌县电商扶贫服务体系。

1. 谋定方向——制订电商扶贫规划

政府作为电商扶贫工作开展的"风向标""掌舵者"，必须坚持"规划先行"

的理念，加强县域电商扶贫的顶层设计。寻乌县根据实际情况认真制订电商扶贫规划，有效避免了当地电商扶贫走弯路。首先，寻乌县在制订电商扶贫规划的过程中深入实地调研，明晰贫困人员对电商扶贫的诉求，避免了闭门造车。其次，寻乌县发挥了各基层组织的作用，第一时间反馈电商扶贫进展情况，改革不符合实际的政策措施。最后，寻乌县联合了赶街等电商服务中心，共同制定出符合当地电商扶贫发展的总体目标、分阶段目标和实施路径，实现了电商扶贫政策的精准落地。

2. 培育动力——加强人才培训与项目孵化

由于贫困主体的特殊性，政府花费财政资金开设专题培训班对贫困户进行培训的效果不明显。针对电商人才培训存在的问题，寻乌县从本地人才的培养、贫困人员培训情况的后续跟进、人才培训项目的创新等方面着手解决。一是加强对本地人才的培养，引进外来电商人才不仅耗费资金大，其所掌握的知识也未必符合寻乌县实际情况，而本地培养出的人才与贫困户有或多或少的"地缘关系"，贫困户对其接纳度高。二是跟进贫困人员的培训情况，了解贫困人员在参加培训后对知识的掌握程度，有效避免了电商培训过于形式化。三是创新人才培训项目，对单一的分期培训进行了改革，寻找多种渠道的培训，丰富培训方式，特别是发挥了本村电商能人对贫困户的直接带动作用。

3. 关联动能——发挥电商产业园平台作用

由于电商产业园在电商扶贫中没有充分发挥其作为服务平台的功能，寻乌县从物流发展、资源对接、脱贫计划进展方面作出了优化调整。一是与政府部门协同助力物流发展，加强物流节点建设，完善农村物流"最后一公里"，突破了农村物流瓶颈。二是着力资源对接方面，包括电商产业园与县域外部的对接和与服务站点、贫困户的对接，对外举办各类电商服务商资源对接会，引进各类电商服务商，同时将所掌握的服务资源通过服务站点等平台传递给贫困户，做到了资源的有效对接。三是充分落实电商脱贫计划，跟进各级电商扶贫项目的进展，做到了精准落实。

4. 驱动产品——举办活动，向外推广农产品

赶街站点、农家书屋等乡镇级服务点将贫困户所生产的农产品聚集起来，打通了农产品上行的第一步，第二步则是把这些产品向外推广，使其成为寻乌县电商扶贫发展的"加速器"。寻乌县以营销为导向，联合政府和电商产业园等主体举办了各类营销活动，如将赣南脐橙这类地标性农产品联合当地特色农产品举办推

介会、举办线下 O2O 展会、开发网上生活商城等，以推广寻乌特色农产品，解决了贫困户面临的农产品产销不畅问题，同时提升了寻乌特色农产品的市场知名度。

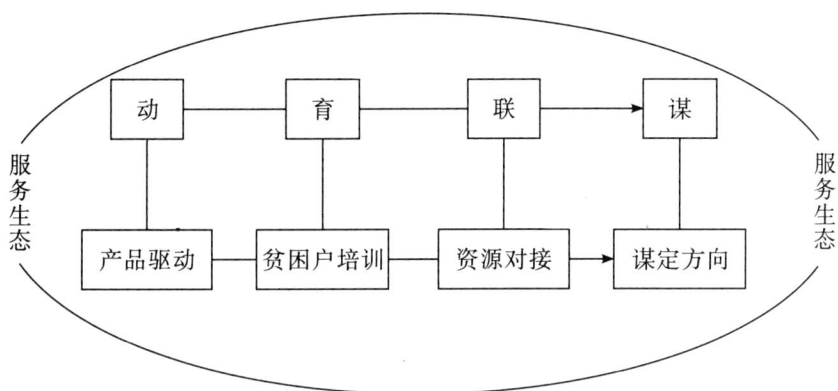

图 4 "活力鲶鱼"模型

案例使用说明

一、教学目的与用途

（一）适用课程

本案例适用于"现代农业创新与乡村振兴战略""数字农业""电子商务概论""数字技术创新"等课程。

（二）适用对象

本案例适用对象包括农商管理、电子商务、农业经济学等经济类或管理类专业的本科生、硕士研究生和博士研究生。

（三）教学目的

掌握一定理论知识，理解电商扶贫在乡村振兴中所发挥的重要作用。

二、启发性思考题

（1）寻乌县电商扶贫的机遇与挑战是什么？

（2）寻乌县电商扶贫的主要途径是什么？

（3）电商扶贫对县域经济的价值是什么？

一株兰花让山区镇走上乡村振兴路

——基于四会市石狗镇兰花产业的分析①

一、引言

党的十九大报告明确提出实施乡村振兴战略，强调要走中国特色社会主义乡村振兴道路，2018 年、2019 年中央一号文件对实施乡村振兴战略和坚持农业农村优先发展作出系统部署。中国发展最不平衡是城乡发展不平衡，发展最不充分是乡村发展不充分，受不平衡、不充分影响最大的群体是农民。乡村之所以衰败，一个重要原因是缺乏产业支撑。只有产业兴旺，美丽乡村才有经济基础，农民美好生活才有可靠支撑。无论是脱贫攻坚还是乡村振兴，都要依靠发展产业来建立促进农民增收与实现农民生活富裕的长效机制。发达国家的现代化经验也表明：一方面，农业现代化是农村现代化的一个根本标志，农业发展的每一次飞跃都能引起农村发展的现代变革；另一方面，农村现代化能加快农业现代化，农村发展的每一次现代变革又对农业发展提出了新要求。

农村要实现产业兴旺，就要发展特色农业。特色农业是指在特定的地理环境下，凭借独特资源条件所形成的具有独特产品品质以及特定消费市场的特殊农业类型。特色农业是天时地利人和在农业生产上的具体反映，不可替代和复制是其重要特征之一。发展特色农业要突出三个方面：第一，突出环境特色。绿水青山可以通过发展有机、绿色农产品实现向金山银山的转变。一些地区自然环境优越，污染较轻或无污染，具有发展有机、绿色农产品的先天环境条件。第二，突出物种资源特色。特殊的地理环境形成了丰富的珍、野、稀、名、特物种资源，是发展特色农业的宝库。这些资源具有不可复制性和不可替代性，是发展特色农业的重要基础，很多地理标志产品就是得益于特殊物种资源条件的。第三，突出气候特色。特殊的气候特色不仅造就了特色物种，也形成了特色产业类型。比如河谷

---

① 本文完稿时间：2019 年 12 月。作者：贺梅英、莫小杰。

热、坝区暖、山区凉、高山寒的立体气候，促成了多样化的地方特色农产品优势。气候特色不仅有利于生产特色农产品，还有利于当地通过气候差、季节差获得市场空间。

二、案例分析

（一）因地制宜发展兰花产业

石狗镇位于四会市中西部，是全市面积最大的一个镇，下辖 10 村 1 居、166 个自然村、238 个村民小组，户籍人口 27 374 人。石狗镇辖区面积 142 平方公里，耕地 1.68 万亩，人均耕地约 0.6 亩，林地 17 万亩，山地多、耕地少，耕地细碎化，农地弃耕和农村空心化、老龄化现象普遍存在。

20 世纪八九十年代，石狗镇农业以种植水稻为主，经济作物以种植沙糖桔为主。后因黄龙病暴发，石狗镇沙糖桔产业几乎全军覆没，后来也有农户种植百香果、柠檬、无花果等，但受到市场、气候等影响，均以失败告终。

石狗镇是四会市二级水源保护区、生态功能区，辖区没有工业企业。它地处北回归线附近，山清水秀，环境优美，是发展兰花种植不可多得的一片净土。从 2004 年开始，台湾、佛山顺德等地的客商开始到石狗镇种植兰花，经过 10 多年的发展，石狗镇兰花产业初具规模。2013 年，石狗镇被认定为肇庆市兰花专业镇；2018 年，石狗镇被评为广东省兰花专业镇；2019 年，石狗镇入选广东省"一村一品、一镇一业"兰花专业镇。

（二）兰花产业引领民富村强

石狗镇的主导农业产业是兰花种植业。自 2004 年廻龙村种植兰花开始，经过 10 多年的发展和带动，2019 年石狗镇有兰花企业 62 家，从业人员 3 300 多人，规划种植面积 4 000 亩，兰花年育苗达 3 300 万株，有国兰、杂交兰、洋兰（蝴蝶兰）三大系列、230 多个品种，年销售收入达到 3 亿多元。

2017 年 10 月，肇庆第一家蝴蝶兰种植基地——肇庆万绿兴花卉有限公司在程村落户投产。据该公司总经理凌俊杰介绍，他原本在珠海发展蝴蝶兰种植，但由于受台风影响，导致兰花大棚被吹倒，损失几百万元。经多次考察，他来到石狗镇种植兰花。石狗镇委、镇政府以及程村村委会人员经常主动上门提供服务，帮助解决土地租赁、基础设施建设等困难，使得该基地从引进至投产只用了半年时间，为吸引更多客商、兰花种植户到程村发展树立了良好的口碑。如今，由于该基地出品的蝴蝶兰品种多、品质高、花期长，每到年底，从肇庆各地前来购买兰花的市民络绎不绝，成为乡村振兴亮丽的风景线。

2019 年，程村的兰花企业已达 20 家，总面积 1 250 亩，兰花年育苗 600 万株，年销售产值达 1.4 亿元。当地兰花种植业产生的积极影响有：一是带动土地升值。程村土地年租金从每亩 200 元升至每亩约 1 500 元，周边的石狗、廻龙、石桥、金坑、带下等村的土地租金也从每亩 200 元升至每亩约 1 200 元。二是带动农民就业。每个兰花场可吸收 20—30 名当地村民就业，村民在家门口就业可缓解农村空心化问题。全年可带动 2 000 人次就业，人均月收入为 2 800—5 000 元。三是带动农民致富。部分村民通过到附近兰花场打工学习种植技术，再自己创业种植兰花。比如程村村民莫五妹，自 2019 年起创业种植兰花，从最初 3 亩地发展至 30 亩地，年收入达 60 万元。她还牵头组织成立四会市首个省级兰花专业合作社——四会市常新兰花专业合作社，辐射带动了 60 多户农民种植兰花。

（三）兰花产业助力精准扶贫

2019 年，石狗镇有贫困户 391 户，其中低保户 176 户、五保户 111 户，是全市贫困户最多的乡镇之一。全镇贫困户包括劳动力贫困户 137 户、无劳动力贫困户 254 户。此前，除部分贫困户被引导外出务工外，留在本地的贫困户大多以种养业为主，规模小，受市场价格冲击的影响较大，收益不稳定，缺少稳定的帮扶项目。

为了解决贫困户稳定收入问题，石狗镇与雅兰芳公司联合打造"四会市石狗镇兰花产业扶贫示范基地"项目，以全力打赢脱贫攻坚战。雅兰芳公司在程村建立了 60 亩兰花产业扶贫示范基地，采取"公司＋基地＋贫困户"的经营模式，推行"资金投入得分红、土地流转得田租、基地务工得报酬、托管经营得实惠、免费培训得技能、带动种植得收益"六种利益联结机制，帮助石狗镇贫困户 120 户、352 人脱贫增收，推动石狗镇兰花产业发展，让兰花产业发展普惠民生。石狗镇有贫困户 100 多户、300 多人参与到雅兰芳公司的扶贫项目中，享受每年 10% 的利润分红。通过让贫困户投钱入股、进棚生产的方式，2019 年底实现了为 113 个贫困户家庭提供 30 万元扶贫分红。由此，农户不仅能赚到钱，还能学到技术，提高了"造血"能力。雅兰芳公司还建设了雅兰芳科技示范园、党员创业示范基地、复退军人创业示范基地、陈坑迳农业培训基地，为周边村民创造了 200 多个就业岗位。2019 年 7 月，雅兰芳公司还成功获得了肇庆首个由国家认证的兰花商标——珍兰望。

（四）兰花产业培育文明乡风

石狗镇程村以"弘扬君子之风 建设玉德之城"为主线，以兰花产业为抓手，融合美丽乡村和古迹古村历史资源，利用兰花沿线自然风光和原生态自然资源，将兰花观赏与农村旅游相结合，投入 1 000 多万元，将福田村打造成集生态休闲、观光旅游、科普教育于一体的省级文明乡风示范点。如今村里建有小桥流水、亭台水榭、步道长廊、粉墙黛瓦，徜徉其中，既有江南水乡的农家院落之闲逸，又有兰香幽幽之风雅。该村既有雅韵，又不失乡村田园味，还将传统美德、社会主义核心价值观宣传嵌入其中，与怡然自乐的乡村风光融为一体。

2018年大年初一，"农民贺新春"文艺活动在程村的福田村火热进行，吸引了返乡过年的乡贤和群众前来参加，人山人海。活动期间，石狗镇为多年来支持家乡建设的乡贤代表颁发锦旗，号召更多乡贤关心和支持家乡建设。这次活动还向各乡贤募集了善款893 700元，用于乡贤所在村小组的社会主义新农村建设。当地群众纷纷表示，以前都是去城区观看文艺活动，如今石狗镇也有了自己的春节活动，又可以欣赏镇里出品的兰花，深深感受到了社会主义新农村建设带来的新变化。家乡变美了，兰花产业越做越强，农业、农村、农民更有奔头了，这样的农民新春活动提振了精气神，吹来了乡村文明新风。

2019年初，石狗镇首届"兰花旅游文化节"在程村成功举行。该活动以兰花为媒，以兰会友，宣传推广兰花产业，带动兰花展销，并以此为契机，宣传石狗镇其他特色农业产业，展现当地社会主义新农村建设成果，带动了花卉、旅游、餐饮等产业的发展。

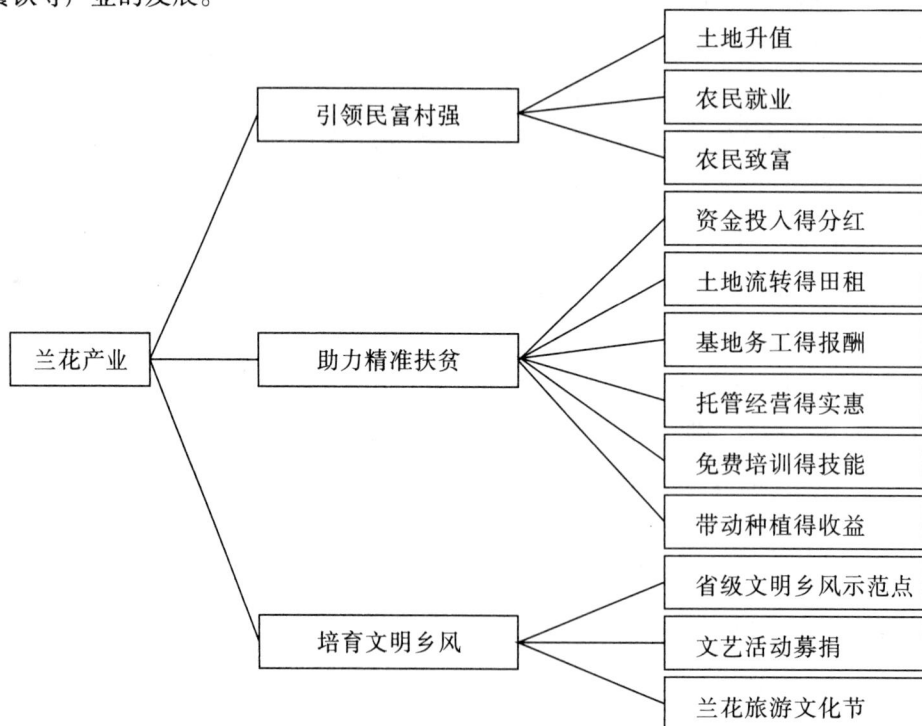

图1　兰花产业带动乡村振兴路径

三、经验启示

党的十九大作出了实施乡村振兴战略的重大决策部署，而农业是乡村的本质特征，乡村最核心的产业是农业。只有抓好产业兴旺这个实现乡村振兴的关键，乡村振兴才有经济基础，农民美好生活才有最可靠支撑。从最初的"一株兰花"到现在"遍地开花"，兰花已成为石狗镇的"名片"。绿水青山的成功之路，同时也是乡村振兴之路。10 多年来，石狗镇的面貌发生了翻天覆地的变化，产业变强了，村庄变美了，村民变富了，村风变好了。石狗镇兰花产业助力乡村振兴的经验表明，无论是脱贫攻坚还是乡村振兴，都要依靠发展现代农业产业来建立促进农民增收与推动生活富裕的长效机制：

（1）要因地制宜发展具有环境特色、物种资源特色、气候特色的现代农业。

（2）现代农业要具有较高的市场价值，种植或者经营的收益要比从事一般务工的收入高。

（3）现代农业要具有较强的市场抗压能力，经营的风险相对要低。

（4）要发展以农民为主体、以市场为导向的现代产业，由政府做好引导和扶持。

案例使用说明

一、教学目的与用途

(一) 适用课程

本案例适用于"现代农业创新与乡村振兴战略""农业经济管理""产业经济学"等课程。

(二) 适用对象

本案例适用对象包括农业经济学、农业管理学等经济类或管理类专业的本科生、硕士研究生和博士研究生。

(三) 教学目的

掌握一定理论知识，训练相应分析能力：

(1) 知识点：乡村振兴；产业扶贫；农民增收。

(2) 能力训练点：第一，分析如何发展乡村特色产业以实现产业兴旺。第二，学习兰花产业在引领民富村强、助力精准扶贫、培育文明乡风方面所起到的作用。

二、启发性思考题

本案例的思考题主要对应案例教学的知识传递目标，思考题与案例阅读应同时布置。

(1) 兰花产业如何引领民富村强？

(2) 兰花产业如何助力精准扶贫？

(3) 兰花产业如何培育文明乡风？

三、课堂教学建议

本案例可以用于专门的案例讨论课，以下是按照时间进度提供的课堂教学建议，仅供参考。

整个案例讨论课的课堂时间控制在 30—45 分钟。为保证讨论质量，按学生数量分组，控制在 8 个小组以内，每个小组成员数量控制在 6 人以内。

(1) 课前计划。

需要学生在课前阅读案例和文献，从而对案例细节和分析理论有初步认识。

(2) 课中计划。

由教师选择需要学生思考的问题，尽量让学生深入讨论每一个问题，一节讨论课最好不要讨论超过 2 个问题。

明确主题，分组讨论（30 分钟）：根据小组讨论得出论点，准备发言大纲，小组派出代表面向全体进行发言（每组 5 分钟），其他学生可提出质疑，现场进行讨论辩驳，全程根据学生分组数量控制在小组数量 ×10 分钟左右，最后由教师进行归纳总结（5 分钟）。

（3）课后计划。

让每个学生写一份以产业振兴实现乡村振兴的分析报告（不设字数要求，需要有自己的独特观点），建议学生尽量使用经济学理论进行论述。